四库存目

三式匯刊 ⑤

大六壬心鏡

［唐］徐道符 ◎ 撰

郑同 ◎ 点校

华龄出版社
HUALING PRESS

责任编辑：薛　治
责任印制：李未圻

图书在版编目（CIP）数据

四库存目三式汇刊. 5 /（唐）徐道符辑；郑同点校.
——北京：华龄出版社，2020. 10
ISBN 978－7－5169－1730－5

Ⅰ. ①四… Ⅱ. ①徐… ②郑… Ⅲ. ①《四库全书》
－图书目录 Ⅳ. ①Z833

中国版本图书馆 CIP 数据核字（2020）第 168808 号

声明：依据《中华人民共和国著作权法》及《中华人民共和国著作权法实施条例》，本书作者依法享有本书的著作权。未经出版社及作者许可，禁止大量引用、节录、摘抄本书，禁止以任何方式翻印本书。

书　　名：	四库存目三式汇刊（五）：大六壬心镜
作　　者：	（唐）徐道符辑　郑同点校

出 版 人：	胡福君		
出版发行：	华龄出版社		
地　　址：	北京市东城区安定门外大街甲 57 号	邮　编：	100011
电　　话：	(010) 58122246	传　真：	(010) 84049572
网　　址：	http://www.hualingpress.com		

印　　刷：	九洲财鑫印刷有限公司		
版　　次：	2020 年 10 月第 1 版　2020 年 10 月第 1 次印刷		
开　　本：	720×1020　1/16	印　张：	16.75
字　　数：	268 千字	印　数：	1～6000
定　　价：	48.00 元		

版权所有　翻印必究
本书如有破损、缺页、装订错误，请与本社联系调换

郑　序

《大六壬心镜》八卷，唐不欲子徐道符撰，宋元迄今，壬家奉为圭臬，因其拟经作歌，用之无不验也。然世苦无全本，余求之十余年不可得。今年春，壬友吕君汉枫出写本壬书十数本示余，《心镜》其一，私心喜焉。惜转写讹误甚多，适程伟堂先生过舍纵谈壬术，亦以未观《心镜》全书为恨。自谓曾客维扬，于《通神集》集出一册，又未知有遗漏与误摘他文否。余以吕君抄本质之，程君雀跃后，即以其所集本与余校对，其本颇善，足以订正原文。

然首例起九歌，非徐君之文，又《月将起例》《十干课起例》《天将顺逆》三歌，兹本无，未敢定为《心镜》。又《天将旦暮起例》一歌，兹载在《杂将门》之首；又《占怪六丁歌》是他书而误采入；《兵占》一门，全未集入。程君语余依其序而复以臆裒辑。《序》未言及兵占，故遗漏误入不免也。

余对校一过程本，郁应清注与《心镜》原本多同。余曾抄有明徐华胥子《六壬入式》一书，所引多《心镜》之注，间采其歌诀，故知之昭然者依正之；未审者应称郁注，附各条下，不分注；歌中其它书，足发明《心镜者》者，如郁注例；鄙见则以"愚按"二字别之，俾不混原注也；至兵占门，则以《六壬兵机三十占》校之，并采其注，亦如郁注例；又后附《渡河涉水》等四歌，则是余之管见。按徐君拟《经》作歌，复以《经》白注于歌下，使后学易于诵记而易晓文义，故注中多称"《经》云"。其卷数篇次，悉依旧观。

古书无刻本，其制如今手卷，故曰卷一、卷二，书少而卷多；若书多而卷少，恐不便于展读也。《通志》《浙江省书目》皆称三卷，盖后人约略分卷数，不足为据。书中之讹错，十去六七，仍有者俟佼。倘吕程二君又有善本见示，则是书之福，实学者之惠也。

嘉庆十九年岁在甲戌孟夏二十二日郑天民校记

张　序

予少喜三式之学，以六壬切于日用，尤笃好之。奈资性钝拙，又未得从海内名师游，故望洋窃叹，数十年茫无端绪也。

岁甲戌，予友筱轩张君盛称程伟堂先生，当世隐君子，谈壬式辄奇中。予俛筱轩介绍，得亲丰范，先生谈数，悉依事阐理，每卜一课，所见之象苟于事无所当从，不略生枝节，于切中其事之理，罔弗反覆，详究一过，一一符合。予信先生学问之深，不能不疑先生有独得之奇也。

先生言壬式之书，诡僻之说，讫无一验；抑或同此一门，胪列数解，亦无所取。今年春，出手录《心镜》见示，予受而卒业，深服先生搜索之苦心，注释之确当，可谓度尽金针矣。因劝付之剞劂，以公同好。夫以先生学贯天人，令早年蜚声艺苑，功业自必烂然。然与予南北各天，何从亲质？今先生名场念绝，又久客邗江，予得时时过从，析疑问难，岂非幸耶？兹既喜《心镜》之得窥全豹，并喜先生之相指引，似有前缘也。爰为序。

嘉庆二十二年季春谷旦
江都后学张维桢题于石萝山房

程　序

余少时肄业于金华，伯兄屏山雅好六壬，购得《指南》一书，而不能尽解。业师家寄巢先生，因出《六壬通神集》，两相讨论，其书题曰"邵康节先生撰，尧都郇应清注"，实则《心镜》内杂占歌诀，不知何人手录而托名邵子焉。按郑樵《通志》所载，有《心镜歌》三卷，《心镜拾遗》一卷，《六经歌》一卷，皆为徐道符撰。据《心镜自序》，知为唐肃宗时人，乃《唐志》又未载入，宋人凌福之称其"拟经作歌，名曰《心镜》。乃假令诸例占法，以证三经，使人昭然易晓"。先是，嘉祐年间，有元耘者，为仁宗占边事，明引《心镜》云："游都量相干支畏，贼势凭凌难守持"；建炎年间，有邵彦和者，为伊妻占病，明引《心镜》云："受气于秋何以决，妻在子兮夫立申"。今《心镜》中实皆有此歌句，则书出道符当无可疑，殆书成于唐，而盛行于宋也。

曩见浙江所进书目，载有此书三卷，然则历年虽久，全部尚未遗亡。余游历苏杭，遍求肆中，渺不可得，仅于家鹏南裁定本内，见《心镜自序》一篇及各门歌诀，然支离庞杂，难以校雠。至于《集粹》《银河棹》诸书，间杂载其杂占之歌，而其余不录。郭御青《大全》内又独采其卦象并神将之歌，而尽弃其杂占。且豕亥鲁鱼，各本皆不一而足。惟少时所见《能神集》歌与注，颇称完善，当日因习举子业，未及钞竟而罢，后伯兄远宦云南，业师又歌梁木，[①]余则息影衡门，盘飧苜蓿。庚戌、癸丑，虽一再仕金华，而有事系心，未遑及此。

迨乙丑初冬，重往访于其家，始知此书久遭鼠损，不胜惋惜，犹幸往年予所抄者尚存别驾陈公寓内，乃于己巳年冬归而往取之，然校原书不过五分之有三耳。比年作客维扬，恒多暇日，尝胪列六壬各书，互相参考，

[①] 《礼记·檀弓上》：孔子蚤作，负手曳杖，消摇于门，歌曰："泰山其颓乎？梁木其坏乎？哲人其萎乎？"既歌而入，当户而坐。子贡闻之，曰："泰山其颓，则吾将安仰？梁木其坏，哲人其萎，则吾将安放？夫子殆将病也。"遂趋而入。夫子曰："赐，尔来何迟也……予畴昔之夜，梦坐奠于两楹之间。夫明王不兴，而天下其孰能宗予？予殆将死也。"盖寝疾七日而没。

见《心镜》措辞简要，显而易知，爰将各本中歌诀裒而抄之，因无原目，不能如旧编次，仅以意为先后，并归一册，以便诵读，尚有遗珠，当俟补也。呜呼！予之重于金华访求也，于今已八年；家居闻人有善本，辄怀饼以就抄，初不惮其寒暑也，于今或十九年，或二十三年；当其负笈从师，埙篪吹和，一帘花影，半夜书声，则已三十五年矣！韶华不再，岁月如流，因辑此书，追思曩昔，使余何以为情也！

嘉庆壬申正月念四日伟堂程树勋自识

此余五年前裒集《心镜》而记也。今年四月，余友郑休功先生以所校《心镜》全本寄予，为之捧诵数过。既喜慰予饥渴，又喜考校精详，爰以一月之功抄毕；而仍录此记于后者，以见予之雅慕是书匪朝夕。往年求全本而不得，未免零星补凑，萧艾杂采，可笑人也。

丙子夏五又记

此抄固照郑君原本，而微不同者，亦有三焉。郑君以郁注并《入式》等注，汇录于歌诀之后，不混原注，此法甚善。余因不便检阅，仍分录于各歌句之下，然恐其混原注，故以圈隔之。此其一也。

郑君原本凡出郑君之意者，皆录"愚按"；今归于手录，理合改为"郑按"。至出余之一知半解，则直书贱名焉。此其二也。

《行人》一门，郁注与《入式》皆失歌中本旨，今余引《龙首经》注之，似较二书为确。《兵占》一门，余昔未集，今郑君以《兵机三十占》校之，并采其注；予又兼采刊本中《百炼金》之注，其《不可用日章》，照刊本《大全》增入四句。此其三也。

往年闻得某公有《心镜》一书，注释最为渊博，从其借观而竟不可。今既得此本，可以无求于彼矣。某公之与郑君吝不吝何如也？

六月初三日又书

引《四库全书总目提要》

《六壬心镜要》三卷、《后集》一卷浙江巡抚采进本，宋徐道符撰。道符自号无欲子，东海人。所著别有《六壬六经歌》一卷，今已亡佚，惟此书尚存。焦竑《经籍志》又作《六壬心鉴歌》，则字之讹也。自序谓取《神枢》《灵辖》《连珠式》《花瓶记》《元堂》《璧玉》《龙首》《雕科》诸书，遍求兴旨，攒略为歌。凡一百八十一篇，分成三卷。上卷九门，中卷十七门，皆论课象及一切日用事物占断；下卷十六门，皆军占。其杂占及十二神将论凡十三篇，别为《后集》。立说简该，使读者昭然易晓，在壬书中最为善本。今已全收入《六壬大全》中，故不更复录，而特存其目于此。

大六壬心镜自序

昔轩辕黄帝，得元女降斯神式，往授三篇，既获之，藏之于金柜，计二卷。后贤踵起，穿凿著述渐多。如《灵辖》《神枢》《连珠式》《花瓶记》《元女》《青华》《璧玉》《龙首》《金匮》《雕科》，殊途同归，术繁难究。予不揣固陋，遍求众贤奥旨，攒略为歌，释课元微，详卦名义，辨论神将性情，编次杂占，删定文理，计备格一百八十一篇，分为八卷，排门定类，条节昭然。若能明此于心，射彼吉凶如镜，故以"心镜"为号，将阅同人耳。

大唐乾符岁首不欲子东海徐元道符自序

〇郑按：原本道符上有元字，疑是道符之名，道符或其字欤？然考诸书，无称徐元者，即《神定》所引亦称"道符"。兹未敢删，存之以俟博览之君子定焉。

〇伟堂按：程鹏南裁定本，明题"乾元"；此吕君汉枫所得之本，则题"乾符"，一为肃宗年号，一为僖宗年号，相距一百十六年矣。乃浙江所进之本，又云"宋徐道符撰"，殆传抄之误欤？

目 录

郑序 1

张序 2

程序 3

引《四库全书总目提要》 5

大六壬心镜自序 6

大六壬心镜卷一 1
释课元微门 1
宗首九科门 6
淫泆门 9

大六壬心镜卷二 11
新孕门 11
隐匿门 13
乖别门 16

大六壬心镜卷三 23
凶否门 23
吉泰门 30

大六壬心镜卷四 35
杂神门 35
杂将门 39
三宫时门 66

大六壬心镜卷五 ································· 69
　　占宅门 ································· 69
　　修造门 ································· 71
　　黄黑道门 ······························· 73
　　婚姻门 ································· 75
　　产育门 ································· 79
　　田蚕门 ································· 82

大六壬心镜卷六 ································· 85
　　商贾门 ································· 85
　　假借门 ································· 87
　　奴婢门 ································· 87
　　官职门 ································· 90
　　亡盗门 ································· 94
　　官讼门 ································ 104

大六壬心镜卷七 ································ 109
　　疾病门 ································ 109
　　行人门 ································ 116
　　天时门 ································ 122
　　杂课门 ································ 124

大六壬心镜卷八 ································ 131
　　兵占门 ································ 131

附录：《大六壬寻源编》神将章 ················ 145

大六壬心镜卷一

释课元微门

克贼第一

四课之中一克下,便是初传立用神。

《经》云:"比言者,又谓之神次也。"

〇郑按:注"《经》云",不知出何经,今仍之,下注无此二字,亦不补。

上下相参而克贼,

〇郑按:《六壬入式》作"克下又逢贼上至"。

取其贼上作初因。

《经》云:"上克下名曰克,下克上名曰贼。"独有一上克下,便是用神。如又有下贼上,即无取上克,便取下贼上为用也。

〇"下克上名曰贼"六字,伟堂据《神枢经》补。

〇郑按:"因"者,因初本位上神为中传,因中本位上神为末传。

比用第二

二三或四交相克，

《经》云："或有二上、三上、四上克下者，或有二下、三下、四下贼上者，或二上克下，或二下贼上，三上克下，或三下贼上者，皆取今日比者为用。"

择其比者作均分。

《经》云："择其今日比者，阳日以阳神为比，阴日以阴神为比，集之以类兮系之以均。"

常将天日比神用，阳日用阳阴同阴。

此二句郑据《入式》补入。

涉害第三

或有俱比俱不比，

《经》云："今日有二阴神俱比俱不比，又有二阳神俱比俱不比。"

涉害最深为用始。

《经》云："以其受克、克害日最深者用之。"

有时涉害比相似，刚看日上柔支起。

《经》云："涉害复等，刚日以日上，柔日以辰上为用。"

从此即便是三传，学者求之须达理。

遥克第四

阴阳上下无相克，

一作"四课之中"。

其中择取遥相贼。

贼日之神为用神，弃日之克切须知。

《经》云："四课一神贼今日干，今日干复克四课一神，即取贼今日之神为用，被今日所克之神勿用也。"

如无克贼于今日，被日克神方用之。

《经》云："四课中无神克今日，即取今日遥克之神为用也。"

或有日克于两神，复有两神来贼日。

《经》云："日遥克神名克，神遥克日名贼。"

看其比者用为良，

比与不比者，依前篇。

依此课之情不失。

昴星第五

四课又无遥相克，当须仰观伏昴星。

刚看酉上为初用，柔视从魁何处停。

《经》云："刚日仰视酉上神为用，柔日看从魁所临神为用。"

假若从魁临亥地，用神当即是登明。

中末乃附日辰上，刚日先辰后日云。

《经》云："刚日以辰上神为中传，日上神为末传。"

柔日先日后辰上，

《经》云："柔日以日上神为中传，辰上神为末传。"

虎视如何不免惊。

别责第六

四课不全三课备，

日辰上下只有三课。

无克无遥别责例。

刚日干合为初用，

刚日干合为用。

柔日支辰三合位。

柔日支三合为用。

皆以天上作初传，

干支合处神为用。

阴阳中末干中寄。

中末二传皆在日上也。

刚三柔六共九课，

辛丑、辛未各有两课，丙辰、戊午、戊辰、丁酉、辛酉各有一课。

此课先贤俱总秘。

阳日例：假令八月戊午日卯时，戊课在巳，胜光加巳为日之阳神，第一课火土无克；小吉加午为日之阴神，第二课土火无克；小吉加午为辰之阳神，第三课土火无克；传送加未为辰之阴神，第四课金土无克。四课不备，上下无克，又无遥克遥相贼，以日干合为用。戊与癸合，癸课在丑，丑上功曹为初传，中末归于日上，是寅午午为三传。

阴日例：假令正月辛丑日申将，辛课在戌，大吉加戌为日上阳神，第一课土金无克；天罡加丑为日之阴神，第二课土土无克；辰之阳神第三课同；小吉加辰为辰之阴神，第四课土土无克。四课不备，上下无克，又无遥克贼，当取日支三合，巳丑为支合，太乙加寅为初传，中末归于日上，即巳丑丑为三传矣。

伏吟第七 三首

伏吟之卦见相克，便以克处为用神。

或视课中无克者，刚看日上柔取辰。

《经》云："刚日日上神为用，柔日辰上神为用。"

迤逦刑之作中末，依此玉历识其真。

《经》云："先刑后冲为传。格合《玉历》并迤逦相刑。"

若也用神当自刑，次传还与日辰并。

次传刑取将为末，如此课之占有灵。

次传更复自刑者，从此冲取末为真。

且如乙丑日天罡，

《经》云："乙丑日用天罡加乙，下贼上为用。天罡神自刑，缘在日上，即不得言。阴值自刑，以辰上为初传；所以却来辰上将大吉，为次传；丑刑戌，河魁为末传。"

天罡自刑将比方。故举此日比方其类。

因何大吉将为次，刑取天魁为末场。

举问。

乙木为缘下贼上，所以次传居丑乡。

余即自刑阴日上，阳日次传辰上张。

此问答解在前篇。

返吟第八

返吟课得有相克，比与涉害为用之。

次传还与初神对，末将却来初上居。

言来去相冲，末传在初上。

来去相冲初共末，此卦通灵决不虚。

假令辛巳遇返吟，太乙加亥作初传。

冲着登明为次将，末处还冲太乙言。

《经》云："先刑后冲以为末，不言来去相冲，但以《玉历》言。"

返吟何课无相克？惟有阴柔六个神。

六个阴柔何日是？丑未配于丁己辛。

丁丑、丁未、己丑、己未、辛丑、辛未，此六日也。

须以辰冲井栏射，受敌上头为用真。

丑日冲巳，未日冲亥。

立用对冲作传将，

立用神对冲，亦如上对冲法。

传将所刑为末神。

终是刑也。

八专第九

八专之课号芜淫，

丁未、癸丑、甲寅、己未、庚申，皆两课也。

有克比并涉害深。

即不取遥克。

无克须当逆顺数，数时仍复看阳阴。

刚日便从阳顺数，柔日还从阴逆行。

皆数三神为发用，中末日上合天心。

《经》云："刚日从日上顺数三神为用，阴日从二课逆寻三神为用，次传与中传俱重日上，合天意也。

有时数到日辰上，三传飞散莫重临。

正月己未酉时用，此卦占之难可寻。

《独脚课经》云："假令正月己未日，酉时，课从酉逆数到日辰上，三传飞散，如常课之法，不可重临在日上。"

○郑按：末四句《入式》作"有时三传叠日辰，还须飞散莫重临。假如正月己未酉，常人莫作独足吟"。

宗首九科门

八局之列，分为九科。每科成一卦，是九科之宗首。此九卦外皆独类于枝叶也。详卦名义，六十四卦。

元首卦

四课阴阳一克下,卦名元首是初神。

臣忠子孝皆从顺,忧喜因男非女人。

上克下,事因男子起。

上即为尊下卑小,斯为正理悉皆真。

论官先者当为胜,后到之人理不伸,

上克下,利为客,争讼先起者胜,宜先诉,不宜被告。

〇郑按:一上克下名"元首",一下贼上名"始入",一上克下又有一下贼上名"重审",不可不细辨也。一歌云:"一位上克下,元首数为君。一位下克上,始入不忠称。"又云:"凡四课只有一上克下者,名曰元首数。凡四课只有一下克上者,为始入数。"

重审卦

下之凌上名重审,

有上克下,有下贼上,当以下贼上为用。

子逆臣乖弟不恭。

事起女人忧稍重,防奴害主起妻从。

下贼上名重审,为不顺之理,凡事不顺。

万般为事皆难顺,官病相侵恐复重。

论讼对之伸理吉,先诉虚张却主凶。

知一卦

知一卦何知,阴阳比日宜。事因同类起,婚嫁失和怡。

失物邻人取,逃亡不远离。论讼和允好,为事尚狐疑。

见机卦

神有两比两不比,上天垂象见人机。
涉深发用为初将,作事羁迟多有疑。
忧患难消经几日,占胎伤妇忌当时。
盗贼不过邻里起,逃亡必隐戚亲基。

蒿矢卦 弹射附

神遥克日名蒿矢,射我虽端当不畏。
日遥克神名弹射,纵饶得中定无力。
○郑按:原本作"还无利",今据《入式》改。
贵人逆转子不良,天乙顺行臣不义。
家有宾来不可容,每忧口舌西南至。

虎视卦

用起昴星名虎视,秋今在酉知生死。
出入关梁日月门,举动稽留难进止。
三传上内有卯酉二字,主凶。
刚日出门身不归,柔日伏匿忧难起。
柔日防不测灾来。
女多淫泆问何因,此地出门难禁止。

信任卦

信任伏吟神,行人立至门。失物家内盗,逃者隐乡邻。

病合难言语，占胎聋哑人。访人藏不出，行者却回轮，行人即到，如若不到，即不来也。

无依卦

无依是返吟，逃者远追寻。合者应分散，安巢改别林。守官须易位，结友也分襟。臣子俱怀背，夫妻有外心。所为多反覆，占病两般侵。

帷簿不修卦

日值八专惟两课，阴阳并杂不分明。

天上一临地下二神，是谓阴阳并杂。

帷簿不修何存礼？夫妇占之总不贞。

厌黩私门元武袭，

天后为厌黩，六合为私门。初传乘此二将更重，见元武主淫泆也。

嫂通于叔妹淫兄。

人间密事真难测，元女留经鉴此情。

《元女经》云："此卦阴阳不分。凡得此卦者，天将得元武、六合、太阴，皆主不正。

淫泆门

芜淫卦

阴阳不备是芜淫，

《经》云："芜淫之卦，奸生其中。"

夫妇奸邪有外心。

二女争男阳不足,两男共女只单阴。
上之克下言夫过,反此诚为妇不仁。
阳即不将阴处合,阴来阳处畏刑临。
日为阳,为夫;辰为阴,为妇。
要知起例看正月,甲子时加卯课寻。
甲上天魁子传送,甲夫阳也子妻阴。
甲将就子忧申克,
甲将就子,为畏传送金。
子近甲兮魁必侵。
子是水来就甲,怕天魁土克之。
支干上神交互克,是乖和睦失调琴。
妻怀内喜私情有,申子相生水合金。
子上见申金生水,又三合,主妻与西南方人有情。余仿此。

洪女卦[①]

天后常为厌黩神,须知六合是私门。
二将取名淫洪女,夫妻交失异情恩。
日夫,支妻。
欲知男女谁淫荡,更向传中辨将论。
六合即为男诱女,元武女携男子奔。

初传天后,末传六合,为洪女,主女子淫荡。若初传六合,末传天后,为狡童,主狂且诱女子也。

---

① 亦名失友,传见六合,名曰狡童。

大六壬心镜卷二

新孕门

元胎卦

三传俱孟是元胎，五行生处主婴孩。

所占百事皆新意，或卜怀胎结偶来。

一作"结偶胎"。

○木生亥，火生寅，金生巳，水土生在申，俱孟，是五行生处应。此卦主结胎及结婚姻事也。

旺孕卦

夫妇行年旺相神，异方三合类同群。

春占有孕在何处？妻午夫年立在寅。

假如春占，木旺火相，且如夫年三十七，行年立寅；妻年二十七，立午，故云"旺相神"。寅在东方，午在南方，寅与午为三合，故云"异方三合类同群"。寅午戌俱火，故云"同类"也。

受气于秋何以决？妻在子今夫立申。

或秋占，金旺水相，申子辰三合水局，亦是。他局仿此。

此类悉皆三合论，欲求他卦自区分。

德孕卦

德孕行年课十干，还如甲己例同攒。

夫年立甲妻居己，孕即灵胎贵复安。

乙将庚会丙辛合，

甲合己，乙合庚，丙合辛，丁合壬，戊合癸。如夫年立庚，妻年立乙，有如此例，皆主福德之胎，大吉也。

受气妻年上是端。

年上有神须觅取，日月时皆递互看。

假令夫年三十九岁，立甲子，甲德自处；妻年二十四岁，立己亥，己德在甲，是夫年立甲，妻年立己。

又如正月甲子日巳时占，功曹为用，将得天后，次传青龙，终得天后，始终有庆。妻年立亥上，得太乙，属火，受气于功曹。正月功曹是木，受气于登明。登明是壬，受气于传送申金，法当正月壬日申时受胎。

假令夫年三十九，立甲辰；妻年三十四，立己亥。日在甲，是夫年立甲，妻年立己。假令正月甲子日巳时占孕，妻年上见太乙，火生于寅，寅是正月建，属木，木生在亥；亥即壬，即是壬日，壬属水，水生在申，即是壬日申时受气。如年上见胜光，二月己日戌时见传送，四月申日亥时见从魁，五月乙日子时，此皆看妻年上神，递相传看其月日时也。生时亦是妻年上取天将决之。

假令年上见登明，即五月丙日申时生，见神后，二月丁日酉时生见大吉，正月戊日戌时生，余皆仿此。

隐匿门

三交卦

昴宿房星加日辰，太阴六合又骈臻。

今日复当逢子午，三传四仲类相因。

三传得子午卯酉，更见太阴，或见六合，为三交，主避匿。

三交家匿奸私客，不是自逃将避迍。

腾蛇放火勾陈门，武盗虎伤曾杀人。

三传俱仲为三交，四仲日以仲加用，一交；仲时，四仲加用，二交；上更雀合阴后，三交。《神定经》曰："卯酉加日辰为一交，六合或太阴二交，用起其中为三交。"又曰："四仲发用为一交，未临四仲为二交，传中四仲为三交。"

斩关卦

日辰上见魁罡立，

天罡河魁加日辰上者是。

此卦名为是斩关。

前翳神光参玉女，

传中有天乙为神光，有今旬六甲为玉女。

天梁地户太阴间。

功曹为天梁，太阴为地户。

更有青龙并六合，勿用差人捕此奸。

天魁为天关，功曹为天梁，六合为天门，此三天俱动，逃者不可寻。盖天乙神光引道，六丁玉女来扶，青龙飞腾万里，太阴地户闭形。凡占逃亡遇此卦，不能捕，此逃者之福也。六丁，甲子旬中丁卯，甲戌旬中丁丑，甲申旬中丁亥，甲午旬中丁酉，甲辰旬中丁未，甲寅旬中丁巳是也。

游子卦

四季三传有六丁，不然天马又相拜。

占身欲出名游子，

　　传得四季，内有旬丁并天马者，为游子卦。其人若不远行，必欲逃亡。传出阳者，必欲远行；传入阴者，将欲伏藏。

　　〇伟堂按：《通龟》云："传出阳神欲远行，初未中戌之类；传入阴神欲私归，初戌中未之类。"《订讹》则云："未戌丑为阴传，阳欲在家远出；丑戌未为阳传，阴欲在外私归。"

逃者天涯地角寻。

　　见天马为地角卦。

乙巳午时三月课，用神小吉未为丁。

　　乙巳是甲辰旬，小吉为用，丁未是也。

中见天魁是天马，

　　天马正月起午，顺行六阳神。

终于大吉例斯成，

　　大吉丑并季神。

若值墓神并杀害，恐有冤家来逼刑。

　　若今日之墓神与四杀并，即名五墓四煞卦。占主不可远行，行逢凶祸，或主病讼相缠。

闭口卦

阳神作元武，度四是终阴。

　　阳神者，六甲旬首；阴神者，六甲旬终。假令功曹作元武，终阴是登明，是寅之末逆数四神，故曰"度四"。

　　此名闭口卦，逃者远追寻。亡人随武匿，盗贼往终擒。

　　捕逃在元武方，捉盗在阴神方。

顺行阳数起，逆行阴所临。

天乙逆行在元武阴。

婢走求阳处，奴逃须责阴。

婢走求阳元武，奴走求阴元武。婢走就奴，故求阳，阳是婢藏家。奴走就婢，故求阴，阴是奴藏处。

刑德卦

刑德追亡好恶分，德在日兮刑在辰。

阴德从阳阳自处，乙日逢庚访好人。

辛居丙上丁壬位，癸向戊兮求见真。

甲德在甲，己德亦在甲；庚德在庚，乙德亦在庚，故云"阴得从阳阳自处。"阳者，干合也。甲己合，乙庚合，丙辛合，丁壬合，戊癸合，六合也。甲寅日追逃，好人在甲地，己日亦在甲地。

寅午戌兮刑在火，

寅刑巳，戌刑未，午自刑，皆是南方，故曰"在火"。

申子辰兮在木林。

申刑寅，子刑卯，辰自刑，东方木也，故曰"在木林"。

巳酉丑兮皆仿此，

巳刑申，酉自刑，丑刑戌，皆在西方金。亥卯未日在北方，亥自刑，子刑卯，未刑丑，故在北方。

贼盗逃亡不妄陈。

或有德刑同一位，良贱皆于彼隐身。

占逃亡，君子责德，小人责刑。若遇德刑同位，良贱必皆隐身于其方也。

德若胜刑寻易获，刑如胜德捉无因。

乖别门

解离卦

解离之卦在行年，先须察地后观天。
夫妻终始互相克，二月寅时卦请占。
妻年立子夫年午，
此先视地行年。
天地盘中仔细研。
神后子是妻之行年，胜光午是夫之行年。
午上功曹子传送，
夫年午上见功曹，妻年子上见传送。
递相残贼岂安然．
本来子水先伤午，
子水克午火，正克也。
上有申忧午火燃。
子上申金，又被夫年上午火克。
午得功曹被申克，此为终始互相煎。
传送金又克午上功曹木，故主始终相残害。
金盆覆水皆斯类，玉轸音悲剧可怜。

乱首卦

日往加辰辰克日，发用当为乱首名。
日为尊，辰为卑，尊就卑，被卑克，故曰"乱首"。
臣犯君兮子害父，妻背夫兮弟犯兄。
奴婢不从主委任，将军出塞愤其兵。
日为尊长辰卑小，犯上之时忌此刑。
正月酉时庚午日，传送初传午克庚。

略举一隅须自识，余皆仿此例分明。

无禄卦

四课上神俱克下，法式严时不可论。

四课上克下，即法令严加，有冤屈不得申雪。

臣子忧殃从此起，无禄如何独处尊。
古人孤老谁扶持？空室无人岂得存。
官门有小竟当罪，对者多应理不伸。

绝嗣卦

四课下神俱贼上，绝嗣如何保二亲。
妻背夫兮奴背主，子弑父兮臣弑君。
占孕常忧刑害子，定是孤茕失业人。
论讼对之忌先起，却被他番难雪伸。

他番者难雪伸，先起失理也。

孤辰寡宿卦

居天寡宿地孤辰，发用当知六甲旬。
欲识空亡何宿是，甲戌旬中用酉申。

如甲戌旬中，胃昴毕觜参是为寡宿，是居天也；申酉为孤辰，是在地也。

占人孤独离桑梓，财物虚尢伴不亲。
官位遇之宜改动，出行防盗拟侵人。

一作"出行访谒无亲人"。

所闻百事皆非实，疾病遭官不害身。

久病亦畏空亡也。甲戌旬中，申酉空亡。余五旬仿此。

龙战卦

龙战元黄二八门，春生秋杀决于分。
二月建卯生万物，八月建酉杀万物。卯日出门，酉日入门。但遇卯酉日占事，或用神立卯酉上，或人行年立卯酉上，即应此卦。

燕去燕来离会兆，雷收雷发见潜因。

二月元鸟至，以相来；八月元鸟归，以相离。二月雷发声，龙见。八月雷收声，龙潜。此应离会隐见之兆也。

如今卯酉日占事，行年用起立斯辰。

刑德两途俱合此，

二月春分生万物，主德，复有杀气盗刑而榆叶落；八月秋分杀万物，主刑，复有德气盗施而蒜麦生，故云"刑德两途俱合此"。

出南入北忌遭迍。

行人进退心疑惑，兄弟乖张妻不亲。

励德卦

励德阴阳何以分，卯酉将为日月门。

天乙此时俱上立，

天乙立卯酉上是也。

贵贱尊卑位各陈。

尊卑以陈，贵贱位矣。阴者，是日辰之阴，乃是第二课、第四课，属卑，不可妄居贵人前，必黜退。阳者，是日辰之阳，乃是第一课、第三课，属尊，不合居贵人之后，必迁进。余者仿此。

阴立在前阳处后，大吏升迁小吏迍。

庶人身宅忧移动，魂梦非安谢土神。

二八月是祭社之月，故主谢土神。

赘婿卦

赘婿日干加克辰，辰来加日制其身。

今日干加克支辰，或支辰加日被克，为用卑被尊制，故不由自用也。

如婿寄在妻家住，若嫁携男适就人。

意欲所为全不肯，心怀不愿抑今云。

凶灾吉庆皆生内，故以天官决事因。

物气卦

用神与日类须详，物气分明辨否臧。

立用神与日有族类。

甲乙初传水为气，

甲乙日用德，用水神，为有气，木因水生故也。

占者当忧父母厄。

若见木神为兄弟，同类之称事可量。

如逢小吉知何类，

甲乙日属木，亥卯未合日支，皆今日之族类。

鹰雁妻奴及酒羊。

亥猪卯兔甲乙类，旺相为生墓已伤。

旺相为生物，墓则为死物是也。

新故卦

新故阴阳不易分，刚柔异类辨斯文。

刚用阳神及有气，是物装成不染尘。

刚日用起阳神及有气神，加日上，并主生气物及新物。用起阴神及无气神，加日上，是无气物，乃是故物。余仿此。

柔须求德加临日，乙德居庚是上因。

大吉临干为死旧，天罡加日是生新。

假令乙丑日是柔日，乙德在庚；金生于土，天罡小吉加日上，即生新物。大吉加日上，是故旧物也。

八迍五福卦

八迍五福详凶吉，以意推之无定神。

欲别凶征吉有力，不推八五是常文。

又名三近四吉卦。

冲克休囚刑墓杀，恶将都看有几迍。

旺相相生吉神救，又是福之多少均。

福利多时灾渐退，病愈遭官理得伸。

五福者，假如用起死墓气，终旺相气，为一福。子母相生，为二福。日上见螣蛇，辰上见元武，为三福。金神三杀救之，为四福。癸德在戊，戊寄在丙，来为今日中传，为五福也。八迍者，假如正月癸酉日午时，小吉加寅发用，春土死，用向死气，为一迍。未土临寅木，旺气所胜，为二迍。甲木墓于未，仰见丘，未土畏木，俯见仇，为三迍。将得朱雀，为四迍。朱雀与刑合，为五迍。中传神后水，下贼上，为六迍。又乘白虎与坟墓灾杀，并为七迍。午加癸，上乘元武凶将，下贼上，为八迍也。

始终卦

始终之卦在临时，神将相传仔细思。

先吉后凶终不吉，先凶后吉庆相随。

善恶等分无咎誉，首末俱臧福大奇。

终来克始，吉无不利。始往克终，忧身害己。三传相生，万事尽成。忽若相克，为鬼为贼，用神生死吉凶，旺相为方来，囚死为已往。

十杂卦

甲己合

戊己中央忌木刑，己来妻合甲欢情。

六月己怀归奉戊，果实虽然熟带青。

六月木死，己土旺，仍归戊，故怀木胎，瓜果熟带青色也。

乙庚合

木畏西方庚与辛，甲将乙妹合庚金。

春时木旺乙归本，所以琼花开绿林。

甲乙东方木，畏西方庚辛金。甲为兄，乙为妹，嫁与庚为妻，所以乙庚合。至春木旺金死之时，却还家以应。庚色白，乙怀金胎，却归东方色，所以春有白花，以杂青色之中，有金也。木青金白，所以"琼花开绿林"。

丙辛合

庚辛性怯南方火，庚便将辛合丙同。

秋间火死金归去，枣赤霜凝叶落红。

秋间火死，仍归庚，刑杀物，叶落有火气，故叶红枣成，一色带赤。

丁壬合

南方火畏北方水，故将丁妹配于壬。

夏旺丁来归应丙，桑椹熟时当紫青。

夏丁火怀水胎归丙火，水黑火赤，赤黑相杂成紫，故桑椹紫也。

戊癸合

北方水怯中央土，癸戊亲情偶室房。

立冬水旺癸还舍，土孕和凝杀草黄。

立冬严寒，杀草有土色，故色黄也。

炎上卦

寅午戌为炎上卦，

火之位也。

○伟堂按：寅午戌为火之局，炎上为火之性，皆非位也。"位"字疑错。

三传俱是火之名。

为日象君人性急，釜鸣炉冶卜天晴。

占人欲行忧口舌，妇人怀孕是男婴，

火生寅，旺午，墓戌。三传俱火，此火气之旺，主人性急。

21

曲直卦

曲直东方是木行，三传亥卯未相并。

占人桴筏并栽木，病者因风致有萦。

木生亥，旺卯，墓未，三传俱木，主木气之事，木主风也。

稼穑卦

戊己占时用土神，

戊己日，三传辰戌丑未是也。

三传四季合斯名。

呼为稼穑缘从土，筑室开田墓宅因。

从革卦

巳酉丑是从革卦，兵革相持位属金。

改故入新多别业，病伤筋骨肺劳侵。

润下卦

立用传中申子辰，卦名润下水之因。

占者多因沟涧意，不然舟楫网鱼鳞。

占胎是女良非谬，疾病为殃谢水神。

大六壬心镜卷三

凶否门

九丑卦

乙戊己辛壬五日，

此五干为日也。

四仲相并九丑神。

子午卯酉四支与五干相合，为九丑，乃乙卯、己卯、辛卯、乙酉、己酉、辛酉、戊子、壬子、戊午、壬午十日也。此十日遇大吉加在支辰上，为九丑卦。

大吉临在支辰上，值此凶灾将及人。

大小二时相济会，

大时，正月在卯顺行十二宫；小时，正月起卯逆行四仲。

刚日男凶柔女迍。

重阳害父重阴母，

刚日日辰在天乙前，为重阳，主害父。柔日日辰在天乙后，为重阴，主害母。

测以天官决事因。

大吉与朱雀会，主官事口舌；元武主失财物，或妖淫；勾陈主斗讼；白虎主疾病死亡，皆以天官决事。

不但纳妻并嫁女，最忌游行及出军。

二烦卦

日月宿行临四仲，

日宿加仲为天烦，月宿加仲为地烦。日宿者，月将是也。月宿者，太阴度四正是也。正月室，二月奎，三月胃，四月毕，五月参，六月鬼，七月张，八月角，九月氐，十月心，十一月斗，十二月虚。每月初一日移宿起，加值奎井张翼，氐宿，皆留一日，数尽即知月宿所在也。如正月十五日之月宿，先从室数起，便知是星宿。星宿在午宫，午若加仲发用，便是地烦卦也。

《起月宿歌》曰："正月起室二硅游，三胃四毕五参头。六魁七张八角数，九氐十心数顺求。子牛丑虚加月宿，奎井张翼氐重留。室壁奎奎娄胃昴，毕觜参井井鬼柳。星张张翼翼轸角，亢氐氐房心尾箕，斗牛女虚危。"数法周而复始也。

此卦名为天地烦。

更被斗罡加丑未，复以兼称名杜传。

男抵日兮女抵月，举事灾殃为汝言。

祸散复生欢复怒，仇人和了又成冤。

弦望晦朔天烦合，男犯刑伤被吏缠。

弦望晦朔为四正日，男行年抵日宿，主被吏执也。

子午卯酉地烦会，女主血光有迍遭。

子午卯酉四仲日，女行年抵月宿，主有血光之灾。二烦卦主盗贼，不利出行。

天祸课

四立日占为百事，切忌干临向绝神。

四立日：立春、立夏、立秋、立冬。四立前一日为四绝神，凡四立日占得今日干支，临昨日干支，为天祸课。

遇此名为天祸卦，天咎之灾四五旬。

四五旬者，《经》云："祸不出一节，应一百四十五日内也。"

今日立春当乙酉，昨暮冬穷是甲申。

假合乙酉戌时课，乙干临甲害凌人。

欲知祸患缘何起，以将推之决事因。

白虎死亡元武盗，官追朱雀斗勾陈。

天空凡事多欺诈，各依天将起遭迍。

天寇卦

阴阳生杀言分至，前之一日是离神。

阳主生，阴主杀。春分阳气生在卯，故榆叶落。夏至阴气生在午，盗杀根本，故兰菊生萌芽，瓜麦死。秋分阴气生在酉，故麦瓜生。冬至阳气生在子，施根本，故兰菊萌芽动。此四者，名朝气，不得久立是也。

假令春分今日卯，离神昨日乃归寅。

占时月宿居寅上，

月宿所在，如二烦卦。

详其多少悉殃人。

月是积阴为杀气，离上逢之天寇迍。

非但行人去遭劫，凡事经营害及身。

要知心月狐在卯，危月燕在子，张月鹿在午，毕月乌在酉，遇此乃真月宿也。

天网卦

用起并时同克日，天网四张灾祸临。

《经》云："天网四张，万物尽伤。"

庚辛占值日中课，

庚辛日属金，中午时属火，火克金也。

火作初传午克金。

用神又得火，共时克日，名天网卦。余仿此。

甲乙申时得传送，他皆仿此例须寻。

问其忧事缘何发，消息天官断客心。

天狱卦

占课用神当死囚，

用神当死囚，其凶一也。

仰见其丘俯见仇。

仰见其丘，其凶二也。俯见仇，其凶三也。

更值斗罡加日本，

斗罡加日本，其凶四也。今日生处为日本。

四凶天狱是其由。

正月乙酉午时课，小吉临寅，故曰"丘"。

春占土死未为墓，

如春占土死，未是乙木之墓也。

土畏于寅又是仇。

未土被寅木克，小吉与木为仇。

乙生于亥将为本，

乙木生于亥，亥是乙木之父母也。

斗系当防父母忧。

斗柄指亥，主父母忧。

临仲己身兄弟患，

斗柄指仲，主兄弟忧。

加季儿孙妻妾愁。

斗柄指季，主儿孙妻妾忧。加仲是加卯也，加季是加未也，亥卯未是木之位也。

登明小吉斯为例，如火如木忌逢秋。

秋木死火囚，夏金死水囚，冬火死土囚，春土死金囚，各按四季发用而推之。

行人不可此时出，百事能知则免忧。

死奇卦

天有三奇日月星，日为福德月为刑。

月宿在天罡之宫而发用，为死奇卦。

言三光皆灵奇也。日为福德者，日出则奸盗止，鬼神藏，恶煞伏，病者愈，故为福也。月为刑者，月乃夜曜，则奸盗不止，魁神不藏，恶煞不伏，病则殃，故为刑也。星为死奇者，谓北斗也。星斗之光，不及日月之辉，故处幽暗之中，不惟奸盗为害，又是指挥之曜，生死莫不从也，故曰"死奇"。如加孟，主忧父母；加仲，主己身及兄弟；加季，主子孙妻妾奴仆。

星是死奇为北斗，更互加之各有灵。

更互加孟仲季。假令今日丙丁，斗加寅忧父母，加午仲忧兄弟，加戌季忧妻子奴婢。寅是火生，午是火旺，戌是火墓。他皆仿此而推之是也。

加孟所生忧父母，临仲为身及兄弟。

季上见之妻与子，看其臧否与谁并。

看是何奇，又加何位，即可知之。

日主旬中辰月里，

死奇加日，吉凶在旬内；加辰，吉凶在月内。

岁上一年之内程。

加太岁吉凶在今年内也。

星月奇临主死患，

星奇加，主死；月奇加，主患。

其中日照免灾倾。

星月二奇别主凶恶，或日辰太岁上有日奇，则星月不能为殃，盖日出则星月没故耳。日奇者，日宿也。月奇者，月宿也。所以如二烦卦。

魄化卦

白虎西方本属金，性威刑煞忌加临。
西方属金，其虫毛，毛虫虎也。金色白，主刑煞，性威猛食人也。
若与死神相会合，日辰年上见灾迍。
遇此即为魂魄化，纵教无病也昏沉。
二月寅时甲戌日，胜光为虎是其阴。
甲上天魁，戌上胜光，是甲上之阴神。
死神正巳二归午，
死神者，正月起巳，二月在午，顺行十二辰也。
上怕相兼作害深。
虎与死神相逼。
六月未时壬戌日，天魁为虎又加壬。
六月死神来至戌，下逼行年依此寻。
行年又被逼。
贼上为内下为外，阳为男子女为阴。
行年若遇魁罡立，身须加害祸相侵。
用在阳忧男，用在阴忧女。上克下外丧，下贼上内丧。行年在魁罡下，自身丧也。

三阴卦

天乙逆行为不顺，元白二神居日前。
为一阴也。
用终囚死又相克，
立用传终并休囚死，神将又相克者，为二阴也。

时贼行年凶又残。

占时克行年为三阴。

三阴任尔能行计，卦主精神入墓间。

百事尽乖家业散，纵使登科位不迁。

又云："日辰见元武为一阴，日辰在天乙后为二阴，神将囚死者为三阴"，是也。

飞魂卦

游魂来加年日上，

行年日辰。

用起兼之恶将并。

便是飞魂魂不定，行逢鬼祟又生惊。

若问煞居何处所，顺行正月起登明。

丧门卦

丧门正月未为之，

正月未，二月辰，三月丑，四月戌，五月未，六月辰，七月丑，八月戌，九月未，十月辰，十一月丑，十二月戌。

四季流行逆数推。

用在行年支干上，病人忧死健人衰。

白虎若临凶转恶，依将言之事莫疑。

但依将言之事莫疑也。

伏殃卦

天魁常依四仲神，建寅居酉逆相寻。

天鬼一名伏殃，正月酉，二月午，逆行四仲。凡主伏兵杀伤，或全家病，宜禳祷以除之。

行年日上如逢此，殃伏兵伤乱杀人。

天罗地网卦

日前一辰天罗杀，对冲名为地网神。
发用行年支干上，官灾病厄是其迍。
如庚日庚课申，则酉为天罗，卯为地网。
朱雀火灾白虎病，螣蛇忧梦怪惊人。

吉泰门

三光卦

用起日辰俱旺相，
用神旺相为一光，日辰旺相为二光。
传中复有吉神并。
为三光也。
三光并立无相克，作事多欢病者轻。
纵逢凶将无忧患，囚系官灾事不停。
六月戊寅寅时课，三传俱旺贵人荣。

三阳卦

天乙顺行为正理，
一阳。
日辰有气复居前。
日辰有气，在天乙前，为二阳。

立用之神兼旺相，
三阳。
三阳吉庆保安然。
上下相生神将吉，出行有利职高迁。
病解讼伸诸事吉，纵逢凶将亦无愆。
郭本作"纵逢刑害亦无愆。"

三奇卦

三奇发用逐旬行，两处区分共一名。
一卦有两般奇，一卦有两般名。
甲午甲申神后是，寅辰二甲在登明。
子戌旬中居大吉，不忌杀之并与刑。
以上一段不忌刑杀。
甲日胜光乙日巳，支逆随行己丑停。
甲日在午，乙日在巳，从子逆行至丑住，至丑回向未上，起庚为奇。
庚却顺流奇在未，癸尽天魁总有灵。
庚日在未，顺行癸日到戌。
占值两奇皆喜悦，传内天官更要精。
两奇得一即吉。一卦有两般奇：旬奇，甲午甲申旬在子，甲寅甲辰旬在亥，甲子甲戌旬在丑；丁奇，甲日在午，乙日在巳，丙日在辰，丁日在卯，戊日在寅，己日在丑，庚日在未，辛日在申，壬日在酉，癸日在戌。

六仪卦

六仪一段居旬首，甲子旬中神后为。
更复子当从午配，
旬仪即旬首；支仪，子日起午，丑日在巳，逆行至丑上得巳是也。
逆行相配逐辰移。

驱来巳日终于丑，午还居未顺求之。

午日未，未日申，顺数行之。

用得此神名善卦，又须传末吉相随。

凡用神将得六仪，终传神将又大吉，乃始终有庆也。支仪，子日在午，丑日在巳，寅日在辰，卯日在卯，辰日在寅，巳日在丑，午日在未，未日在申，申日在酉，酉日在戌，戌日在亥，亥日在子。

富贵卦

天乙加来乘旺相，临在行年与日辰。

发用传中吉有气，即是从前富贵人。

中遇凶神近荣显，但看青龙足宝珍。

末传吉将，求官显达也。

官爵卦

印绶两般俱用见，

天魁、太常悉为印绶。又云：天魁为印，太常为绶。此两般初用，但得其一，亦是吉卦，齐临甚美。

四驿马因传内逢。

四驿马者，太岁、月建、日辰、行年。假如二月建卯，驿马在巳，行年立子，驿马在寅是也。余仿此。

值此名为官爵卦，终吉何忧选不通。

传终若得吉神将者，求官入选，迁改并通也。

高盖乘轩卦

紫微华盖居神后，

华盖星在紫微宫中，子位神后是也。

天驷房星是太冲。

太冲卯宫有驷房星，又为轩车。

马则胜光正月用，

胜光午为马。天马，正月午顺行六阳。

六阳行处顺申同。

若传中见天马、驿马者，皆吉卦。

高盖乘轩又骑马，更得龙常禄位丰。

凡三传午卯子，再得天马，为高盖乘轩卦。利占功名，传中见青龙、太常，主官尊禄厚。

斫轮卦

庚辛共处为斤斧，

二金。

卯木单称立作车。

太冲作用来金上，断削修轮衣紫朱。

传内太常并印绶，六合青龙福庆余。

太冲加申金为用，名曰"斫轮"，断削之象也，宜占功名，忌空亡。

铸印卦

天魁是印何为铸？临于巳丙冶之名。

中有太冲车双在，铸印乘轩官爵成。

传中有气将为速，复又兼之驿马并。

太阴所主阴私立，天乙顺行君令明。

三传巳戌卯为铸印。盖巳为炉，戌为印，卯为模范故也。传中又有太阴、六合，神将旺相相生，最宜求官，忌空亡。

龙德卦

太岁今朝作贵人，立用还须月将神。
龙德卦宜干禄位，恩赐真官贺圣君。

太岁作贵人，月将发用，传终又得吉将良神，官从诏出，亦真官也，大吉。

连珠卦

孟仲季三传，尊卑位不偏。或是岁月日，累累月相连。
皆曰连珠卦，事绪百盈千。凶则灾不已，吉则庆缠绵。
三传同一处，谋干利成全。岁月日时建，顺速逆迟延。

大六壬心镜卷四

杂神门

登明亥神

音角，正月将，头，室壁，猪貐熊。
登明天柱廪楼台，贼盗伤人幼子哀。
狱厕秽猪忧溺死，阴私管籥召征来。
水神也，始建征，万河资始，故曰"登明"。
天柱，天旦耳，厕狱，管籥，神计，不净，溺死，天奇，上客，夫人，小儿，征召，杀贼，伤人，死丧，主猪。

河魁戌神

音商，二月将，足，奎娄，狗豺狼。
河魁印绶吏都官，垒土高坟集众攒。
德合婢奴兼长者，豺狼犬畜悉为欢。
土神也，万物皆生根本，以类合日，故曰"河魁"。
印绶，奴仆，计都，狱吏，聚众，长者，垒土，敛研，明水，地户，兵神，德合，小儿，狱召，城钟。

从魁酉神

音商，三月将，耳，胃昴毕，鸡雉鸟。

从魁金玉小刀钱，奴婢私阴近水边。

小麦九江并赏赐，鸡禽解散不为缘。

金神也，万物皆发生长，枝叶茎从根而出，故曰"从魁"。

姨婢，宫女，小麦，神庙，私门，九江，金钱，刀鞘，尾吏，内门，大客，官禄，边兵，玉匮，水泽，则。

传送申神

音宫，四月将，筋骨，觜参，猿猴犹。

传送刀兵僧及医，冤仇道路税湖池。

大麦守城丧碓磨，市贾劫攻田猎师。

金神也，万物茂盛于气，所传而毕达，故曰"传送"。

市贾，送远，猎师，刀兵，大麦，仇怨，死丧，聚众，刀师，城池，道路，天医，天魁，湖池，税买，民人，碓磨，盗贼。

小吉未神

音征，五月将，井鬼，鹰羊雁。

小吉姑姨婚礼仪，酒羊礼寿及神祇。

白头翁讼争婆母，井泉天耳墓风师。

土神也，万物小成，阴气始生以奉阳，故曰"小吉"也。

五味，姑嫂，主保，酒食，天乙，酒舍，天耳，风师，天井，公讼，婚姻，钩钜，冢墓，鬼道，祈祷，家鬼，老妇，白头翁。

胜光午神

音商,六月将,目,柳星张,獐马鹿。

胜光宫女信诚妃,善士通传惊惧遗。

土公田宅巫天目,使君亭长巷兵持。

火神也,万物长大,其根本愈于所在,故曰"胜光"。

小豆,田宅,贼兵,道路,惊恐,口舌,妇女,巷路,土公,信诚,善人,使君,亭长,天目,长,左。

太乙巳神

音角,七月将,翼轸,蛇蚓蝉。

太乙蝉鸣虫解散,宾姑骂詈弩丧车。

赏赐灶炉管籥等,横祸非灾吊客蛇。

火神也,万物毕秀,生穗结实,故曰"太乙"。

骂詈,非祸,姑,赏赐,关钥,太乙,木公,宾客,解散,歌儿,灶,死丧。

天罡辰神

音宫,八月将,胸,角亢,蛟龙虫。

天罡本是鱼龙物,欺诈网罗为恶人。

战斗陂池二千石,虞官左目宰伤神。

土神也,万物关固根条,以定核坚,故曰"天罡"。

女娠,恶人,战斗,杀伐,死丧,金关,鱼网,宰杀,天罗,死尸,主兵,欺诈,二千石,右天目,初。

太冲卯神

音角，九月将，手，氐房心，貉兔狐。

太冲术士沙门类，来往舟车水陆因。

林木三河雷电闪，弟兄私户匿阴人。

木神也，万物离散，支干斗毁若冲，故曰"太冲"。

兄弟，公主，沙门，妇女，粟，土功，刀杖，车船，远行，林士，天乙，伏匿，地泽，炉，杓门，棺椁，天心，民市，边方，荡子，地耳，雨水，私贼。

功曹寅神

音宫，十月将，背，尾箕，虎豹狸。

功曹道士兼书籍，杂色班文火炬红。

从事信诚征召吏，虎豹猫狸及木丛。

木神也，万物长旺，功臣计事论功，故曰"功曹"。

天文，文书，林木，招召，谒见，火炬，斑纹，诚信，管事，督师，吏，道士。

大吉丑神

音商，十一月将，斗牛，獬牛蟹。

大吉将军举荐贤，桥梁长者地祈冤。

雨师风伯贵人召，畜鳖车牛兼宅田。

土神也，阳时复居其位而化，故曰"大吉"。

长者，风伯，雨师，田宅，六畜，车牛，贵人，征召，爵禄，荐贤，钩钜，地祇，地耳，土公，宅田，执雠，官，将军。

神后子神

音商，十二月将，女虚危，蝠鼠燕。

神后阴私采女奸，逃亡盗贼鬼神官。

土工悲泣浴盆事，燕鼠行人取类看。

水神也，《抱朴子》："岁毕酒醮蜡祭，以报百神，故曰'神后'。"

父母，大豆，宅舍，天乙，采女，奸邪，阴贼，死凶，鬼神，祈祷，浴盆，白虎，王侯，土工，盗贼。

杂将门

贵人旦暮

旦暮推尊天乙神，局中分治令为君。

天乙乃式中天子，故令为君也。

甲戊庚游大小吉，乙巳神神后传传送昼夜分。

丙丁朝亥暮居酉，六辛当午后来寅。

壬癸立处于巳卯，不降魁罡作贵人。

用昼夜长短分旦暮，甲戊庚日，旦用太吉丑作贵人，暮用小吉未作贵人。乙己日，旦用神后子，暮用传送申。丙丁日，旦用登明亥，暮用人魁酉。辛日，旦用胜光午，暮用功曹寅。壬癸日，旦用太乙巳，暮用太冲卯。每以星没为旦，星出为暮，看贵人落地盘宫位，顺逆行之。

大六壬心镜

天乙贵人己丑土将 主清御

天乙贵人属己丑土，在天应十二神，在地表十二野，在岁为十二经，为宗天天乙者，所以统领驭众，推流祸福有应验也。

假令甲日，在丑为旦，在未为夜，在乙丑属金，在辛未属土。贵人顺行吉，逆行凶，比和吉，不比和凶。此大略也。在丑谓之升堂，相比顺则吉。又看侍从之神，在吉则吉，在凶则凶。其它神将皆仿此断之。

贵人天乙名魁钺，[①] 谒见干求喜气新。
君子拜官迁禄秩，小人争讼入公庭。
相生旺相承恩召，囚死伤刑忌怒嗔。
病者头疼寒热疾，祟非凡鬼是天神。

子：沐浴。　　　　　丑：升堂。
寅：按籍于公中求望。　卯：荷项，不利于进游。
辰：入狱。　　　　　巳：趋朝，有进望之喜。
午：乘轩，有诏命之喜。未：饮食，又有小惠之事。
申：起途，主有进动。　酉：入室，主阴私，暗昧不明。
戌：在囚。　　　　　亥：操笏，主求谒吉。

辰戌为牢狱，贵人不临之地，若临空亡，忧喜皆不成。《经》言："空亡之课若何？当忧不忧，当喜不喜。若两火一金，金被消铄。二水一火，火乃灭光。如贵人临乙丑为金，临亥则乙亥为火，火欲克金，有水为救，不能相克，有鬼贼不足为忧。若贵人乘辛未土，下临癸酉金，金土相生，比吉之象。其或贵人乘寅，得壬寅金，下临甲辰火，火乃炼金，得丙午水，为灾消散。"

---

① 一本作魁星。

大六壬心镜

前一螣蛇丁巳火将

螣蛇之神，为骠骑尉，其元属丁巳火，火旺六十日，大段主文字、虚惊、公信、小才，水火之交，其凶则惊骇怪梦之事，火光釜鸣、官私是非之事。若旺相比和则吉，若休囚则得灾，空亡减半。《经》言："螣蛇生角，将以成龙，吉。青龙折角，变为蜥蜴，故凶。螣蛇生我无祸，克我有祸。"

前一螣蛇骠骑尉，火神惊恐亦非安。

君子忧官忧失位，小人争斗恐伤魂。

旺相相生灾未发，死囚刑克祸临门。

病者四肢头目肿，水木神来作杀冤。

子：掩目，不能伤人，又曰堕水。　丑：入穴，自藏。

寅：生角，旺吉衰凶。　卯：当门伤人，主人口灾。

辰：自蟠，可远不可近。　巳：飞天，尤吉。

午：乘雾，有进望之心。　未：秘隐，入林忧疑自散，食中有病。

申：衔刀、拔剑，有怪异官事。　酉：露齿，必见口舌。

戌：睡眠，其忧自散。　亥：入水，不为灾害。

大六壬心镜

前二朱雀丙午火将

朱雀之神，属丙午火，夏旺三个月。大段主文书、印信、王诰、敕命、服色、王庭之事。其灾主口舌、公讼、缧绁、文字、财帛损失，虚诈，马畜疾病。

前二朱雀羽林军，霹雳灾殃是火神。
君子文书忧考校，小人财帛竞纷纭。
旺相相生和合事，死囚刑克被官嗔。
病人心腹兼呕吐，瘥剧宜看子午辰。

子：损翼，不能移动。　　丑：掩目，又曰破头。

寅：安巢，疾病。　　　　卯：栖林。

辰：敛翼，人归。　　　　巳：翱翔，外事高远。

午：衔符，有文书口舌。　未：啄食，求财吉。

申：励嘴。　　　　　　　酉：夜鸣。

戌：无毛，不能动。　　　亥：沐浴，灾忧自退。

大抵吉则为论其为祥，凶则言其不利。损羽无毛，皆是自伤；夜鸣励嘴，并是为怪。加之不比相克，是其凶兆。

大六壬心镜

前三六合乙卯木将

六合之神，属乙卯木旺相之日。大段主信息、婚姻、求望、财物和合、交易、谦逊之事。其戾主阴私不明、先喜后忧，小人女子之过，伤失六畜。

六合前三是丈夫，婚姻和合吉相扶。
君子得财迁禄位，小人亲会酒欢娱。
旺相相生媒产吉，死囚刑克取奸窬。
病者阴阳心腹痛，丈夫司命祭当苏。

子：操笏，见人求上吉。　　丑：眼疾，眼病。
寅：乘轩，婚姻。　　　　　卯：入户，在家不动。
辰：持巾，将动人意。　　　巳：赍书，信远。
午：升堂，半遂无格。　　　未：素服，白衣。
申：披发，成合。　　　　　酉：洗足，能进。
戌：登途，进动。　　　　　亥：乘辂，出所求吉。

大六壬心镜

前四勾陈戊辰土将

勾陈之神，属戊辰土，旺四季月。其大段主官职，印信，公庭，虎符，田宅，上舍；其戾主六害，疾病，寒厄，骨肉，公讼，牵连，财物失脱，庶人得此应，官员见之为印绶。盛吉衰凶，又主小吉。

土将勾陈四位前，兵灾刑斗讼留连。

君子掩逃擒盗贼，小人争妇及田园。

旺相相生犹合理，死囚刑克系迟延。

病者肿瘫寒热苦，祟在丘陵及土垣。

子：临庭，官事。　　　丑：入化，出入随朝。

寅：受制，官事。　　　卯：入狱，官人业田宅。

辰：升扁，司墓田公讼，官事随动。　　巳：捧印，转职迁进。

午：反目，百事乖，无田。　　未：在驿，宜出行。

申：趋门。　　　　　　酉：病足，难言。

戌：佩剑，有害。　　　亥：澣衣，改革。

大六壬心镜

前五青龙甲寅木将

青龙之神，属甲寅木，旺春三月。大段主文字，财帛，舟车，林木，衣服，书契，文昌，官职，府庭，僧道，高人。其庚主哭泣，疾病，失财，走失，畜类，陷溺。

青龙丞相居前五，酒食钱财婚礼仪。

君子加官迁美职，常人财物送乡耆。

旺相相生尤喜美，死囚刑克有阴私。

病人沉热心肠疾，司命为殃速请医。

子：游海。　　　　　　丑：蟠泥，失滞，

寅：乘云，得雨。　　　卯：戏珠，弄水，有喜。

辰：闭目，为意。　　　巳：飞天，利动得意。

午：无尾，损伤。　　　未：折角、无鳞，斗伤。

申：无鳞，折角，久困。酉：伏陆，退守难进。

戌：施雨，出入劳力。　亥：入水，求财。

大六壬心镜

后一天后壬子水将

天后之神，属壬子水，旺冬季，主后妃、宫庭、人家私事。《经》曰：其戾主帷薄不修，私事不明，欺诈不实，脏腑之疾，小人走失。

○主玉堂。

天后位居宫采嫔，惟须禁锢莫情徇。

若逢君子延宾客，如是常人议婚姻。

旺相相生妻易产，死囚刑克女奸淫。

病人四体兼痛痫，祟礼河官溺水神。

子：守闺，欲动。　　丑：出户，阴私。

寅：理发，取财成病。　卯：倚门，相望。

辰：毁装，血病。　　巳：裸体，失礼。

午：倚枕，难合忧鬼。　未：沐浴，失礼。

申：理装，生产婚姻。　酉：把镜，婚姻。

戌：搴帷，自息之意。　亥：治事。

大六壬心镜

后二太阴辛酉金将

太阴之神，属辛酉金。旺秋三月。主宫帷、妇女、财帛、金银财物，其庚为阴私损失、私谋谋事、迟速未成、远信未至、疾病不痊。

太阴金将位中丞，蔽匿阴私事颇仍。
君子罪名为出入，小人惊诈致忧生。
相生旺相成婚礼，囚死伤刑为谴惩。
病者四肢腰脚损，灶神为祸可祈蒸。

子：垂帘，隔听。　　　丑：守屈，宜动。
寅：跣足，难动。　　　卯：沐浴，失理。
辰：理冠，求就。　　　巳：伏枕，近思。
午：披发，私忧。　　　未：持书，信动。
申：阴谋，法服，婚姻。　酉：入室，不宜动。
戌：绣裳，婚姻。　　　亥：妊娠，阴人病。

大六壬心镜

后三元武癸亥水将

元武之神，属癸亥水，旺冬三月。主聪明多智、文章俊巧、求望财物、干谒贵人，其戾主盗贼、奸诈小人、君子阴私不明、走失疾病、鬼魅梦想之事。

后三元武后将军，盗贼奸邪狱讼陈。

君子捕逃车马失，小人淫乱离乡群。

相生旺相多财畜，囚死克刑有祸迍。

病者患腰腹胀满，祟殃河伯溺潭神。

子：过海，出入进动。　　丑：立云，虚诈失物。

寅：披发，虚喜。　　　　卯：窥户，盗贼失物。

辰：入狱，官事相争。　　巳：洗足，不宜动。

午：拔剑，能害人。　　　未：朝天，利见大人。

申：按剑，战有害。　　　酉：持戟，相争。

戌：持戟，相争。　　　　亥：真冠，尊贵，家人为鬼。

大六壬心镜

后四太常己未土将

太常之神，己未属土，旺于四季，每季十八日。大段主文章印绶、公裳服饰、信息交关。其庚主遗失公文、窃盗衣裳、哭泣不美之状、公私牵系，又主小微窃盗。

太常官是太常卿，财帛田园采盛明。

君子正官荣爵贵，小人移徙酒逢迎。

相生旺相成婚庆，囚死克刑财失惊。

病者四肢头腹疾，祟缘新化可追寻。

子：持印，吉。荷项相侵，奸盗。　丑：列席，请美丰。

寅：侧口，恶人相争。　卯：遗冠。

辰：荆项，一云荷项。　巳：铸印，转职。

午：乘辂，上人筵会。　未：窥户，列席。

申：捧印，转职迁官。　酉：立券，忧物，动望征求。

戌：入狱。　亥：聘召，贵人请合私谋。

大六壬心镜

后五白虎庚申金将

白虎之神，属庚申金将。旺秋三月。其大段主道路、信息、兵牒兵戈、动众、威权、财帛、犬马、金银宝物，其庚主孝服、哭泣、疾病、怪异、凶恶、杀伐、灾害不明、血光之忧。白虎问妊吉，问病嫌。

白虎金神廷尉卿，遭丧疾病狱囚萦。

君子失官流血忌，常人伤杀主身倾。

旺相相生财福竞，死囚刑克系沉冥。

病人头痛瘰疽患，祟是伤魂路死兵。

子：渡江，沉海，恐惧无害。　　丑：直视，谋望。

寅：出林，过路，往还恐害。　　卯：伏穴，不能动。

辰：露牙，沿山夜行，害财奸私。　巳：烧身，死丧疾病。

午：断尾，有始无终。　　　　　未：登山，乘权，出入，狱凶。

申：衔牒，道路文信通。　　　　酉：当路，害人之意。

戌：闭目，无害。　　　　　　　亥：睡眠，有忧之事。

大六壬心镜

后六天空戊戌土将

天空之神，戊戌土将，旺于四季。大段主奴婢、公吏、市井小人、财帛、言约、私契，其庚主奴婢唇吻、脱空不实，虚伪巧诈是非，辰戌丑未四月最旺。天空可以成小事，不可以成大事。

后六天空司直官，奸谋诡诈事多端。
迁移君子逢谗佞，孤寡常人被隐瞒。
旺相相生奴婢喜，死囚刑克系丧残。
病人胸胁并痰气，井灶为灾岂得安？

子：小人，寒厄。　　丑：三伏尸。
寅：犯事，争讼口舌。　卯：守制，漫语。
辰：主虚诈。　　　　巳：临户摇舌，是非机巧。
午：入化，小用吉。　未：主施空物。
申：鼓舌，词讼。　　酉：出户执言，碎事相蒙未决。
戌：主惊怖。　　　　亥：儒冠小事，利遗失。

六壬之术，学者徒事言而不得其诀，则吉凶失之传课。故今人动云"青龙吉将，白虎凶神；太常多主于饮食，勾陈乃主于勾连"，殊不知青龙未上无鳞，则伤身之害，至申酉折角，则斗讼之怨生；白虎登山，则乘权于闽外未，衔牒则通信于道途申；太常子上荷项而遭枷锁，勾陈巳上捧印而转高官。似此之类，世所不知。

十二天将发用日干来意诀

贵人丑未下来之,除定危开问小儿。
六合更来加禄马,出行官职最相宜。

螣蛇巳午太冲宫,梦寝虚惊怪异凶。
不是庆财并走失,多缘众议不相从。

朱雀传看信息来,杀神巳午应官灾。
遇他月德并天德,决是呼为炉冶财。
吕本作"才"。

六合乘他卯酉星,婚姻孕妇事分明。
若临日本支辰上,唇舌钱财立便生。

寅卯勾陈二八门,斯人官讼要争论。
若逢阳绝并阴绝,病者联绵醉若昏。

青龙发用当干合,财物昌隆百事安。
不是求官并借职,必将书信往来传。

天空走失及逃亡,更值魁罡仆不良。
若得加临干旺相,往来营作运行商。

白虎临门事可嗟,病侵老幼两相加。
用神午未兼申酉,殴斗途中事起他。

太常财帛旺今朝,衣服文章次第消。
禄上若来加合上,筵开亲戚见相招。

元武来乘亥子辰，加临卯酉盗伤人。
如加午未迁官象，用意推详莫妄陈。

太阴巳午被烧身，结聚途中起异心。
若不欺瞒官长上，定遭口舌到知音。

天后多因占女子，如逢土旺采衣嫔。
若临午未兼壬癸，万事千谋无一真。

十二天官杂主吉凶

螣蛇大战，毒气相凌。
大战，往来上下相克也。
螣蛇当路，鬼怪殃藏。
当路，子午卯酉也。
六合不合，阴私相坏。
酉卯午。
太常被剥，官事消铄。
春辰、秋卯、夏酉、冬巳。
朱雀开口，发主喧斗。
正巳、二辰、三午、四未、五卯、六寅、七申、八酉、九丑、十子、十戌、十二亥。
青龙开眼，万事无灾。
孟寅，仲酉，季戌。
青龙卧病，财散人灾。
在巳。
天空落泪，哀声聒耳。
六甲旬中居壬癸地，见壬癸。
天乙归狱，诸事不治。

在辰戌。
勾陈拔剑,病患相伤。
正月起巳,逆行十二辰。
勾陈相会,连绵祸深。
辰戌大凶,丑未小凶。
天后阴私,申阳酉阴。
朱雀衔物,婚姻和合。
正酉、二巳、三丑、四子、五申、六辰、七卯、八亥、九未、十午、十一寅、十二戌。
太阴拔剑,阴谋相害。
居申酉。
元武横截,盗贼兵发。
四季。
白虎遭擒,凶事不成。
巳午。吕本作"白虎遭擒,巳色灾咎",注云"太岁类合",疑错。
白虎仰视,凶恶之甚。
四季。

三宫时门

三,首此三宫时,视课传神将吉凶之意,而再用此详之

绛宫时

三神临仲是三宫,此法元微捷径踪。
绛宫时值登明入,六神相扶有顺从。
天魁是德未生气,辰午酉申宜见逢。
功曹正合为华盖,犹恐须居不避凶。
魁罡加孟女为杀,行人不至遇江风。
占贼未来亡叛获,囚人占病罪加重。

一作"囚病人加罪皆轻"。

人情不实行宜止，睡若逢歧左道通。

见怪身当殃不出，孕生男子卜财丰。

登明加四仲，名绛宫时。天乙藏深宫之中，入游系宫，行于私宴。当此之时，不可出行，避罪逃亡者得。

明堂时

神后明堂入仲时，从魁合德未申随。

功曹别处而生气，丑居华盖避凶危。

斗罡加季登明杀，囚人将出病难医。

看人不见上书吉，占贼即来通启宜。

逃亡不获行人到，纳财权止情须追。

神后加仲为明堂时，天乙出游四野八极，当此之时，举动百事皆吉，逃亡者难得，在内利主，在外利客。

玉堂时

大吉居仲是玉堂，轸星生气得天梁。

轸星，太乙；天梁，功曹。

申酉即为侍从者，神后合为华盖方。

天罡加仲杀居亥，贼来中路战须伤。

上书遭仇追逃获，

一作"上书遭执"。

天气无风可渡江。

谒人相见胎生女，若问人归中路傍。

大吉加四仲，名玉堂时。天乙加门之中，天神在门方欲出行。当此之时，百事小不利，逃亡者可得也。

斗盂

《续编》：斗盂、仲、季本是三宫门，已前十干，《神后集》定。

大六壬心镜

三传先看斗加神,入孟元来忧二亲。
季因出外伤妻子,已身兄弟仲临门。
魁道病人丧大吉,天门人众怕诸君。
地户入忧蛇虎畏,贵人可见坐天门。
孟则占行人未发,若觅家中因病人。
官事罪重奴婢吉,忧不忧兮凶讼论。
商贾所求还自得,讨猎求鱼怪临身。
书为不通因待慢,胜于捕贼不行军。
逆战可经军不罢,天罡三首后来分。

斗仲

仲因官事解留连,病不成兮忧不全。
觅人不出行人发,渔猎所求半得钱。
灾怪家中奴婢病,上书且未讼能言。
捕贼两传宽有语,半兵相虞用军员。
侵围妨害何曾罢?病人已瘥必安然。

斗季

病人忧死行人至,官事不成忧必忧。
觅人远出言词告,奴婢逃亡贼可求。
商贾不成渔猎得,怪在比邻急速游。
书却以通军必出,勿战军围去不留。
斗人已死军须罢,不然三合报人仇。

大六壬心镜卷五

占宅门

占人宅

辰为宅地日为人，宅上凶神便有迍。

带杀兼刑来克日，以将言决得事因。

视辰上神为宅，恶将克日凶。朱雀并官事，白虎并主死病也。

〇尧都郇清济曰："干为人，支为宅，上有魅罡并克日辰，大凶。不可居之。干伤损人，支伤损宅，有鬼怪，及主人病。干支俱伤，人宅并损，不利子孙。支上带刑煞来克日干，更凶。

各以天将言之：天空，宅中虚耗，不宜奴仆六畜；勾陈，宅中频有争斗；朱雀，宅中有口舌及主文书；螣蛇，宅中有火烛惊怪；元武，宅中有盗贼；白虎，宅中有疾病，余皆吉。"

一云：天罡加日，有客寄住。胜光加宅，身寄他家。

四课相生吉将立，六合青龙福庆臻。

〇郇注曰：若正时日辰上，四课中得良神吉将，上下相生，旺相有气，大吉。日辰上乘六合、青龙、太常尤吉也。

更视三传知善恶，遍看年上所临神。

〇郇注曰：正时三传始终相生，神将又吉。更看家长行年上神将相生吉，主家中和合，家道兴隆，凡事获福也。

一法：以家长行年加宅神，看太岁上神决之。天罡岁中有官讼之事；

大吉小吉主有疾病，河魁有人阴害，余神无妨。谓辰戌丑未乃四煞之地，遇之不吉也。五音旺处为宅神，宫音在戌，商音在酉，角音在卯，羽音在子，征音在午。

　　支畔有神何所主，欲识名之是近邻。
　　推宅之法看日辰，若见魁罡必损人。
　　干伤支吉老者困，干吉支凶幼者迍。

占迁移入宅

　　此宅新移来入住，看得几时无忧虑。
　　将加行年推祸福，宅神之上问其缘。

　　以月将加家长行年，视宅神上得何神，以定吉凶。下文详之。

　　○郑按：第二句徐阴《六壬入式》作"月将加时看行宅"，余尽同。

　　又按：其注云"行"者行年，"宅"者宅神也，宅神即商音在酉之类。

　　又云：是命前五辰位也。如子生人在巳，丑生人在午之类。以月将加时，视行年宅神上得寅申等旺相相生，依法断之。

　　寅申子午相加吉，若是安居永不迁。
　　戌辰老者忧逢祸，卯酉幼人疾病缠。
　　巳亥畜生多死损，丑未遭官必喟然。

占分宅共住

　　此宅与人来共住，还向日辰推所遇。
　　上克下分利在他，下贼上分利在主。
　　忽然上下共相生，此中所勘要分明。
　　子之加母无容客，母之加子主宜成。

　　《经》云："正时所加看日辰，客欺主，乃日克辰也；主欺客，乃辰克日也。上克下客欺主，下贼上主欺客。子加母，他人窃我之气；母加子，我窃他人之气。彼此相生，各无损伤也。"

○此原注，郑据《入式》补入。郁注与原注同，惟末句作"若得彼此相生，各得利益为吉也"。

占宅有鬼神否

宅内何知有鬼神，蛇虎临年天目因。

春辰夏未秋居戌，冬在丑兮殃害人。

《经》云："正时魁罡作蛇虎勾陈为天目煞，临日辰并家长行年上者，主宅中有鬼，余神无。"凡言鬼有男女老少，正时以白虎决之。乘阳神即男，阴神即女，旺相少壮，囚休死老弱。

四时冲破将刑杀，切忌来加日与辰。

春酉夏子秋卯冬午为四时冲破，若正时带煞兼刑来加日辰者，有鬼也。又以家长行年加神后，视太岁在命在日辰，见魁罡小吉蛇虎者，其宅亦有鬼。

○此两段原注，郑据《入式》补入，郁注与原注同，惟"魁罡"作"天罡"，无"勾陈"字，无"又以家长行年加神"后三十字。

修造门

岁月所忌

凡欲修造及迁移，家长行年加岁支。

姓墓上头见三煞，此是凶灾不可为。

孟年酉，仲年巳，季年丑，此名三煞是也。

行年加岁加其姓，岁煞今年莫犯之。

《经》云："岁煞者，寅午戌年在丑，亥卯未年在戌，申子辰年在未，巳酉丑年在辰。"

月煞若临其月恶，灾劫两般须要知。

月杀者，正月起丑，逆行四季神。灾煞者，正月起子，逆行四仲神。劫煞者，正月起亥，逆行四孟神。凡欲修造移徙者，当以家长行年加太岁，视五音本姓墓上决之。见岁煞者，岁中不宜修造动土，移徙作事，主百日破败病讼。月煞者，月内不宜作事，主阴人六畜不利，更犯灾煞、劫煞，尤凶。本音墓者，宫音墓在未，羽音墓在辰之类。

〇以上三段原注，郑据《入式》补入，郇注与原注同，惟"五音墓"注作"五音墓者，辰为宫音羽音之墓，戌为征音之墓，丑为商音之墓，未为角音之墓是也"。

〇伟堂按：原注宫音墓在未，未字疑错，宫音属土，当墓在辰，不当在未。又首段三煞，似指劫煞、灾煞、岁煞，而言非孟年酉、仲年巳、季年丑之破碎煞也，欲与高明商之。

若须修造并门户，勿使诸神有嗔怒。

行年太岁上头看，避忌魁罡及蛇虎。

推月龙

又须为宅推月龙，大吉须知月建中。

即看寅上何神在，亥子当头名黑龙。

若使征音逢此建，用其修主主其凶。

以大吉加月建上，看寅时起地。盖寅为青龙本家也。如见亥子为黑龙月建，寅卯为青龙月建，巳午为赤龙月建，申酉白龙月建，辰戌丑未为黄龙月建。宫音忌青龙，商音忌赤龙，角音忌白龙，征音忌黑龙，羽音忌黄龙，谓龙克本姓音也。

〇此原注伟堂据程鹏南《集要》本补入。又白文第五句原作"若使人家逢此卦"，今据小注改正。

虽用前占无恶将，更以行年加宅神。

本命上头为所看，第一须逢寅及申。

胜光神后为中吉，但值魁罡不利人。

黄黑道门

推黄道方

黄道所临为吉神，任其修造不殃人。

太岁之方犹不畏，况其诸煞及将军。

推之常以天罡诀，正七加虚二八寅。

两月顺行阳位上，如逢三九便临辰。

凡推黄道，常以天罡为首，乃二千石也。正七月以天罡加子，二八月以天罡加寅，三九月以天罡加辰，四十月以天罡加午，五十一月以天罡加申，六十二月以天罡加戌。

黄道所在

天罡黄道建青龙，

辰下为青龙。

太乙明堂除可从。

巳下为明堂。

传送临之定金匮，

申下为金匮。

从魁天德执消凶。

酉下为天德。

登明危下玉堂吉，

亥下为玉堂。

功曹司命是开通。

寅下为司命。

修黄道所主

金匮宜财禄，申。青龙寿命长。辰。
玉堂招仆畜，亥。天德合家昌。酉。
司命人多吉，寅。明堂子孙强。巳。
若能常择善，生也获嘉祥。

黑道所在

胜光满下天刑地，午。小吉平为朱雀方。未。
上见天魁破白虎，戌。神后临成天狱场。子。
大吉居收元武位，丑。勾陈闭在太冲藏。卯。
以上六神名黑道，修宅犯之人祸殃。

犯黑道所主

天刑害畜颠狂病，午。朱雀官非口舌伤。未。
白虎别离家长狱，戌。天空刑害及财亡。子。
元武损胎奴婢走，丑。勾陈长妇斗刑伤。卯。
若令禳之灾自灭，莫听师巫作祸殃。

天刑害家宅，午。朱雀斗刑伤。未。
白虎多凶祸，戌。元武货财妨。丑。
勾陈田宅散，卯。天牢人口伤。子即天狱。
若能回避得，必不见灾殃。

禳犯黑道

误犯凶神六黑方，但能修报即无殃。

若触天刑午治天德酉，勾陈卯金匮申虎戌明堂巳。
朱雀未青龙辰应建上，元武丑更来司命寅禳。
天牢子须向玉堂亥上，此位禳之转吉祥。

婚姻门

占求婚成否

凡问婚姻成不成，须知二后莫相刑。

日辰上得凶神将，克下如何合聘名？

以日为夫，以辰为妇。日辰上神相生则成，刑克破害则不成。日辰相生及不与天后神后刑克破害必成，但有刑克破害不成。

〇此注伟堂据程鹏南裁定本补入。

天后畏干女不肯，

日干刑克天后，男贪女，女不肯许。

干谓天后男悔情。

天后刑克日干，男不肯娶。

一云：支克日干男不肯，天后克女女不肯。

日辰上下无刑克，天后相生便合亲。

不然支破上神克，干又遥能制此神。

支上神克支，便须干制支上神可成。《经》云："得不得，制异物。"要日支异方三合神克制支辰。日干遥克支上神者，可成。假如甲子日，天罡加子，乃是日支异方三合神克制支辰，而甲干却克天罡，余依此例推之。

〇此段注陈君与伟堂据《入式》本，并程鹏南本校正补入。

传中六合青龙在，阴阳有气好婚姻。

日辰上下无刑克，至此六句，诸本错简在后，其题或曰"必成"，或曰"占诚心否"。

○伟堂按：此六句当在于此，故僭为移之。

斗罡加季催花烛，加孟礼仪徒自营。

加仲许之为配偶，媒人六合辨其情。

六合为媒。

支传干兮阴胜阳，时胜支兮女有妨。勿尔男家强故娶，必是初年问上香。夫之本命加女命，两家年上看邪正。若是魁罡有损伤，大小吉兮犹多病。虽遇恶神成不怡，两家年上互相推。忽然相喜还中吉，若也相嗔何用为？

择妇所居方

欲取三方有女儿，申辰与午各相推。

一女在申地，一女则在辰地，一女在午地，各推也。

方上有神知善恶，天后相生即娶之。九月寅时甲子日，子乘天后与谁宜。

天后属水，看与何方相宜。

午上土兮辰上火，

午上是土克天后，辰上见火畏天后。

两处相刑使不怡。申上从魁金水合，此女为婚切莫疑。

○郇注：假令九月甲子日寅时占，天后乘子水，一女在辰地，上见巳火，为天后所克。一女在午地，上见未土克天后，此两处相刑，皆不可取。一女在申地，上见酉金，与天后相生，惟此西南方之女可取也。

○《入式》云：凡占二三方有妇，择何方者好，以天后所乘之神与各方上所乘之神决之。相生吉，有益于夫，吉。相克者不利于夫，凶。若二三方俱相生比者，以天官吉者为利。

占女邪正

从魁太冲兼亥未，为用之时并太阴。

酉为宽大，未为奸邪，亥卯为阴贼，又为私门。此三神乘太阴、六合、玄武发用者，皆为奸淫不正之女也。天罡亦主奸淫，何不言及？答曰：天罡乃恶神，人不敢近也。

○此原注伟堂参郁注改。

武合悉皆为不正，若非无室即邪淫。

承上而言之，无室狡童也。

天上申来加地子，功曹加戌两夫心。

天上申加地下子，女有二夫。天上子加地下申，男有二妇。功曹加戌，女有二夫；天魁加寅，男有二妇。

○此原注郑据《入式》补入，郁注同。

神后处伊年命上，采桑逢客必携金。

子为贪狼星，若正时神后来加临女子年命上者，其妇必不正而淫泆，若加男子年命者，其男奸邪。

○此注亦据《入式》补入，郁注同。

占女妍丑

二后课时如旺相，

天后、神后。

此女轻盈貌若仙。

若在凶神又囚死，媒人说好是虚言。

徐氏《入式注》云：以天后所乘之神，如乘旺相，与地盘不相克则貌美，若乘休囚或相克则貌陋也。金为天后，白净，光莹，性刚无私，旺相白净而有果决，休囚陋而性硬。木为天后，清秀而长，心性阴毒，旺相则性情好，肥满；休囚则面黑而性不定。水为天后，色黑而性和顺，旺相和美而不正，休囚瘿浪而淫巧。火为天后，发少而色赤，心性躁暴，旺相红而妍，休囚性急而陋。土为天后，色黄而拙，心性沉重，旺相则端庄而少肥，休囚则面白拙丑。若占数女妍媸，以女行年上所得之神五行决之。凡天后阴神是贵人太常旺气，其妇主有禄。若青神阴神变贵人，其夫有官。

斗罡加孟当为长，加仲为中季少年。

年上金神应白色，火神临照美红颜。

木青，水黑，土黄。

○郇注云：凡女子行年遇亥子色黑，申酉色白，巳午美好红颜，寅卯青色或紫棠色，辰戌丑未黄色，或斑点。

○《入式》云：《经》云：更看女子年命上，若魁罡加在行年上，其妇粗丑。若乘大吉，其妇唇有疾。若辰戌丑未日占，丑为金煞，其女决有此疾也。余煞非。若乘卯酉，眼目带疾；巳亥，手足有疾。

妇人入门后吉凶

妇入门来何否臧？正如天后所居详。

伤于日本公姑病，

假令壬癸日午火为天后，伤申金，金是水父母。

若克青龙婿必尪。

六合畏之男女少，丑未遭刑牛马殃。

刑克午损马，刑克丑损牛。

○《入式》云：以天后所乘之神决之。若克日本，主翁姑病。日本者，生日干之神是也。如甲乙日占，亥子水生甲乙木为日本，不可受克。如土为天后，是克了日本，乃损翁姑也。若天后克日干，青神之神，主克夫。如甲乙日寅为青龙，申作天后是也。若天后克六合所乘之神，主刑儿孙。如六辛日酉为六合，巳作天后克之是也。天后遥克六畜之神，则六畜有灾。丑牛、午马、未羊、酉鸡、戌犬、亥猪。若天后旺相，六畜神又自囚死者，必死。

又按：郇注云"天后刑克午，主损蚕。"

产育门

占母子吉凶

罡为天后加年上，合主伤胎善护持。

或值时伤忧更重，支是母兮干是儿。

日为子，辰为母，正时为子母之命。凡正时伤天后，大凶。

《曾门》云：如辛未日申时占，胜光为月将加申，三传午辰寅。此是伤干也。干为子，辰为母。被螣蛇临之，至癸酉日卯时子死，干伤故也。余仿此。

支伤害母干伤子，蛇虎刑并命倾危。

旺相吉神俱上立，子母俱欢不必疑。

又看三传神将决，六合青龙喜庆随。

行年支上无刑克，莫信妖巫说是非。

干上神刑害克支，及支上见魁罡蛇虎，主害母。支上神刑害克干，及干上见魁罡蛇虎，主害子。日辰相生比和，不见魁罡蛇虎刑害克破为安，有此为凶。见空亡及有救不妨。

又云：日辰上见元武、天空、空亡皆主贵胎。顺连茹顺元胎，日辰在天乙前皆为顺生；退连茹，逆元胎，日辰在天乙后，皆为不顺生。不备卦为不足月，及虎视、涉害、间传皆为难生。

○《入式》云：三传生日则子育，日生三传则子不成或坠胎。若辰上神并用神克害日干，伤子；克害日支伤母；克正时必伤命也。正时日辰上得吉神良将，上下相生旺相，传内见青龙六合太常，主分娩无惊恐，亦主男有寿无疾患。凡占母视今日之子，子视今日之孙。如甲日视丙、乙日视丁之类，其子母两相上下乘吉凶言之。若子加克害死绝之地，母居生旺之方，即母存子死。若母临死绝克害之地，子居旺相之方，即子存母亡。若两位各乘凶神恶将，或临死绝，子母俱不保也。

占怀孕生时

妇人怀孕已经时，未辨所怀雄与雌。
传送来加夫年命，妻年支上细详推。
阴神必定生娇女，阳曜生男却莫疑。
更用胜光推产日，所临之处算无移。
又将月将加时上，时与日分比不比。
比即是男应不错，不比是女亦先知。
假令甲子日占事，时在午分必是儿。
若是未时当是女，未与甲分为不比。

产迟速

斗罡加孟产犹未，纵使生时亦主难。
临仲如今将稍近，加季已生如等闲。

○《入式》云：凡临产之时占，要传送，或空亡，或是今日之子孙泄气，易生，主近；不见传送，或三合六合，或三传是今日父母，或四生元胎，只宜过月生则吉，速生则凶。《经》云：正时天罡为天后，或天罡加妇行年上，主损胎产。又云：天罡为蛇虎遥克天后行年，亦主损胎。辰上神生日上神，天乙顺行，六合青龙在传，或见生神，血支血忌天喜则易生。若日上神生支上神，天乙逆行，蛇虎刑克行年、克日干，相加辰上神、遇合，则难产。

生神，正月起午顺行十二支。血支，正月起丑顺行十二支。血忌，正月丑，二月未，三月寅，四月申，五月卯，六月酉，七月辰，八月戌，九月巳，十月亥，十一月午，十二月子。天喜，春戌，夏丑，秋辰，冬未也。

辨男女

奇偶天罡所系神，与日比阳男子身。

天罡所加下神，与今日比不比。

比阴是女言非谬，不比难产恐惊人。

阳将日上同为断，俱阴是女不虚陈。

俱阴是女，俱阳是男。

用神克下生男子，范蠡三更奏越君。

《越覆经》云：越王四月辛巳日子时，曾召范蠡问："郑妃产是男是女？"蠡曰："时今课上胜光克下，产男矣。"后郑妃果产男也。"

○郁注：以天罡所临之神，阳神与阳日比为男，阴神与阴日比为女。

一云：正时与日比为男，不比为女。

一云：孕妇行年临阳为男，临阴为女。

若行年在午未来临丑位者，惟此一位是奇数多生男，除此法依阴阳定之。

又云：丙戌、辛巳、癸丑、癸巳、丁亥、丁未日，交车合者，必双生。比阴即男，比阴即女。

又丙戌日，巳加戌，巳中有丙，戌中有辛，辛与丙合，亦有双生之象也。余仿此。

○《入式》云：凡用神上克下为男，下贼上为女。若无克贼，则日上之二课发用为男，辰上之二课发用为女。又视日上所得之神与日干较之，刚日比则生男，柔日比则生女，不比生男。又以天罡决之，与日比男，与辰比女，不比难产恐惊。假如甲子日占，天罡系寅卯，与甲同类，乃比阳生男也。若天罡系亥子，与支同类，乃比阴生女也。若天罡系申酉更为正时，曰"不比"，主难产，恐伤儿。谓申酉克甲木，来伤日干，故曰"难产伤子"也。若天罡系辰戌丑未，亦曰"不比"，难产恐伤母，谓土遥克水来伤支辰，故曰"难产损母"也。若天罡系巳午，虽曰"不比"，与日辰无战也。

○郑按：《入式》与郁注"又云丙戌"云云一段，大略相同，中多一句"颇好"，亦节附之。"丙与辛合"下，又有"或戌加巳亦合，恐有双生之理也"。

产妇所向吉凶方

孟月功曹仲神后，季以天罡加建看。

丙壬临处月空地，产妇向之保平安。

四孟月以功曹，四仲月以神后，四季月以天罡加月建上，丙下为月德，壬下为月空，临产之时，产妇宜向之大吉，不犯凶神恶煞也。丙即巳，壬即亥也。

又将传送加年上，魁罡之下见伤残。

临产之时，以传送加产妇行年，天罡下为天槌煞，又名悬尸煞；天魁下为地棒煞，勿令向之。若于彼方安床，大凶，宜谨避之。又《经》云：临产急用三宫时。绛宫时向天魁戌地，明堂时向胜光午地，玉堂时向功曹寅地。若三宫时无，则用前法，产妇自安康矣。

○此原注，郑据郁应清注本与《入式》参校补正。

田蚕门

占种田

今岁农夫问丰歉，五谷之神各类推。

木主禾苗金主麦，黍兼红豆火为之。

○郁注：功曹为早禾，太冲为晚禾，传送为大麦，从魁为小麦，太乙胜光为黍，又为赤豆。

丑未为兮大小麻，稻苗乌豆水当司。

○郁注：大吉为大麻，小吉为细麻。登明神后为禾苗，又为乌豆。

四课三传有其类，岁上之神和合宜。

○郈注：正时四课中有其物类与太岁上神相生，大吉；或物类与太岁上神三合六合旺相，亦吉。反此不利。

又按：《入式》云：凡类神要入三传，与太岁上神相生，或为三合六合者旺相者为好，有收成。又三传虽不临辰上，但有旺相乘吉将，此类亦丰熟也。若类神不入三传及入传而值空亡，或刑克，此类不熟。

土并朱雀争疆界，亥子勾陈竞水池。

《入式》云：如土克日干，将得勾陈朱雀，必争疆域。水克日干，将得勾陈朱雀，必争池塘。

更将亥宿加寅上，宅长行年看此临。

传送功曹为大熟，丑辰未遭蟊螣侵。

食根曰蟊，食叶曰螣。

巳亥收时对官讼，卯戌惟能半称心。

胜光原与他人共，不然还债折租金。

○《入式》云：更以登明加寅顺行，视家长行年上，得寅申子酉大熟，辰未旱虫灾，巳亥官非，卯戌半熟，午有牛与人共，不然还债纳租。

又按《入式》云：以日干为农人，支为田亩，支上所得神并将为禾种。日干上见吉将相生，则农人吉；见凶将相克，则农人迍滞不利。以辰上所得之神为物类，若旺相与吉将并者，田苗茂盛；若休囚与凶神并，更相刑克，则田苗不美，秀不实。若日干与辰上神比和相生，则田苗必收获；若日干克支上神，是耕耘灌溉不如法，以致不能收成。若支上神克日干，田苗难旺，自然耗散，无益农人；若日干与三传相生者，最吉。又初传吉宜早种，中韧吉宜中种，末传吉宜晚种。

占养蚕

午为蚕命未为桑，寅为茧子巳为筐。

卯是丝兮辰是箔，申为棉絮酉为僵。

子防鼠耗亥当死，丑当眠伏如水浆。

正时四课三传中，有类神与太岁上神相生作合者吉；若相克相刑相害，主无收成。又要看类神与蚕娘年命相生者吉，相刑克者无收。

传见凶神知不利，吉将并之蚕必强。

未乘朱雀争桑叶，白虎临年人即尪。

四课之中逢见马，以马三传见否臧。

马即午，马为蚕祖。若在课传中与岁上神相生合者，倍收，反此不利。《周礼》云："马与蚕同"。

岁上之神相允和，欲得青龙见太常。

如蚕命与岁神生合，更得青龙太常吉将临之，主大收。

〇《入式》云：大怕元武、太阴、天后、朱雀、白虎、螣蛇临之，不吉。

大六壬心镜卷六

商贾门

占宜贩何物

欲拟求财贾日中，

《易》曰："日中为市。"

三传有类可成功。

郇应清注曰：凡商贾货卖，专视类神，若入三传生旺，有财利。

物与日辰无克害，买卖皆宜索即通。

物类太常为绢帛，鱼盐亢宿仆天空。

金银刀剑珠传送，木器舟车竹太冲。

有之旺相宜商贾，休囚空亡枉费工。

〇郇注曰：得不得，莫相贼。物类与日辰相生，三传旺相，更得吉神良将，其物好卖，必有厚利。若物类与日辰不相合，传入死休囚伤，更乘蛇虎，其物主贱，宜买不宜卖也。凡占买物，须定类神，与日辰比合，其物必有。若与日辰相刑克者，难买也。

〇伟堂按：亢宿即辰也。辰为鱼盐，亢宿实居辰宫。

占宜往何方

求财须向龙临处，欲得龙居有气乡。

所临之位无相克，复要龙生今日辰。

○郇注：凡欲求财，须视青龙所临之方，上下相生有气。又生日辰，则求财必得。

太岁上神年所畏，

太岁上神克行年。

年制青龙必济贫，

行年上神克青龙。

行年先看青龙旺，所主求财当遂成。

○郇注：要行年上神制青龙，主获财也。反此者无利。若龙常为鬼者，亦无利也。

占卖物获否

有物廛中欲鬻之，

○郑按："鬻"，即"售"字。

支干俱吉大为宜。

干吉支伤获利少，支吉干伤货物迟。

时下无伤犹获利，干支俱损本防亏。

○郇注：干支俱伤物，物贱。干支俱吉，物贵。干支旺相，其物贵；干支囚死，其物贱。贱宜贾，贵宜卖。干吉支伤，得利必少。干伤支吉，货必淹留。旺相为速，休囚为迟。若日辰发用，类神上见螣蛇，带旺相气，其物必贱好买。如带囚气，其物虽甚贱，不中用也。

假借门

假借人物

夫欲就人求借物，月将加年看日神。
上见功曹并大吉，吉将临之必称心。
太乙胜光迟缓得，酉戌如今便速成。
女子阻之因亥子，男作艰难为卯辰。
申未若临虚指意，类在传中不阻人。
更看三传不相克，发言如意顺情因。
亦看三传定之。

〇郳注：凡向人借物，常以月将加行年，看日干之上神言之。寅丑乘吉将，主借得；巳午迟缓，终得；酉戌目下便得；亥子妇人嗔怪；卯辰男子艰难；申未无望也。若日辰三传有类神作合及相生，财爻旺者，借得。或式中无类神，不得；或类神与日辰相刑克害，不得。若日辰相生作合者，必可得物也。

奴婢门

占奴婢

天魁奴婢共其名，酉戌分占庶得精。
河魁主奴从魁婢，六合加之欲隐情。
白虎并时忧疾病，吉将相拱即保贞。

〇郳注：凡占奴婢，以天魁为主星，分之则天魁为奴，从魁为婢。若酉戌作六合，主走失。作元武，主偷窃盗贼。作蛇虎，主忧疾病。又看西戌之阴神，上见武合蛇虎，亦主有凶事。惟吉神良将加酉戌则吉。一云：凡占奴婢，无令天空酉戌加日干或日干，不可留，是犯主之人。若胜支是赖，不可容后必过房。遥克干，断不仁。遥克支，他欲去。我生他，亦任其所为；他生我，我方得其力。又云：太岁临奴婢，奴婢临太岁，不病即官事。奴婢临太岁上，凶尤甚。

不审行年求月朔，朔上之神辨事因。

○郁注：凡讨奴婢问吉凶，更审其人行年上神，生日辰上神者吉，克日辰上神者凶；如不知其行年，即看月朔上神断吉凶也。又云：凡占奴婢，当以德胜刑，无令刑胜德。德又不可与刑同位，主邪正相处，尊卑不分。

○《入式》云：四课不备，进退两心；临落空亡，终是不久。

占六畜

六畜占时逐类详，胜光为马未为羊。

元武并时忧走失，白虎同为疾病殃。

○郁注：六畜各看类神所乘之天将，如乘元武忧走失，乘白虎忧疾病，乘朱雀忧官讼。

地上属兮为本命，恶神临乃不能强。

午并朱雀加金上，马欲咬人宜谨防。

丑上并勾陈加戌，主牛斗。

○郁注：要看类神所临言吉凶，相生吉，相克凶。假令乙日胜光乘朱雀加申上，主马咬人，谓乙德在庚，主咬人也。癸日巳上为天乙逆治，大吉作勾陈，主牛抵人也。余仿此推。

○《入式》云：占买养六畜吉凶，以日干为人，天上类神临处地盘神为物命。若天上类神临生旺之方，或在日之长生位上，则物吉。若临凶位，更带凶神者，尤凶。若类神所临之神生日干，或与日干和合者，则此畜是还主人之债，自然长大有利益也。若克日干，则扰挠不利。若日克物命，则难长进。日干生物命则畜虽长进，终无利益。若天上类神临刀砧屠灶者，病死。若带螣蛇，主惊怪。白虎主死亡。朱雀口舌官非。勾陈斗闹。元武盗贼，天空虚耗。凡类神要入传为吉，类神临被克之方凶。凡六畜有病，宜暂于生旺之方避之乃吉。

占畜病

假令牛病先看丑，上见何神来覆临。

魁罡作虎应难治，寅卯加之恶煞侵。

○郇注：凡牛病，看丑上，若魁罡作虎，或寅卯加之，皆为凶象。若不见凶神恶将，即视畜之行年，行年即月建也，上乘魁罡白虎亦凶也。马病视午上神，猪病视亥上神。他仿此。

神后为屠太乙釜，酉为刀刃卯为砧。

刀来砧上屠临釜，四种相加总不仁。

○郇注：神后为屠师，太乙为釜，正时子加巳是屠师临釜，即死。巳加子为釜临屠师，不死。酉为刀，卯为砧，寅为脯师。若正时临在六畜类神上及临月建上者，死。

○此郇注，郑以《入式》改补，更明白。

占求失畜

牛马放时忌所在，胖光太吉主何方。

东西南北看何处，神将相生不损伤。

下之克上凌拘系，

午马加水，牛丑加木。

不克何忧被绊缰。

元武天空贼偷去，六合太阴人隐藏。

朱雀贵人官宦匿，加在干支归本方。

其所属类神加干支，自归。

远近至阴为里数，

若失牛，大吉加申，在西南方，阴在丑，丑去申隔六神，为六里，因之为三十六里也。

获在所临辰日详。

大吉临申，申日得之。

贵人顺责螣蛇值，

天乙顺行，螣蛇为盗。

若也逆行玄武当。

天乙逆行，元武为盗。

日辰克盗寻还易，不克谁人知去场。

○郁注：凡六畜走失，各看类临于何方。若类神作元武天空，主贼人偷去；若作六合太阴，人家隐藏；作贵人朱雀，是官家藏匿；若类神临日辰之上，必得。《徜徉经》云："天乙逆行推元武，天乙顺治责螣蛇。日制武蛇寻易得，武蛇反制日辰难。"凡言远近者，假令失牛，正时大吉加申，阴在丑位，丑至申六位，旺为六十里，相三十里，休囚减半，此本数也。大吉加庚，当在庚辛申酉日知之也。又法：阴阳上求之，又自为三传也。

○按：《入式》注同，惟云"视日辰上能制蛇武，寻易得。蛇武反制日辰，难得。若三传内有蛇武及日鬼者，为有人盗。若无者，为自脱走。在被克囚之方死，更与蛇虎勾陈并者，皆为病死。"

官职门

占求官遂否

夫卜求官成不成，须逢印绶马相并。

天魁太常为印绶、天马，正午顺行六阳神，合冲动也。

龙常天乙归传内，城吏太阴皆显荣。

传送为天城，功曹为天吏。

○《入式》云：凡占官，用起官星，更乘岁月日时四驿马者，得官最速，忌传见子孙，如甲乙日见火之类。若不见官星，又要青龙太常河魁传送功曹驿马在发用，临行年、太岁、日辰上，亦得官也。更要用神旺相，与日相生，则得。忌诸神相克。《经》云：天魁主印，太常主绶。乘天马、驿马加日辰、年命上，兼旺相，不落空亡，不历涉害者，皆主得官之象。

占辨文武官

文武类殊各分别，文要青龙武太常。

日辰若也生其将，此选居官得久长。

○郇注：凡占仕官，文视青龙，武视太常。二将与日辰相生相合，主得官。如刑冲克害者，不得也。凡龙生日辰，主内除，不差遣；否则在异路也。日生龙，主外除差遣。占武则视太常，依此言之。凡占差遣，见白虎加日辰年命者，必主有威权也。

上克下兮遭刑系，下克上兮忧疾疢。

青龙太常看上下相克主也。

○郇注：龙常克神为上克下，成官有累系。神克龙常为下克上，居官当居疾病凶课也。

日去龙常迁岁限，辰至龙常月可量。

二将所生为本日，

武官太常所生日，文官青龙所生日，为二本日也。

时即龙常临处详。

文取青龙，武取太常，如得旺相相生，日辰相生，久后人进；惧克凶。假令乙亥日龙在午，乙课在辰，从辰至午三辰，为三年得官。武官数太常亦如之。且如乙亥日，龙乘巳加午，从亥至午八辰，为八月。卯木生青龙，巳火主第三年八月卯日得官。武官取太常，常乘申加酉，乙日至酉六辰，为六年。亥辰至酉十一辰，为十一月。土生太常申金，主第六年十一月土日得官。取上官时，可以取龙常加处下辰，为上官之时也。

○郇注：假令三月甲戌日未时占，文官何时赴任。午作青龙加辰上，甲日至辰三位，为三年；戌支到辰七位，为七月；午火作青龙生土，为戌己日；青龙加辰，为辰时，当在三年七月戊己日辰时选也。若占武官，视太常，如文官例以决之，则其期可知。

○《入式》云：文职看青龙所乘之神，武职看太常年乘之神。日干顺数至龙常所乘之神为年限，一位为一年；日支顺数至龙常所乘之神为月限，一支为一月。以龙常所乘神长生日为得官之日，以龙常所乘神之时为得官时。

占择日上官 吕本作拜官日时

择日上官何所从？年上神遭官克凶。

兵法二曹金是主，仕曹为木水司空。

户属火宫仓在土，水来伤火害于冬。

水官上卯，行年上神，或被官克，卯人看灾，以将言之。

○按：此原注疑有讹错。

○郁注曰：拜官之日，纳音无令伤行年上之神。假令正月乙丑日寅时上官，其人行年在巳上，是功曹木。乙丑日纳音金，正谓拜官日克行年上神。金到秋方旺，忧在七八月凶也。

将遇朱禽防口舌，如逢白虎病龙钟。

年上又来遥克日，值此之时祸必重。

年上神克上官，亦为凶。阴神所合为日，假令以甲乙日上官，年上见传送，传送加水位，登明合寅建，正月日内，其阳神在亥，亥为水，当巳日有祸也。

○按：此原注亦有讹字。

○郁注曰：凡临官治事，无令行年上神克拜官之日干，主有祸殃。如正月乙卯日卯时上官，其人行年在丑，上见从魁，金克乙木是也。

门上伤年归未保，

任官之子，为门上神，克年上为木，木归卯也。

年上伤门役不从。

被差使也。

○郑注曰：所往之方向为门，凡上官赴任之日时，宜门上神与行年上神相生吉。若门上神克行年上神，恐不得归乡土。若行年上神克门上神，则徭役不安也。

求替支伤干吉允，斗罡加季也相容。

○郑注曰：求替职，宜干乘吉而支受伤，则允。罡加季亦允。反此不允。其替职限期，以今岁支所畏为岁期，以月建所畏为月期，日时同。

在任逢差使

在任忽闻差使行，去留犹未决中情。

日辰上下无相克，传送天罡必见征。

干支上下相残害，用神天乙复还停。

○郑注：传送为道路之神，天罡为斩关之神，临日辰之上，下上相生，在天乙之前，或传阳，必行。若天罡居天乙后，或传阴，干地相残，上下刑克，不行，或即行，亦主有稽留之象。

贵人背却干支位，

为干支在天乙后，为入阴。

天马传阳定计程。

乘天马主行，传在天乙前为出阴，亦主行。

○郑注：正时发用、日辰并在天乙前为传阳，乘天驿马必行也。

行年立用为关锁，托故犹能驻本厅。

○若关锁神在行年干支之上，或在用神之上，托故可以不行也。

○此亦郑注。关锁神：春丑夏辰秋未冬戌。

若值天车来入课，前路须防车马惊。

春巳夏辰秋在未，冬酉行人畏此并。

○郑注：天车煞带凶将，并克日干，主中途马损车折也。

○郑按：《入式》集《茅山论》，以天乙前后分阴阳言之甚悉。其论云：天乙前为阳，天乙后为阴。式中发用神在天乙后，中末日辰在天乙前，名"传阴入阳"。发用神与中传在天乙后，末传在天乙前，亦名"传阴入阳"。式中发用在天乙前，中末日辰在天乙后，名"传阳入阴"。发用神与中传在天乙前，末传在天乙后，亦名"传阳入阴"。原注在天乙后为"入阴"，传出天乙前为"出阴"，亦以天乙前后分阴阳也。而郇注云"在天乙之前或传阳，在天乙之后或传阴"，是不以天乙前后分阴阳也。然言各有当，故并存之。

○伟堂按：《茅山论》即《指归灵文论》也。

亡盗门

占逃亡

运式占逃须辨人，贱良男女位中分。

闭口德刑前两课，仔细推详妙若神。

○郇注：凡占逃亡，先视德刑，良善人视日德，贼者视日刑，各看德刑所临之地追之。德克刑易获，刑克德难寻。

○《入式》云：若德刑两不相克制而比和者，当责闭口。闭口即元武所加神也。

假令天魁作元武，天魁便是逃者身。

天魁去戌知遐迩，三里远离三个神。

欲寻逃者，天魁去戌地一辰一里，三辰三里。

上下并为因合数，三十五缘魁在寅。

寅七魁五，并言之十二里。若乘之，即五七三十五里也。

贵人顺治终元捉，

三传元武终是也。

天乙逆行初武寻。

玄武所成为初。

○郇注曰：要知逃亡所在，看天乙顺逆，责元武阴阳所临以追。天乙顺行，当责所止；天乙逆行，当责所起。假如甲子日，未为天乙，加卯顺行，即辰为元武；加子，子加申，当往西南方申地追之。盖子为元武之阴神，止于申上，故曰"顺责所止"。又如甲子日，丑为天乙，加酉逆行，即辰为元武。加子，当往正北方子地追之。如不见，仍归东南方辰地追之。盖辰为元武之是阳神，故曰"逆贵所起"是也。

返吟逃远玄冲地，伏却非遥责比邻。

返吟则元武对冲，伏吟则元武所居前辰。

○郇注：返吟向元武冲处追之，伏吟向今日支前后一位追之。假如甲子日伏吟，天乙顺行，则于子支前一位丑上追之。天乙逆行，则于子支后一位亥上追之，所谓"责比邻"是也。

武在南方近窑灶，若在北方藏水滨。

西为砻磨东林木，未是平田丑墓坟。

未近坤，为平田；丑近艮，墓田。

武能生日自归舍，元武生支问友亲。

○郇注：元武生干自归，生支在亲友之家。

三传元武日辰上，

一作"传中元武与人并"，是今日日辰相并是也。

逃者当归莫告陈。

○郇注：凡元武三传在日辰上，自归。盖以元武为第一传，第一传之上神为第二传，第二传之上神为第三传，谓之元武三传也。此三传或自相克贼，不必追寻而自回也。一云：元武乘神临生处亦回。假令寅为元武。临亥上是也。一云：龙合临支辰上，常阴加干上，逃者皆易获。

二传元武知贼处，初中有克末传寻。

○伟堂按：吕本作"刚日在中柔日辰"，程寄巢先生本作"初中有克末传寻"，郇见当以此句为是。

○按《入式》云：凡捕亡先责元武第一传，看相生比和，亡人即留此处。若上下相克，即畏而去，当责元武第二传寻之。若相生即留，相克即去，即往第三传追之。若三传上下相生，日辰不制元武，亡人难获。郇注略同。

又按《入式》云：游都克元武所乘之神者，必获。若元武所乘之神与勾陈游都相生比者，不能获，主捕人容隐。若太岁月建日辰克制元武者，亡人败获。如元武反克之，即不可获也。课传内不见游都，则视勾陈克元武之神，亦获。若课得游子、斩关者，不能获。皆以克元武所乘之日为获期。又云：若元武乘空亡，或加囚死地，则难寻，或死于外也。

逃亡附

《入式》云：他人逃走谓之亡，我欲避罪谓之逃。凡占逃避，当以日为人，辰为欲避之方。若日辰上所得之神与日辰相生比和，又得吉将临之，则逃去大吉。若传进可以前避，传退可以后避。传进退者，如用神是子，传得丑寅为进，得戌亥为退也。若用神生旺，可以远遁；若囚死，只可近潜。若用起魁罡，宜行；用得丑未，宜留。凡日干旺有气，可以逃避，宜往相生之方，可以安居无咎。

又：天盘戊己之下可以避难，或行或止皆吉。戊己者，六旬中戊己位也，如甲子旬则戊辰己巳方是也。切忌飞廉、直符及天上六辛之方，不可往也，必见捕擒。六辛亦是旬中辛日。直符：甲日巳，乙日辰，丙日卯，丁日寅，戊日丑，己日午，庚日未，辛日申，壬日酉，癸日戌也。

凡遇歧路三叉，择何道可行者，正时视天罡，加孟向左，加仲向中，加季向右。若日干及用神直天驿二马者，宜有神助，可以往逃也。日干得空亡日鬼者凶，不可往。日鬼，如甲日申，乙日酉之类。

课逃时

忽觉逃人初走时，便将日宿以加之。

日宿即月将也。

男藏男室宿离宫下，女往女星神后推。

此法以当时之术也。

○郫注：以月将加此人逃亡之时，室宿在亥宫，有六里，两两一连，名离宫。初觉男人逃走，便向室宿亥下追之。女宿在子宫，初觉女子逃走，便往女宿子下追之。

又法今辰三合墓，以墓加时此法奇。

魁罡临处藏其下，便往寻之莫用疑。

亥卯未日，以未加时。余仿此。

○郇注：三合墓者，寅午戌日以戌加正时，巳酉丑日以丑加正时，申子辰日以辰加正时，亥卯未日以未加正时。尊上君子人，即往天罡下求之，谓天罡是二千石，至尊上人也。若奴婢贱人，即往天魁下追之，谓天魁主奴婢故也。

占盗贼

占盗先寻元武看，老少休旺定两般。

有气少，无气老。

○《入式》云：以日干为失主，以元武为盗贼。

○郇注云：元武旺气贼少壮，乘死墓休囚气老弱。元武加孟形长，加仲中等，加季短矮。

阳即是男阴是女，

○郇注云：元武乘阳即男，乘阴即女。又云：天地二盘皆阳神即为男，皆阴神即为女也。

神将比和贼久安。

或失物，即看男女老少，照家内失物定之。大贼不然。元武所居神不相克，贼不发。

○郇注云：正时元武所居神，上下相生相合，要元武自三传相生相合，贼居不败。若元武所居神下克上，更元武自三传上下相克害，贼即不安而败露也。

元武内战分赃竞，

元武水，土克水，内战；土加水上，主人告之。

日上勾陈自告官。

日上见朱雀勾陈白虎魁罡者，贼自家出首也。

○郇注云：太岁乘白虎、勾陈、朱雀，克制元武，其贼当在岁中败露。若月建上乘而克元武者，在月中败露。若在日干上乘而克元武者，当在早晚败也。若元武反制岁月日，不败。又若魁罡作元武，而三传见功曹、青龙、六合、太阴、旬丁者，贼有神力相助，终久不败露也。

元武之阴须识取，名为盗者审斯奸。

元武阴名盗神，阴与元武并行，阴神为元武。居神本位是也。假令八月甲子日酉时，天罡为元武，登明为盗神，此又是例法。先以立例。

○郇注云：凡占盗贼，须视盗神者，盗神者，即元武之阴神也。假令三月乙亥日子时占，太乙加申为元武，功曹加巳是阴神，为第二传，即盗神也。又登明加寅是第三传也。盗神是功曹，其贼在东北方来往东南方而去也。乙日功曹为盗神，与乙同类，乃是亲族之人为盗。日上见大吉，不制功曹；支上见传送，则能制功曹。传送金，到秋方旺，当在七月庚辛日得贼。余仿此。

○《入式》云：若盗神克日干，则贼伤主。

年上有神伤武盗，发使擒之且不难。

○郇注：捕人行年上神能制元武盗神者，贼可获。假令八月甲子日酉时占，天罡为元武，加酉，辰上登明为盗神，捕人年在午上见大吉作贵人，遥克登明盗神，其贼必败。或行年在未申上，有寅卯木遥制天罡元武，贼亦败矣。

○《入式》云：若日辰并行年上神克制盗神，并制日鬼，则贼易擒。若克盗神之神，又生日干，则获原赃。

盗去本家知伴数，

假令登明为元武，但相去一辰为一人，二辰为二人。

○郇注云：假令登明作元武加辰上，相去六位，即六人为伴也。

○《入式》云：若用传日辰行年上见日鬼并武蛇多者，主贼多。

亥元生木树林间。

《经》云：盗神所生为藏物处，登明亥水旺相即树林中，休囚在柴草中。土为盗，即瓦笼中。金为盗神，水中。火为盗，土中。火生在寅，所生处寻之也。

○郁注云：凡占盗贼窝藏之所，若亥子水为资神，水生木，即隐于山林树木、园囿之所。火为盗神，火生土，隐于田地坟茔之所。木为盗神，木生火，藏于窑灶冶铸之所。金为盗神，金生水，藏于江湖水泽之方。土为盗神，土生金，藏于砻磨山矿之所是也。

盗神朱勾蛇虎合，不死遭擒贼胆寒。

○郁注：凡元武之阴神作朱雀克元武，被吏所捕而败。乘勾陈、克元武，亦然。乘螣蛇克元武，贼自惊惶而败。乘白虎克元武，贼被伤杀而败，或自杀。皆以盗神克下，或遥克元武之阳神。此法必应。

○《入式》云：若盗神与太阴六合并者，有人藏匿，贼难捕捉。

更将元武三传算，上下俱阳是败端。

三传元武所加处俱相克，必败也。

○郁注云：正时元武三传下克上，中道迷惑，不求而自得。盖三传克贼，贼无依倚安身之处，故易败。

克处不将赃物寄，生处应在此方攒。

有一传不相克，是贼止处也。

○郁注曰：决贼盗藏赃物，以盗神决其所在。若盗神受下克，便不藏于此处。若盗神所在上下相生，即藏此处也。一云：藏于刑方。假令甲子日占，甲德在寅，子刑在卯，所盗之物藏于正东卯地。余仿此。

○《入式》云：盗神所在，即盗所在之处。如阴神上得**神后**，在北方，或水泽江湖之所；东有桥梁坟墓，北有水畔楼台，前有神庙，物藏水中，其家有女哭啼悲个明之事者，问而得之。**大吉**在北方，或州邑及风伯雨师神庙社坛、前肾将军之祠宇，仓库之所；若在外，远则桥梁平田之野，坟墓之所，或有田坪之类，人在其中。**功曹**在东方，春有林木之中，曲堤之所，有大木五七十二店，则枯朽竹木之所，沽卖之家，寺观之傍，藏物窖中，以草木覆之。**太冲**在东方，则有大木木，或竹木丛中，曲水遥环，寺观，其家能水土之工，车船之人。**天罡**在东方，隔冈在岑峻之处，穴冢之中，东有池塘，傍有路，骸骨之地，或有蛇虫龙之迹，西有渔猎之人，其家册书彩画之象。**太乙**在东南方，窑灶之所，东有树木，夏秋有蝉鸣，春冬有马嘶之类，藏物于树下，其家师巫坛场。**胜光**在南方，炉冶作铁匠，大门侧有杨树，二门侧有马槽，物藏其中，或其家为马牙侩贩之人。**小吉**南方，隐伏新造土冢中，向东四十步内其中或有井，向因有人歌唱，或牧羊之家，奉鬼神，沽卖之处。**传送**西南方，近州县，必迎宾墙门阙之所，若远则冲要之地，大路之口，不然在邮亭马驿之所，其家能削砺金石之工，问而知之。**从魁**在西方，或地名西之类，金银坑冶之所，酒台之场，城市，或在娼门女户，或漆工匠家，以器为大小取之。**河魁**在西方州郡及营寨之所，聚粮之场，村高不在高冈，在垒土坟墓之所，人家有猪犬之圈，藏物楼台，人在其中，下贼奴婢兵卒之家。**登明**在北方，住居水边，冬在江湖之乡，点水地名，双溪双巷之所，有墙垣，其家曾为狱吏，物藏水中，内有楼台殿阁，前有一小儿赶猪，可问而得之也。

传若顺行贼游走，逆行乃知贼伏蟠。

里数但看元武上，下上相乘数若干。

子午九，丑未八，寅申七，卯酉六，辰戌五，巳亥四，上下相因，即知里数。

○郐注：凡元武顺行，其贼已行；元武逆行，其贼未行。又云：元武阴神在天乙前，贼已去。若在天乙后，贼未行。欲知道里远近，看元武所加神，上下相乘凑之，甲己子午九之类。假令功曹作元武加子，功曹七，子九，合言七九者六十三，旺相更言七十里，或三十里，休本数十六里，死囚减半，只言八里，故曰"相则十之，旺则倍之，囚死半之，休言本数"，则远近可知矣。

○《入式》云：盗神旺相，则途远，休囚则路近，此责盗神又一法。

复视亡神天目星，贼居其下莫教惊。

亡神旬内常居乙，还知甲戌在登明。

甲子旬乙丑，甲戌旬乙亥。余仿此。

天目春氐夏居柳，秋奎冬斗不藏形。

《经》云：天目所在为盗贼之处，万无一失。

○《入式》云：视亡神天目星，捕有声名大盗，可用此法。

干若来伤支上将，休问偷人何处停。

支上阳神伤日上，

四课克日上神。

寻究追求保十成。

○郁注：凡占遗失寻得法，日干之阴神第二课来克辰之阳神第三课，所失之物不可见也。若辰之阴神第四课来克日之阳神第一课，所失之物可见也。又一法：凡所失之物，不知何时者，即以初觉时，以月将加之，依常法用天将。若天乙并临日辰之上，克制所失之物类神者，即得；不然克制玄武亦得。若物类神与元武反制天乙，又日辰上神，不可得也。

太阴六合干支上，冥福佑之远登程。

此二将加日辰上，有神佑之。

○郁注：凡六合加干上曰"天门开"，太阴加支上曰"地户开"，谓有冥福助之，亡盗难追。若魁罡加日辰曰"逾关"，功曹曰"天梁"，六丁曰"玉女"，天乙曰"紫微"。若在元武三传上，贼有神佑助，不可获也。

○《入式》云：常以勾陈为捕盗之人，勾陈克盗神易获，盗神克勾陈难获；勾陈生盗神则捕人纵贼，盗神生勾陈则捕人受贿；勾陈与盗神比和则通同隐容。又法：以初传为贼，中传为赃，末传为捕人。若中传旺相则赃物犹在。中传休囚及空亡，则赃物已分废无存。初传克末传为贼难捉。末传克初传则贼易获。若知捕盗日期，皆以克盗神，或克日鬼之日是也。

○伟堂按：《入式》此条，实是古法，而《心镜》未之言及，故附于此。

占窝家

三传元武见腾蛇，即是囚徒丧祸家。

十二干支皆有例，以例推之无有差。

见朱雀在长吏家，见六合在经纪亲情家，见勾陈在将军家及吏家，见太阴在老妇及邻人家，见青龙在长吏寺观家，见天后在少妇美妇人家，见贵人在仕官人家，见太常出入宫禁将相家，见白虎在孝子寡妇家，见天空在和尚奴仆家。

○《入式》云：凡元武之阴神，主盗匿藏之所，须看天官生旺囚死克制，断其获否。如得旺相贵人，上下相生，其盗逃在贵人家，或官宦势豪家，难捕。如上下相克可获也。如值死囚相生，士子之家。但凡相生则难捕。

腾蛇旺相相生，主匿豪富之家，虽多惊恐，而不可得；如相克则可得。若死气相生，必在过犯凶贼之家，惊恐而去。如相克则丧祸之家，或徒囚凶恶之辈，惊恐而得之。

朱雀旺相相生，主在贵人之家，或进士有势之家，难获。若相克，主在公吏之家，得之。如死囚相生，文书小吏之家，追求，相克或私兵部吏见信得之。

六合旺相相生，市人猾徒之家，必难获。相克则可得。若死囚相生，九流技术之家得之。相克依亲属妇女杂门户之家，私情密诱而得之。

勾陈旺相相生，权吏书生之家，难得。相克则在囚徒之家，为人报而得之。若死囚相生，故吏之家，为人所执得之。相克则丧祸之家，得囚徒执着而获之。

青龙旺相相生，贵人长者之家，或寺观中，不可得之。相克必争财物，饮食中得之。若囚死相生，主隐交游之家。相克则出入饮酒中得之。

天空旺相相生，干当主事之家，难获。相克因遗亡行动中求而得之。若死囚相生，下贱孤寒奴婢之家，勾陈得之。

白虎旺相相生，主在兵卒杂官之家，不可获。相克孝服丧家，求而得之。若囚死相生，囚徒贼人之家，可得之。相克棺椁丧门，或自欲杀害必得之。

太常旺相相生，善人九流之家。或出入宫禁，不可得。相克因酒食财物，交亲友中得之。如囚死相生，在僧道处难获。相克退藏囚徒，丧门孝服家得之。

太阴旺相相生，长者妇人之家，难得。相克则可得。若囚死相生，九流僧道尼姑巫医之所。相克在老妇人之家或可得之。

天后旺相相生，依妇人家，不可得。相克则亲戚家，或妻家，知踪迹。若囚死相生，妇人昆仲之家可得。相克在娼妓淫泆之家，因朋友而得之也。

附：占贼来方位

○《入式》云：以盗神克处为来方，若盗神乘天驿二马者，越墙而来，无马则为穿窬而入。若盗贼乘戌亥，从虚空楼阁上而来。乘辰巳，则从坑坎水窦而来。若盗神与长绳、索煞并者，其贼悬索而下。长绳煞，正月起酉，逆行四仲。索煞，正月起卯，逆行四仲。

占疑何人为盗

此人在处好非求，而我亡财被尔偷。
且将太乙加年上，其盗便看生何头。
虚星若也为真贼，参宿加之莫漫游。
阴神若此亦云是，无此何须皆怨仇。
欲知失物何人取，阳是男儿阴女偷。
老之与少看日辰，旺相休囚相举类。
元武有气人少，无气人老也。
其物贵贱若为人，此则专心寻元武。
凶神入者是贫儿，吉神并者豪家子。

○《入式》云：专视元武所乘，乘寅为公吏，卯为犯人，辰戌为凶恶军人，巳为手艺人或金银炉冶人，丑牛为旅馆人，申为过犯人，未为相识人，酉为金银匠，或财博酒匠，亥子为水族或水滨之人。与太岁月建并者，人多。末旺相豪家；值休囚贫婆，兼前阳男阴女等断之。

占同居人何人为贼

一家之内十人居，一人失物九人吁。
未知盗者定为谁，欲占先以将加时。
若有人年元武下，此人为盗盍疑乎？

官讼门

尊卑胜负

论讼四般看胜负，尊卑先后各区分。

○《入式》云：先论尊卑主客，以日干为尊为客，支神为卑为主。若外人论其先后，以日干为客，乃先起之人；支辰为主，乃后对之人。凡自逢休墓死者，皆遭罪。

干克支为尊有理，

干克支上神，尊有理。

○《入式》云：干克支上神者尊上人有理，及客胜利先起之人。

支克干兮卑得伸。

支克干上神也。

○《入式》云：支克干上神者，卑下人得理，及主胜，利后对之人。

用神克下宜先起，下之凌上对无迍。

○《入式》云：用神上克下先起者胜，下贼上后对者胜。

上下比和为解散，

○《入式》云：若干支上下神将相生相合，无克害者，讼不成，有解散休和之意。

传中休气必遭刑。

○《入式》云：用传又为勘官，克日利主，克支利客。

○郇注：正时三传中逢休气者，主遭刑责也。

末传囚墓皆遭责，死气终传被害身。

○郇注：三传末传逢休囚死墓气者，必遭刑责。此乃论今日之乘死气也，凡占讼，不宜见天狱煞，主拘系之灾，如春占小吉加寅之类。天狱煞者，春未夏戌秋丑冬辰。

○《入式》云：若用传见太岁事必经年，见月建事必经月，方得了决。又看官鬼四绝，以官鬼囚死之日为休期，见四绝了当。四绝者，寅卯绝在申，巳午绝在亥，申酉绝在寅，亥子绝在巳也。

若见太阴来入卦，与日相生可首呈。

式内凶神何者是，魁与罡为亥与巳。

日辰年上若相逢，定知囚系遭笞棰。

占忧系出狱否

论讼未休忧被系，囚气须征关钥神。

用关终钥无凶咎，用钥终关主禁刑。

关若季后钥前孟，如夏关辰钥在申。

凡入传或加日辰年命，先关后钥者，已禁即出。先钥后关者，再入。如未囚而先见钥，入而复出。

○郑据《六壬集要》补正，三四两句并此条小注，郇注"关神春丑夏辰秋未冬戌，钥神春巳夏申秋亥冬寅"是也。

关即为囚钥即放，传用临年加日辰。

○郇注：凡占讼，关神临年命日辰上者，或在末传者，必囚禁。钥神临年命日辰末传上者，囚系必出也。宜详之。

传终日墓还遭狱，

谓用末传入，末为入狱。

○郇注：墓神在末传，必囚。

○《入式》云：如甲乙日未为墓，临末传是也。若破碎煞更乘金神、木神加年命日辰上者，亦主有囚禁之灾。

○《入式》又云：课见天空加日辰，或加年命，或发用见勾陈，发用克日辰，用传见天狱天牢，或临日辰年命者，必入狱。天狱煞见前。天牢煞，正月起丑顺行十二支是也。

初墓传生不系身。

即为出狱中。

○郇注：初传日墓，末传长生，为出狱之象。

○《入式》云：如甲乙日未为初传，亥为末传是也。又云：若已被囚系者，用传见钥神、德神、解神临日辰年命者，必释放。要不落空亡，不值刑冲破害，方得。德神，甲己日寅，乙庚日申，丙辛日巳，丁壬日亥，戊癸日巳。解神，正二申，三四酉，五六戌，七八亥，九十午，十一十二未。

斗罡临日须史解，

斗罡蔽日，囚出狱也。

○《入式》云：凡被囚系者，若斗罡加日辰即出狱也。若与今日比者，出而复入。又云：天罡加孟未放，加仲在旬日之内，加季在三日之期也。

时值伏吟犹滞人。

伏吟主不出来。

○郇注并《入式》云：若得伏吟，又主迟滞。

占罪轻重

即系须知罪重轻，勾陈系日辨分明。

○伟堂按：《心镜》原本，本作"系日"而《入式》与《通神集》改为"系处"，非也。盖"系日"二字，出于《龙首经》，言初系之日也。

如来克日难分诉，日克勾陈讼必听。

或不参初讼日，即看今日上神。

○伟堂按：原注"能"字当是"知"字之误。观此可见第二句当是"系日"也。

○郇注云：勾陈克日干客败，勾陈克支辰主败。克干尊长失理，克支卑下失理。若勾陈克日辰，主两败，讼难息。若日辰并克勾陈，两和不争讼，事得伸也。

○伟堂按《龙首经》云：以初系日占之，勾陈所居神贼系日，即论罪也。系日贼勾陈所居神者，不论罪也。此《心镜》之所本也。

勾陈系日为同类，羑里拘囚见久停。

《龙首经》云：勾陈与系日同类为系久。

○郇注云：勾陈与日辰为同类者，讼主淹留迟滞也。

勾陈作虎同伤日，获罪须当主戮刑。

勾陈阴作虎者，主凶也。

○《龙首经》云：传勾陈之阴得白虎，白虎所居之神与勾陈并贼其系日者死。

○《入式》云：若卑对尊事，犯重刑之人，再不分主客彼我断，只以日干为占者之身也。切忌勾陈之阴神作白虎，更带亡神凶煞克制日干者，必至重刑也。

○郇注略同。

勾阴若是为天乙，生其系日放疏情。

《龙首经》云：勾陈之阴得天乙，天乙生系日日辰者，为贵人救之也。

○《入式》云：若勾陈之阴神作天乙，复生日干者，如遇长生，则罪得免，不至罪重也。

○郇注同。

勾虎二神俱不旺，日辰有气献书呈。

○郇注云：勾陈阴阳二神，或勾虎二神，俱因死，更在无气之乡，不能为害。若日辰俱旺，更在有气之乡，可进状陈情雪冤。《龙首经》则云：传勾陈得系日子母者，人将哀之，可为上书也。假令七月己卯日辰时占，传送为太常临巳，神将不相刑。又秋令传送金旺，天罡为勾陈加卯，阴神得太乙火牛干，是传得其母也，大官投词诉辨。

朱禽带杀伤年命，或克干支罪亦成。

○郇注云：凡占官讼，切忌朱雀带凶煞，并克日辰年命，其罪亦成。

○《入式》云：若发用见白虎、勾陈、朱雀克日辰年命者，有罪。若太岁、月建刑日辰年命者，有罪。凡三凶神、岁月五件俱来刑克者，族犯。四五重刑克者，死。三重刑克者，流配。二重刑克者，徒。一重刑克者，鞭杖而已。若三凶神化为吉神，为救神有解。若三凶神递互相化者，无解。化者，乃阴神也。本神所乘之神，地盘上所得之神，为化。

占何罪

日刑遭罚月刑杖，岁刑疾病泣惺惺。

二刑徒流三弃市，一刑笞罪不虚陈。

○郁注云：凡言刑，今日三合中刑最紧。寅午戌日午，巳酉丑日酉，亥卯未日亥，申子辰日辰，以上俱为正刑。午日用午，酉日用酉，亥日用亥，辰日用辰，皆为自刑。如克日辰年命者，必有刑名之罪。又曰十干刑：甲刑申，乙刑酉，丙刑亥，丁刑子，戊刑寅，己刑卯，庚刑巳，辛刑午，壬刑戌，癸刑未。忌克日辰年命。如犯者，有罪刑。又云：官星带刑来克日辰年命者，亦主犯刑也。甲用辛为官，乙用庚为官，壬用己丑未为官，癸用戊为官，辰戌亦为官。余干仿此。假令癸酉日，戌加癸，午加酉，戌是癸之官星，癸合在戌。缘戌中有戊，是两重官星来刑来克今日癸干。又戊癸化火，火刑在午，今午加酉，是日辰交互，官星带刑煞来克，主犯罪刑，刑必不轻也。其余三字刑、二字刑，乃是常刑，不及前刑凶也。

事关明敕神同岁，理涉州司月建并。

○郁注云：月建用事，讼涉州县，传见天罡，讼涉监司。传见太岁，事干朝廷。凡天乙临辰戌，主移司换狱。

青龙岁月建为用，恩赦来宣放汝生。

一云：天后与今日干相生，有恩赦。一云：岁月日用，有恩赦。

○郁注云：青龙、天乙、天后作太岁、月建，乘天喜、皇书、天德、天马、驿马，并临日辰发用，上下相生，皆主赦宥之象。天喜：春戌夏丑秋辰冬未。皇书：春寅夏巳秋申冬亥。天德：正丁二坤三壬四辛五干六甲七癸八艮九丙十乙十一巽十二庚。

大六壬心镜卷七

疾病门

占疾病生死

占病如何辨死生？先推白虎与谁并。

假令今日干居水，土神为虎病难醒。

○《入式》云：以日干为病人，以支辰为病及寝宅，以鬼为病，以白虎为病神，以用、传为医药，详视白虎所乘之神，与日相生则愈，与日同类痊迟，克日者难痊。日克辰为人克病，易愈；辰克日乘白虎为病克人，必死。假令壬戌日占病，戌乘白虎克日，药不能效。若年命又受克者，最凶。

次看六般来入墓，细推端的自分明。

火日用神怕见戌，

日墓发用一，一云身入墓。如九月用起火神，六月用起木神，三月用起水神，十二月用起金神，为身入墓也。

恶见河魁覆丙丁。

日墓加干二，一云魂入墓。若丙丁日戌加丙丁之上者，为魂入墓也。

戊己木神居未上，

日鬼加鬼墓之上三。戊己日木为鬼，寅卯木神加未上，为鬼入墓也。

壬癸水神辰上停。

日干入墓四。水墓在辰，壬癸日亥子加辰上，为日入墓也。

申酉二支逢丑位，

日支入墓五。庚辛日酉加丑，为支入墓也。

○伟堂按：庚辛当是申酉，"日"字下亦当脱去一"申"字。

行年三合梦魂惊。

行年入三合之墓六。凡人年在午，或在寅，若胜光、功曹加戌，谓之三合行年入墓，皆主难痊之象。

○原注多脱误，今据《入式》并程鹏南本校正。

带杀虎并来入卦，值此之时不减平。

○《入式》：用加地盘墓上，为用神入墓；行年上见墓神，为行年入墓，及日干入墓，皆凶象也。若白虎乘浴盆、丧车、死神、死气、魁罡、寅卯辰巳、三垢、五墓及临日辰年命者凶，三传克日干凶，三传落空亡者亦凶。日干上神克白虎者病愈，支上神克白虎亦愈。若日辰及年命上见天喜、天医、地医、生气、日解，或在用传者，皆主凶中无伤害也。

白虎所乘兼旺相，逢克行年必命倾。

凶期鬼日将为准，甲乙占忧辛及庚。

虎为死神、死气，克行年上神，尤凶。凶期则以鬼日定之。

○《入式》云：占病切忌传入鬼乡。如甲乙日占传见申酉，或临申酉之乡，谓之传临绝地，不得愈也。

干支作虎忧今日，若在他辰数计程。

○《入式》云：若白虎作鬼，临今日支干；或辰作白虎，遥克日干，并忧在今日也。若在别处，死在他日。又云：以正时加太岁上，看白虎临何位。如临太岁上，死在岁中。在前一位，死在来年。临月建上，死在月中。在月建前一位，死在后月也。临日干上者，忧在今日。若在前一辰，死在来日。二辰当在后日死也，皆以白虎所临之辰定其日。更详凶期，鬼日及本命绝墓之日，课休囚日推之，如甲子金人，子丑寅日之类。

重详害气

丑是墓田寅卯椁，

○《入式》云：又忌丑为墓田。如庚辛日占，以丑为用，临日辰年命克害者为墓田煞。寅卯为棺椁，若戊己日以寅卯为用，临日辰年命克害者，为棺椁煞。

浴盆加季四时终。

浴盆：春辰夏未秋戌冬丑。元武乘浴盆，为浴盘见水，大凶。一云：若壬癸日并值白虎，谓之浴盆见水，占病必死。

魁罡又生锹锄煞，

丙丁日天罡作白虎，加日为锹锄煞，辰中有墓水克日也。壬癸日，天魁作白虎，加日辰亦是。

轸宿丧车不要逢。

轸宿，太乙巳也。丧车：正未二辰三丑四戌，逆四季。又丧车煞：春从魁，夏神后，秋太冲，冬胜光，加人年命大凶。

元辰本命加年上，

元辰即是毛头煞。

○《集要》云：元辰须分阴阳前后。如甲子生人，男看子对冲午前一辰未为元辰，女则后一辰巳为元辰，占病大忌。

○伟堂按：《消息赋注》：元辰煞，阳男阴女，在冲前一位支辰；阴男阳女，在冲后一位支辰。

白虎并临主大凶。

○《入式》云：又忌白虎加元辰本命上，元辰本命，当生禄也。如甲子生人，甲禄在寅为元辰。若功曹为白虎，加临子上，大凶。

○伟堂按：《入式》此注，不知何据，姑存之。

虎若阴阳伤病日，

虎之阴阳神，与白虎同克起病日，或克今日干者，必死。

○伟堂按：此法出《龙首经》。病日，谓初病之日也。

死神来追更不容。

又云：天上死神临墓，并行年及日辰上，大凶。死神：正月在巳，顺行十二支辰。元武临浴盆、元辰者，为浴盆盛水，未为四时墓煞。白虎阴神自克白虎所乘神，病者必不死。

占病形状

白虎乘金遥克木，病入肝经风骨疼。

金克木，故肝病也。

〇郇注：白虎乘金克木，病入肝经，或眼目病、风病，或筋骨难舒及疼痛之症。

木神为虎遥克土，病在脾家入胃经。

〇郇注：白虎乘木克土，主脾胃有病。若白虎上克下，或上生下，或上下比和，其病多在外，是患疮疽之属。

水作虎神遥制火，病在心家寒热因。

〇郇注：白虎乘水克火，主心经之病；或瘟疫时气，寒热疟疾之症；或心中发躁，咽喉之疾。

白虎火神遥克金，病传喘满吐红惊。

〇郇注曰：白虎乘火克金，主肺经之病，或主喘嗽吐血，尪瘦惊恐。

土神为虎遥克水，男女肾经血气萦。

〇郇注：白虎乘土克水，男子主下部肾经之疾；女子主气血不顺，或经脉不调；或为男女泻痢之疾，小儿吐泻之病也。

白虎所乘依此别，如逢元武水虚羸。

支有气时人呕吐，干同虎类久淹疲。

干与白虎比也。

〇郇注：凡占病症，皆取白虎乘神决之，万不失一。若虎上克下及上生下，病多在外；若虎下克上，或下生上，病多在内。

又

用金终木传流血，用木终土主痈疽。

用水终火寒兼热，火金尪瘦或疮痍。

土水淋漓当腹急，五行相克逐情推。

此皆用起及传中定。

○《入式》云：以用神上得天将二者所属五行消息论之。

本命上神依此论，如逢子亥肾衰羸。

元武体虚为水疾，天空下痢更何疑。

水肾，木肝，火心，土脾，金肺，各分主也。

○《入式》云：日干生支，或生三传者，病皆自取。四课不全，脉气虚弱。

占何鬼祟

传中有鬼伤今日，看是何神作祸殃。

木主绞刑修造害，金为伤死及神堂。

火并五道城隍灶，水则河官厕北方。

土化宅神须祭祀，螣蛇朱雀道途亡。

虎为兵役勾陈吏，天后女姑为怪详。

贵人神庙并先祖，新化都缘是太常。

传中有今日鬼者有祟，无鬼者无，若鬼带空亡者无。看鬼临何位而断之，临木主自缢，或因修造致祟；临金为刀伤鬼，或神为祸；临土宅神土神作祸；临火灶神五道，或城隍为祸；临水淹死鬼，或河伯水神为祸。又云：以鬼上天将辨之，鬼上得贵人，乃天神及神庙家亲；得螣蛇，乃道路之鬼，及五道邪神、客死道路者；得朱雀，乃野死鬼，及咒诅社庙；得六合自死鬼，及司命、芒神；得勾陈，吏卒鬼及土神，并路头兵死，或客死鬼被人带来；得青龙，贵人鬼，及司命愿神；得天空，无鬼，及无辜罪死，或半空游走邪神；得白虎，兵死鬼，及刀伤客死，或痨病死；得太常，新死鬼；得元武，盗贼财帛鬼，及坠水而亡，或泻痢之鬼；得太阴，绝嗣鬼，及血亡之鬼，或神佛不敬所致；得天后，女子鬼，及少亡者、产死者。

○此条小注据《入式》并程鹏南本恭校。

又

传中逢鬼落长生，

己月见木，传见今日。

婆神五道祟兮吟。

看今日之鬼临于长生，为五道婆神。

沐浴河官水中鬼，

河伯水神。

冠带家堂香火神。

宜修功德。

临官词讼曾留愿，

鬼临临官，宜还愿心。

帝旺家先土地并。

鬼临地旺，旺相则为家先祖宗，或土地；休囚则为自死邪神。

衰死木下山林鬼，病则家先坟墓灵。

死墓先亡公伯祸，绝为流荡客伤惊。

鬼临绝，为路头客死。

胎因产死养神庙，此法推详理最精。

以上总以日鬼所临定之。又看日上神发用是外鬼，支上神发用是内鬼。

占求医药

日辰月建前居二，此是天医对地医。

假如甲子日占，前二寅为天医，对冲申为地医。

○此原注郑据《六壬集要》补。

今日救神同克虎。

今日子午，次辰为救。

应当退减必无疑。

○郯注云：若日辰年命上神克制白虎者，其病即愈也。

医神是土宜丸散，水须汤药火灸之。

金针木药看其类，莫向魁罡下请医。

○郯注云：魁罡之下，不可求医，宜往德神、生气之下求医吉。

○《入式》云：天医、地医、生气，此三方避病亦吉。

○又郯注：论脉之形状云：三传俱阳，其脉浮；俱阴，其脉沉。二阳一阴，其脉紧；二阴一阳，其脉缓。三传俱旺，其脉洪；中传空亡，其脉芤；伏吟，其脉涩；返吟，其脉滑。四课不备，其脉虚。天乙顺治，气必顺；天乙逆治，气必逆。

○《入式》云：阴气病多在右，阳气病多在左。其余俱同郯注。

占瘥期

医药如何辨瘥因，行年之上有何神。

天乙所乘皆旺相，伤其虎鬼不成迍。

假令白虎来伤日，天乙宜临日与辰。

○郯注云：白虎作鬼遥克干，天乙乘旺神，立在日辰上，反制白虎，必愈也。

虎落空亡及有德，与日相生不损人。

○郯注云：白虎不乘旺相，又落空亡、三合、六合，与日相生，不为凶也。

○《入式》云：日干旺相有气者，其病轻。三传制鬼克虎，病虽重有救。

子日作期为退限，还如戊己瘥庚辛。

○郯注云：凡言病瘥之日，戊己日当在庚辛日也。

○《入式》云：以制鬼、制虎日及鬼虎囚死日为病瘥之期。

行人门

占行人归期

思望行人久不归，须凭运式以占之。

日月二门为发限，阴阳二至算来期。

东与南行酉为限，西将并北转卯为。

《龙首经》云：必当视行人所至之地。如在东方、南方，以酉为限，以子上神为至期。在西方、北方以卯为限，以午上神为至期。又一法云：居外望内人，以夏至辰之阳神；居内望外人，以冬至辰之阳神。若临今日日辰及临今日干之本，中末上皆为来。假令夏至以卯，卯之阳神太冲，今日丙丁，太冲临寅为本，临午为中，临戌为末，皆为来也。假令太冲临午，当以丙丁巳午日至，月期五月。

假令行人身在戌，天魁临亥始装衣。

何为半道应相会，转在东方立卯箕。

午上功曹甲相见，大吉戊己是归期。

天魁加寅地，午上见功曹，是居甲。天魁加卯地，午上见大吉，戊己日是到日也。

○《龙首经》云：假令望酉地人，从魁加戌为已发，加子为半道，加卯为得限，当来，以午上神为至期。午上神得神后，以壬癸亥子日至。假令望巳地人，太乙加午为已发，加酉为得限，当来。以子上神为至期，子上得传送，则庚辛申酉日来。假令望寅地人，功曹加酉为来，望申地人，传送加卯为来；望子地人，神后加卯为来；望午地人，胜光加酉为来，皆以子午上神为至期。

又取用神三合至，子午上干将配支。

宜用神三合支，以辰上所得神为至日也。

○伟堂按：《龙首经》不载此法。用神当是初传看用神之三合神，在子午上否，如在子午上，即以其神为至期。又按《金匮经》云：占行人以生旺为至期。假令壬癸日用起水神，则申子日至。若发用起天罡，为遇墓，遇墓即止不来。《史苏经》云：卜外人，以生旺而至。卜家人，遇墓亦至。《集灵记》云：凡望行人，以甲乙日占，用得巳午神者为向日，向日将至；用得亥子神者为背日，背日不来。《苗公达断经》云：发用在今日支前，便看天上所临之神为到日。若发用在今日支后者，不须看天上所临之神。盖未来之兆也。以上所引皆非三合至之本义，特因用神而兼及之。

或不知方千里外，即视行年限度推。

或不知所在，或在千里外，看其人行年临处，得限否是也。

○伟堂按：以前十六句，皆未言及类神，而郇注悉以类神注之，似混，故尽移于后幅。此二句注云：若行人在千里而之外，不知方所，即视其人行年临处，便为方所。假令行年立亥，登明加卯，其人临限已在路矣。若登明加午，谓之临至，即至矣。一云：初传在天乙前，末传在天乙后，为来。末传临卯酉为来，大煞乘驿马为来。如末传空亡墓绝者，不来也。

更看其人详物色，神将为名皆可知。

太常衣服兼娘父，六合媒人孙与儿。

青龙朋友钱夫婿，天后神后是妻姬。

天后妻，神后姬。

太以太阴兄弟位，勾陈兵吏甲毛皮。

天空酉戌鸡奴婢，白虎病人丧柩悲。

元武阴奸并盗贼，朱雀官吏辨征追。

功曹狸豹贤名道，传送刀兵僧与医。

太冲驴兔舟车木，胜光獐鹿马兼麋。

小吉雁鹰羊酒等，登明必是豕熊黑。

此类悉皆求限至，课传逢类更无疑。

○伟堂按：此二十句，方言及类神也。

○郇注云：凡占尊上人，视日干，仆视天空、天魁，奴妾视太阴从魁，僧视太冲，道士视功曹，医视传送，妇女视天后神后，军吏视勾陈，文书视朱雀，吏视功曹，盗视元武，求财视青龙，各以其类占之，无不验矣。

又有六亲之说，生日干为父，生支辰为母，与日干比者为兄弟，与支辰比者为姊妹，日干生者为子孙，支辰生者为女、孙女。日干克者为妻财，其义有三：曰妻，曰妾，曰财，各有其类。旺相合者为妻，旺相不合为妾。囚死比为近财，囚死不比为远财。克日干者为官鬼，其义亦有三：旺相相生德合为夫婿，或为官星，主官员之象；囚死囚克为鬼，六畜、金银、衣服，各有其类。马视胜光，牛视大吉，鱼视天罡，衣服布帛视太常。

以上各类神临限在路，临至即至。假令其奴在外，当视天魁，天魁临亥，其奴欲动，始有归意。若加寅卯之上，其奴临限，已在路，午上为至期。假令戌加寅，即午为功曹，当在甲乙寅卯日回也。戌若加卯，即午为大吉，其奴当戊己日归。余仿此。

若行人类神不临限至，即看用神三合，在子午上有无决之。假令占文书视朱雀，若朱雀乘寅加戌，卦得炎上，即天魁加午，谓之三合神临至，故曰"三合之神至"也。

若类神不临限至，用神三合又不临限至，更难定归期，即视今日支前四神。假令正月丁亥日寅时占文书，日支亥前四位是寅，寅上见亥作朱雀，其文书当在寅日至。

凡言支前四者，须要类神在上，若无类神在上，不可以此推之。

又按："课传逢类至无疑"之句，可见课传不可丢也。乃郇注未尝言及类神入课传，何也，其言课传者，惟曰初在天乙后，末在天乙前，行者来也，此语又与行年度限内，小注相反，又曰："末传为行人足，临卯酉主至也。"又曰："驿马乘神传归支上为来也。"凡驿马在传，主在中途行，是皆未言及"类神"二字，岂得如此课象，可以不视类神欤！

至《入式》则云：以日干为行人，以支为宅，干上神相生合比，值三合六合者则归，若刑冲破害未归也。干克支则归，支克干未归。占得伏吟未归，天盘上行人年命临地盘日支，近者将来，远者未来。若用神在今日支前，则来；在今日支后，不来。如子日丑寅为前，戌亥为后，若用神在支前，则视天干所加地盘辰为到日也。若用见游戏神临孟不来，临仲半路，临季即到。若二马入传，或临日干，则在中途行。马若临支则到。本命及进上发用来，时归日辰上来，阳日伏吟顺传来，逆传不来。阴日伏吟传逆来，传顺不来。游神：春丑夏子秋亥冬戌。戏神：春巳夏子秋酉冬辰。此皆未释《心镜》本歌之意，特因郑本而说附之。

不知存亡远近

前课术虽谈限期，存亡远近未曾推。
有人一去无消息，乃向行年临处知。
年立寅申意不返，巳亥本乡心尚依。
处季必为他邑鬼，乘仲前途抱病羸。
临北临南知所在，相生相克辨安危。

以行年临处为所往之方，以行年上之上神为从何方还家，以行年临处上下相乘言其道里多少，须按旺相休囚以增减。

○《入式》云：如行年是申，申临子，其人在北方也。如行年旺相，与方上神比和相生，又带吉神者，其人在外平安，求立家业。若行年囚死，又被方上神刑克，更带凶神，其人在外，非死即病也。又看行年临孟则生，巳亥有归意，寅申无归期。临仲则病，临季则死。又看行年上所得之神，与日上所得之神相生者安，相克者凶。又视行年之神，若在支上一课发用，或入三传者，必来之象。若不入传，与支不和者，终不能归也。又视末传上克下才动，下克上将动，上下相生不动。若末传是今日干之绝神，即有来意，亦不可必也。伏吟三传顺，柔日不来；若刚日伏吟，其来速。

○郏注云：假令亥为行年临午上，其亥水死休，被下旺火煎熬，必主南方抱疾，他皆仿此。

三千里外将军下，千里须教看岁支。
五百只应求月建，百里干临五十时。

其下悉皆看限至，日月精详意决疑。

此知行人之方所，奈久无消息，故用此法推之。三千里外看大将军煞，千里外看太岁，五百里外看月建，百里看天干，五十进而看正时。以所看之神加卯酉为在路，加子午其人早晚即至。若末传是日干之绝神不来也。大将军煞：寅卯辰年在子，巳午未年在卯，申酉戌年在午，亥子丑年在酉是也。

更看游神春在丑，秋亥冬戌夏子为。

加孟未来加仲发，季上相逢不久归。

凡占行人，类神不临限至，难定归期。如类神即作游神，便看其加何处，言其何月日归。若类神不作游神，亦难期也。

复有亲情不相见，欲得他来慰我思。

乃用戏神看立处，依法推求决速迟。

戏神春巳秋居酉，夏子冬辰各取之。

凡戏神加于天干同类之上，为外亲表亲；加于支同类之上，为内亲己亲。假令甲子日春占，巳为戏神，加卯乘朱雀，卯与甲干同类，此是外族表亲，当卯日至也。不然定有书信至，以朱雀为文书故也。

推将军法

孟以胜光仲以未，季将传送加太岁。

当于罡下访将军，动土修营皆不利。

但凡占行人推将军法，看到之日，如度限了方用此，不度限不用此也。三千进而外将军下者，是以杀临处为至期。将军三年移一宫，如寅卯辰年在子，巳午未年在卯，申酉戌年在午，亥子丑年在酉。临子即子日到也。千里看岁支者，如未年看未临甚处，为至期。五百里外看月建临甚处，一百里看天干临甚处，五十里看时临甚处，即为到日是也。更看游神地轮法用，须看天罡，如日辰为到，加孟未，加仲发，加季至。如不见天罡，即看游神，发用者归也。余处差慢，不见游神，可以度限。

近出何时归

有人暂出何时归，从出门时加日支。

亢星之下辰应到，

亢星是天罡也。

或见贵人临即归。

天罡与贵人加日并，主到。

天罡加季门前待，占值伏吟相见迟。

○郁注：若近出之人，以日前出门临行之时，如今日支上视天罡所临为到日。亢星即天罡也。若贵人加今日支辰上者，即时至也。

又占来期迟速

来人问信知时辰，对宫起子顺排轮。

数至天罡方可住，别其孟仲季分明。

若加四孟未归意，加仲在路季至门。

如巳时人来问信至否，便以巳时对位亥上起子，顺地至天罡，天罡加卯，卯是仲，信已在路。

定行止及水陆路安危

拟出门时定行否，须看行年与日辰。

太冲传送魁罡立，或在时前定涉程。

○郁注：正时见卯酉申在日辰年命上，或以正时支前，皆主定行。居时后未行。

○《入式》云：以日干为去人，若关墓加日干，则不能动。若年命上所得之神冲破关墓神，则动矣。若天将入庙，如天乙乘丑之类，及日干见空亡，即不能动。得伏吟课不动，魁罡加日辰则不得已迫促而动。三合六合临日辰，虽动迟。若日生传墓，其动必速。

年上日辰逢旺相，斗罡加季往无迍。

○郇注：用日二课传阳，相气必行；用辰二课传阴，休气不行。天罡加季神在外，必主行。

○《入式》云：日干旺相或上得吉将，或生日支神则往之吉。

去时干吉宜行陆，支吉何妨水路行。

太冲切忌逢蛇虎，船覆车翻必损人。

○郇注：太冲主车船，在土为车，在水为船，不宜见蛇虎，主凶。

○《入式》云：值符、往亡、天车、飞廉、天地转煞、劫煞、游都、鲁都、螣蛇、白虎、勾陈、朱雀、空亡、日鬼加临日干，或入三传者，皆不宜动，则凶。日值符必主口舌公事，与凶神并，尤甚也。

天时门

占天晴否

久雨何时用即晴，巳午螣蛇朱雀并。

日辰上发用，见火土神将晴，天空晓晴。

三传皆土云应散，天空晴霁映山岑。

龙若乘旺金尚阴，火神临处是晴辰。

从今日至火神临处为晴日，即螣蛇下是也。

○《入式》云：占阴晴日时，以所临地盘是也。假如巳是晴神临地下未，即未日晴也。晴神，子日在午，丑日在未，支辰对冲之位是也。

阳即为晴阴即雨，积阴欲霁观阳主。

丙丁生旺发用时，壬癸休囚晴可许。

火神不越东南路，蛇雀又来头上住。

须更皎日见晴空，纵有余阴无着处。

占天雨否

占风候雨征龙虎，

云从龙，风从虎。

用起兼看日与辰。

有气带刑来必速，休废空亡略洒尘。

子卯相加救枯穗，

子为云，卯为雷。

玄合立传兴涸鳞。

玄武六合有雨。

白虎若来乘亥子，雨尚连绵未肯晴。

《乐产神枢》云：龙虎神有气则风雨生，雷电并有大风雨也。

占水涨退否

水涨伤禾忧杀民，进退加时看日辰。

支伤吉干涨犹速，

诸本作"干伤支兮涨犹速"，今据《通神集》改。

支吉干伤退因循。

日辰俱损须臾退，并不相伤水稳平。

日辰无克，水无进退。

○此原注，伟堂据程鹏南本补入。玩此原注，则知第五句，一本作"日辰俱旺须臾退"者，错也。又第六句，一本作"并不相伤及旧痕"，此则无关紧要者矣。

杂课门

访人见否

欲往前程寻访人，看他居处对何神。

神上值方临用合，三六相呼见且欣。

其人居方上神与用神合是也。

○郇注云：凡欲访人，要正时用神与他居方作三合、六合、相生，人情喜美。

假令其人居戌地，用起加之卯午寅。

卯戌六合，寅午戌三合，兼宜日辰用神加之。

○郇注云：假如欲往西北方戌地访人，若正时用卯，相见必喜。谓卯与戌六合也。如用神是寅午，亦相见必喜，谓寅午戌三合也。又云：以今日支所临下辰合日干与三传，即得相见。若天空、旬空、落空，虽合不相见。

天头地足来加日，

戌为天头，巳为地足。

○郇注云：戌为天头，巳为地足，二神临日主相见。又云：头加足得见，足加头不得相见也。

斗罡加孟也相亲。

《斗罡占》云：加孟神在内，访人在家。

○郇注云：斗罡加孟在内，加仲在门，加季在外，不得相见。

胜光神后宜相待，从魁路上叙殷勤。

小吉合时家饮酒，

甲乙日用传小吉主醉也。

昴星伏吟必藏形。

柔日昴星，是人自伏藏不见也。

○郇注云：子午是二至神，其人在外宜待之，得见。酉为门，又为限，人亦在外，主途中相见。若小吉乘青龙加日辰之上，其人在家饮酒，若值昴星伏吟，其人藏匿在爱，不得相见也。

期人来会

与人期约同游此，未知已过未曾来。
斗系支干及临仲，直须相见不须催。
斗在日前加季上，期人前去赶难回。
此皆在道占之。
更值昴星伏吟卦，在家不出莫疑猜。
斗罡在日前已去，在日后未来。

○此原注，据《入式》补入。郇注同《入式》。又云：占得绛宫亥加仲时未至，明堂子加仲时必会，玉堂丑加仲时已去。

又《占人行·辨前后》云：以月将加时视胜光所在，天乙前为伴在前，天乙后为伴在后。

在客忧家

日久离家思虑攒，日辰之上发疑端。
朱雀口舌兼忧火，元武阴私贼盗奸。
勾陈刑斗虎衰病，螣蛇惊怪太阴安。
六合青龙欢局席，太常天乙客来看。

○郇注：以日干为占者己身，以支辰为宅。若支辰乘凶神恶将，主家中灾异。乘吉神良将，家中必有喜庆也。

占主人善恶

为客不知主人意，善恶难分未敢投。

《通神集》作：征途日墓前程远，欲寄安农恐主谋。

辰是主人日是客，彼此相生便可留。

辰与日相生吉居，值旺相，是长者，客可住。

○郇注：以日为行客，以辰为主人。若日上乘凶神恶将，遥克辰上者，客意不善，主人不可留。若辰上乘凶神恶将，遥克日上者，主人不良，客不可留宿。一云：年命上乘凶神恶将，亦不可住。若乘吉神良将，必遇长者之人，可以留住也。

登明天空将诱我，魁罡蛇虎更堪忧。

元武是贼。

从魁胜光宜急去，神后加临莫逗留。

○郇注：支上乘登明、天空，是贼家，必来奸诈引诱。支上乘魁罡蛇虎，是最恶之家。支上见胜光从魁，亦非善主。凡遇此种神，皆不可住。神后为厌翳不明、遗亡之神，若加年命之上，亦不可投宿。

○伟堂按：此小注"年命之上"当作"支辰之上。"

客寄物可纳否

有客来投寄来时，不知彼意欲何为。

辰上阴神看善恶，遥克干神必败危。

辰上阴神，第四课神也。

更视支神所临处，此处神伤日不宜。

假令七月丁巳日子时，火神太乙也。太乙巳加子，子水克丁火，支辰下神伤日也。

问其事发缘何故，当用天官以决之。

○郇注：凡有人来寄物，皆以日辰决之。若日克辰上神可留。若辰之阴神，即第四课上神克日上第一课，不可收，其物必贼赃，后必败累主也。若辰上神克日上神，亦不可留。

谒贵人或有所求

谒见尊官何所宜？青龙小吉可投伊。

斗罡加孟所求获。加季空回仲待之。

日辰相生，彼我见喜，相克见不喜。又日辰上神将吉，如青龙太常六合所求必得。若神将不吉，所求无也。

人情虚实

彼有人来未得真，加时细看日兼辰。

辰上有神伤日上，来者言辞不妄陈。

日为来使辰为我，干若伤支是妄因。

阴空蛇虎魁罡立，

立在日上。

六将临干必诳人。

若传凶事，视白虎与今日比，即是实。若占吉事，视青龙，与今日比和是实。

○郾注：凡占虚实真伪，先视干支，若支上神克干上，视其事可信。若干上神克支上神，不可信。太阴、天空、螣蛇、白虎、天魁、天罡临日干并是虚诈不可信。空亡、涉害入传用皆虚。天罡加孟可信，加仲半实半虚，加季全虚不实。返吟人情相背。若申辰作朱雀言多奸诈，不可信。若传凶事，视白虎，与今日相生比合即是实；若传吉事，视青龙与今日相生比合即是实。

占酒有无

我有佳宾欲就沽，问他有酒又疑无。

从魁加孟今方酿，临仲醇香季竭枯。

○《入式》云：以正时视天上从魁，临孟始酿，临仲已熟，临季则无。

○郁注云：竭枯，无也。此卜酒有无之大略也。

更将大吉加临处，支未临子得半壶。

○《入式》云：又视天上小吉临旺相之乡则有酒，临休囚之乡无酒。又以大吉加时，日上神见功曹魁罡为酒初熟，见神后、小吉有酒不多，只半壶。

○郁注云：青龙六合加日上，定有酒。若加木味酸，加火味苦，加土味甜，加金味辣，加水味淡。

占渔猎得否

渔猎太冲为坐神，日来加午虎狼嗔。

丑临生方当走失，伏昴空回不利人。

支为鱼鸟干为网，干伤支吉获禽鳞。

占时受克为多得，营室休加日与辰。

○《入式》云：以日干为渔猎人，以支辰为禽兽。若日上神有气，辰上神无气者，必获，反此不获。又伏吟课不得。又人行年上并日辰上神能制物类者必得。又以天罡加季必得，加孟不得。凡渔猎，日干加午不利，为离中虚也。宜卯为伤门有获。丑为生门，无得。若柔日伏吟、昴星，主兽伏藏不出。亥为营室，为开门，亦主兽得地而难获也。

○郁注：营室，登明也，为开门，若渔猎得此时，禽兽得其地而不获也。凡渔猎，干为网罟，又为人，支为禽为兽为鱼鳖，干克支可得，支克干不可得。若正时受克，必获多；支干相伤，获不多。欲知得何物，支上神论之。

占怪异

有怪惊人须决忧，三传神将辨其由。

看朱雀元武等。

又看怪是何神类，三十六禽依次求。

巳作天空水虫物，酉乘六合釜鸣鸠。

戌并六合神惊犬，罡附螣蛇井沸流。

太乙亥并蛇入厕，传送光明大吉牛。

○邺注曰：凡占怪，先视螣蛇，次看月厌、大煞、直符，又凡螣蛇之阴神作生气旺相，必是活物；作死气休囚，必是死物。月厌：正月起戌逆十二。大煞：正戌二巳三午四未五寅六卯七辰八亥九子十丑十一申十二酉。直符：甲日巳，乙日辰，丙日卯，丁日寅，戊日丑，己日午，庚日未，辛日申，壬日酉，癸日戌。又天目煞，尤主怪异，春辰夏未秋戌冬丑是也。三十六禽者，分十二宫，再分旦时昼时暮时，凡占课寅至巳为旦，午至酉为昼，戌至丑为暮。且如寅日占，旦为豹，昼为虎，暮为狸是也。细具于后。

子旦燕，昼鼠，暮蝠。丑旦牛，昼蟹，暮鳖。

寅旦豹，昼虎，暮狸。卯旦貉，昼兔，暮狐。

辰旦龙，昼蛟，暮鱼。巳旦蛇，昼蟮，暮蚓。

午旦马，昼鹿，暮獐。未旦羊，昼鹰，暮雁。

申旦猿，昼猴，暮犹。酉旦鸠，昼鸡，暮雉。

戌旦狼，昼犬，暮豺。亥旦猪，昼貐，暮豕。

○《入式》云：视正时三传中，有螣蛇则为怪，无则不为怪勿疑。视大上神后所加之神，与日辰相吉，不为祸，相克则为凶祸。占何物为怪，视神后所加地盘之神所属五行决之。木主林花草木器为怪，金主金石器物，水主河伯水神、猪鼠为怪，火主神庙祠宇、神鬼为怪，土主家神、祖先、神鬼为怪。

占博戏

博戏三传吉将立，

欲知胜负，但看吉将。

两人俱课就年推。

两人各视行年上吉将，即被人年上得凶将克此胜。

年上吉神虽主胜，克被凶神克也衰。

〇郇注云：一人独占，只看三传有吉神财神，必胜。两人占，即看各人行年上神，我克彼，彼败；彼克我，我败。行年上有吉神良将，虽然可胜，若被凶神遥克，亦败。

三人以上皆详此，

皆看行年上神也。

同岁须明主客知。

如二人同年，则看主客位也。

先呼为客后为主，客是干兮主是支。

支干上下相残害，择其强者吉堪施。

旺相龙常居主上，主当大胜获便宜。

日为客，辰为主。日上见天乙、龙、常，又制辰上神者，客胜。支辰上见此者，主胜。

〇此原注，伟堂据程鹏南本补入。又"支干上下相残害"四句，则据《通神集》改正。他本作六句云："干支上下言凶吉，克彼之时便可为。对敌从何推胜负？即将年上定赢输。相克择其强者胜，龙常旺相并难呼。"

〇又按郇注云：三人占依前例，看行年。若是同年人，须分彼此主客，先起者为客，后应者为主，以日干为客，支为主。若支克干主胜，干克支客胜。更乘吉将尤吉。

〇《入式》云：又视博人在孤上坐者胜，在虚上坐者负。孤虚者，六甲旬中空为孤，孤之对冲者为虚。

大六壬心镜卷八

兵占门

出军择日

择日天罡加月建,看其神覆可移军。

岁对登明神后下,

岁对,乃岁对日也。

岁前头下酉兼申。

乃岁对前日也。

河魁临处看天府,岁后仍须仰见寅。

天仓大吉加堪用,

《集头历》云:天仓,大吉下是。《广本历》云:天仓,正月起寅,二月丑,逆行十二辰是也。

余外相逢不利人。

《六壬兵机三十占》注云:凡择出军日,专以天罡加月建上,看传送从魁下为岁前,天魁下为天府,登明神后下为岁对,大吉下为天仓,功曹下为岁后。已上日辰并吉,再逢上下相生,尤吉。如太冲下为侠毕,天罡下为负冲,太乙下为折冲,胜光下为龟冲,小吉下为致死,已上日辰大凶,不可出军。再看上下相生犹吉,相克则凶。

○《龙首经》云：春三月东方七宿为岁位，南方七宿为岁前，西方七宿为岁对，北方七宿为岁后。孟夏星张二星为负冲，季夏井鬼二星为掩冲，正月初春夏秋冬仿此。岁位、负冲、掩冲、折冲、岁前、侠毕皆凶，岁后、岁对、天仓、天府皆吉，日辰虽凶，不为害也。又云：常以天罡临月建大吉下二星为天仓，天魁下为天府，小吉下二星为致死，仲月无天府及为冲星，孟月无致死及折冲星，季月无天仓及为英星，天仓、天府举事德及三世，大吉。致死、负冲、掩冲、芒星，举事致死丧，大凶。

○郑按：《通神》等书未集兵占，今以《兵机三十占》及《龙首经》等书校之，并节录其足解《心镜》者附各条之末。

○伟堂按：《龙首经》此条本有阙文，此书本系予本，前岁得读孙渊如先生刊本，据云从《道藏》中录出，然阙文与予本同，不能校也。又按：徐公长于六壬而不长于选择，据其歌句，不过每月中以"定、执、破、危、成、收、开"七日吉耳。夫出军大事，破收二日讵可轻用耶？存而不论可也。

不可用日

乙戊己辛壬五日，四仲相加九丑神。

将军此日休出马，只恐难逃血染尘。

○此四句伟堂据《六壬大全》内兵占补入。

乙巳丙辰丁巳日，癸亥宜令莫出军。

○伟堂按：此四日何故不吉？及查《通书》始知为四不祥日也，故《兵占》内作"癸亥不祥莫陈兵"。

建寅逢六卯当七，累数加之是恶神。

天乙绝气日，正月初六周到月初七，三月初八，周而复始。

○"天乙绝气日"一字，伟堂据程鹏南本补入。

每月四朝并十九，二十八行皆有迍。

六穷日，每月初四、十九、二十八。

○此注亦据程鹏南本补入。

更有往亡须避忌，不忌前途恐害人。

往亡，正寅二巳三申四亥五卯六午七酉八子九辰十未十一戌十二丑是也。

莫犯章光四绝日，

孟月乙丑，仲月丙寅，季月甲子为章光四绝，亦名四穷。春庚辛、丙寅，季月甲乙亥，夏壬癸丙丁亥，秋甲乙辛丑，冬丙子、壬辰、癸亥。

无用空亡五帝辰。

甲戌、壬戌、己卯、乙卯、戊午、壬午、辛酉、丁巳、壬子是也。

野宿安营

日晚行疲欲下营，支干逢墓不安宁。

《神枢经》云："怖不怖，看五墓。"谓干与支上见五墓也。

〇《三十占》注云：日辰俱墓，夜必有贼，宜防之。

卯辰巳等宜防贼，兵书说此是三刑。

〇《三十占》注云：神将内相遇三刑，夜必有贼兵至。

若见魁罡为恐怖，将兼蛇虎重遭惊。

大吉临干宜急去，不逢斯将即欢停。

行择吉道

遇寇途中择路行，胜光为武休北征。

见木传为忌申酉，庚辛南往不宜兵。

玄武畏方为厄地，军帅须得会其情。

〇《三十占》注云：此论专看元武所乘之神，如元武乘寅卯不宜往西方去，乘巳午不宜往北方去，乘辰戌不宜往东方去，乘亥子不宜往辰戌丑未方去，乘申酉不宜往南方去。假令庚辰日巳将申时，庚日以丑为贵人，落辰上，元武乘戌去坐丑上，如此时不宜往东方行，以木能克土也。或云：元武乃贼神，殊不知我先行军，却以我为元武，不宜受克也。

军行择法实多途，更以阴阳作范模。
岁阳大吉来加上，阴岁还将小吉铺。
丙壬之下为天道，甲庚之下是人居。
惟此四方临处吉，其余方所是凶乎。

○《三十占》注云：阳年大吉加太岁，阴年小吉加太岁，寻丙壬甲庚之方为天道，人居吉。甲在寅，庚在申，丙在巳，壬在亥。

○按《龙首经》：甲庚所临为天道，丙壬所临为人道。

察贼所在 并道恐逢贼不测前后

闻贼未知其所在，加时春乙夏居丁。
秋辛冬癸名天目，贼当其下伏其形。

○《百炼金》云：闻贼，以月将加时视天目所加之方，贼在其下，天目者，春辰夏未秋戌冬丑是也。乙即辰，丁即未，辛即戌，癸即丑。

○郑按：《三十占》以此四句题曰"天目察贼"，以下题曰"中途察贼"，分作两歌，可从。

途中前后疑逢寇，大吉加临知贼程。
看大吉所居之处。
临于子午太冲下，如加辰戌伏登明。
寅申定是居参宿，丑未必应藏轸星。
卯酉河魁下潜伏，巳亥还于大吉停。
兼刑旺相难冲击，设法抽军别路行。

○《百炼金》云：注贼在处，或刑日辰，或旺相，不可攻击，当卜吉路而行也。

○《三十占》注云：假令庚子日寅将辰时占，以月将寅加辰顺行，冬癸丑为天目，临卯地，其贼必在正东伏藏人马是也。又假如三月癸亥日酉将午时占，月将酉加午上，顺行，大吉在戌，其贼在登明之下潜伏是也。此时在途勾撞，登明之下必逢伏兵，须察其地旺相，抽军设法避之，其地休囚，出奇获之。在临时通变，则胜负可决矣。

疑贼前后

贼近我军推前后，加进占测用防奸。

○《百炼金》注云：出兵临敌，不知贼在前后，或阴雾夜间，不可不占也。

巳申子卯临支后，立在干头贼在前。

干若临支寇当路，支若临干随我轩。

○此二句原本作"干若居之贼当睡，支若临之随我轩。"今伟堂据《大全》及程鹏南本改正。

○《百炼金》注云：日干加辰上，主贼在当道，急宜备之。辰加日上，主贼随我后来，急宜回营以待之。

干支若不临神占，前后俱无盗贼喧。

○《三十占》注云：占贼在我前后，看巳申子卯四神，若临干在我前，若临支在我后。四神不临干支，前后无贼也。如支干不相凌，亦无贼也。

疑有伏兵

恐贼埋兵在要程，干支上决最通灵。

子卯巳申来覆立，贼寇奸心布伏兵。

○《百炼金》注云：四神有一神加临干支者，即知敌寇有伏兵，宜严谨防之。四字不临，无伏兵也。

旺相带刑逢必战，

○《百炼金》注云：旺者，春占得卯，夏占得巳，秋占得申，冬占得子；相者，春巳秋子冬卯季申是也；刑者，子刑卯之类。旺而带刑，必战。

休废空亡不敢征。

○《百炼金》注云：休者，春子夏卯冬申季巳。废即囚，春申夏子秋巳季卯。空亡，即甲子旬戌亥空之类。此故贼不敢来战。

干伤前伏支伤后，

○《百炼金》注云：支上神克干并干上神，为干受伤，伏兵在我前。干上神克支并支上神，为支上神为支受伤，兵在后。

支干俱损莫冲惊。

○《百炼金》注云：若干上神克干，支上神克支，谓之支干受伤，前后俱有伏兵，固守吉，战则凶。

抽军避寇_{我军数少，未得其便，是以避之}

贼势凭凌我未强，抽军回避看天罡。

系孟直须从右隐，仲季还宜向左藏。

从魁太冲为胜地，天上甲加是好方。

闻贼来，必欲避，在内宜右，在外宜左。月将加正时，如太冲从魁下凶，或避匿于旺方。如春莫行东方，余方准此。

○按：此原注与歌句不合，必有脱误。

○《三十占》注云：天罡加孟宜向右避之，加仲季宜向左避之。以月将加正时，从魁太冲为胜地，天罡加申是生方，酉卯二方吉，加申亦吉。假令乙酉日申将巳时占，从魁临午，太冲临子，宜向子午二方避之，旺方亦吉，即四季之旺神方也。

○伟堂按：《百炼金》注云：如遇旺方不可往，春不宜东。余仿此。此又与《三十占》相反，当以此为是。

遥望人来不择善恶

遥望人来要测详，神后加临孟是良。

加仲商人季奸恶，

○《三十占》注云：月将加时，神后落处断之。寅申巳亥良人，子午卯酉商客，辰戌丑未奸恶细作之人。

船宜仲位立天罡。

有船来，天罡加仲常人，加季恶人，加孟吏人。

若持刀棒干支看，亥子卯临为贼映。

亥子恶人，卯是冤仇，巳亦主贼也。

功曹传送魁罡吏，酉午其人欲匿藏。

以日辰上见之。

或闻鼓噪喧哗动，亦用加时看闹方。

合龙申未娼歌乐，勾陈刑斗虎兴丧。

朱禽官吏天空学，太阴祠祷享神堂。

度关觇贼

觇贼行藏度彼关，行年岁月日冲难。

人行年在太岁月建日辰冲彼下，不见去，将军使人同去亡，故曰"视凶不凶"，见彼干支上将相生旺相去即安。

○《三十占》注：专看年上神冲干上神，不可出。相生比合去。此论专看大将探听人行年上将，行年上神不可冲日干上神，又忌冲太岁与月建。如冲破，不可出关度彼境地。冲者，如子午之类是也。行年不论长少，只以寅上起一岁。

○假令甲寅年壬申月壬午时巳将，辰时壬课在亥，亥去见子，如将行年属午，此冲干不可去也。太岁是寅，如将行年是申，为冲太岁，亦不可去。余仿此。

日干将命休囚恶，旺相相生去即安。

日辰上得登明、天罡、胜光，宜急去。

恐贼来否

贼欲相凌切要知，游都作限用推之。

游都甲己常居丑，乙庚在子丙辛箕。

丁壬居巳言非谬，戊癸同申更不疑。

逐日所在。

游都覆日今将至，前支一日在明期。

游都加今日今日到，前辰明日到，三四皆仿此。

二三依次须防御，若临前四不侵围。

加今日前四辰，贼已过不来也。

游都旺相支干畏，贼势凭凌难守持。

游都合处喜降卒，

相生为喜，不战而降。

畏下难侵大战时。

游都所畏之地，父子不相亲，中外不信也。

居在东南灾稍重，

在东兵凶，在南贼有威。

若临西北祸当微。

西宜赏劳息兵，北宜御寇也。

不见游都视天乙，临处还如都将推。

子辰巳未加今日，贼盗猖狂疾似飞。

游都旺，相加囚死地贼胜。游都囚死加旺，相地贼败。勾陈克游都，贼亦败，不克未败也。

闻贼去未审

传闻贼去尚疑奸，专寻斗系处占看。
加孟未行加仲发，加季须知向远山。
大吉临干将出界，未临犹自驻吾关。
○《百炼金》注云：大吉临干，主贼界，不复论天罡矣。

突围出去

遇贼兵围不要忙，加时出路望天罡。
○《百炼金》注：太公曰："兵围千重，斗到必通。"以月将加时，寻天罡下，一突而出。若天罡方无路出，可出当寻三宫时矣。

若值绛宫申酉地，明堂时往太冲方。
玉堂直突天魁下，利若锋芒入极张。
此四道，择其稳者便出。
○《百炼金》注：以月将加正时，若亥临四仲为绛宫，宜向天上申酉下出。子临四仲为明堂，宜向天盘卯方出。丑临四仲为玉堂，宜向天盘戌方出也。

日辰上将相生吉，相克如今有损伤。
○《百炼金》注曰：伤不伤，视阴阳。若被兵围，日辰上将神相生者吉。若神将克战，又制日辰，必损伤，用兵者宜审之。

今日战敌

两军相守已经时，今辰忧战始占之。
勾陈克日刑冲斗，不克无刑各守持。
《经》曰："斗不斗，刑相凑；杀不杀，刑相压。"谓勾陈与刑并也。如子日卯为勾陈是也。

○《百炼金》注：勾陈乘神克日辰，又逢刑冲日辰者，主战否则不战。

大吉小吉居支干上，两军俱解固疆围。

○《百炼金》注：大吉小吉二神，有一神加干支上，主两军俱解，不战也。

斗罡加孟须坚守，加仲相伤彼此疲。

加季出兵攻击好，得胜名之是顺机。

勾陈所临之处，上下相克亦战，与刑同归亦战。假令子日，仍作勾陈上是也。

欲战审刑害

六害来加年命上，此时攻战自遭刑。

假使将军年在酉，天魁立酉败纵横。

酉戌六害，子未、丑午、寅巳、卯辰、申亥，并相害也。《经》曰："败不败，视申亥并相害也。"《经》曰"败六害"，若主客论之，忌害气加日辰。若论上将，拟往攻战，年命上忌之。假令甲午日丑加甲，不利客也。丑加午不利主也。乙丑日午加丑，不利主，午加乙不利客。余仿此。

白虎若临输更甚，日辰还忌切须明。

战雄用起春寅胜，夏巳秋申冬亥赢。

冲破为雌值凶恶，此术标题龙首经。

○《百炼金》注：雄者，乃是春寅，夏巳，秋申，冬亥是也。其法专分主客。雄临干客胜，临支主胜。雌者，春申，夏亥，秋寅，冬巳是也，雌临干客败，临支主败。

定胜负

两军相战谁当胜，主客先后看日辰。

先起为客后为主，上将明之不陷军。

干害支兼上克下。

害亦克也。

利客反斯宜主人，

下克上，支害干，宜主。

○《百炼金》注：干克支利客，宜先起兵，用得上克下亦然。若支克干，下贼上，是为反斯，宜主人，宜后起兵胜。

本将行年宜制虎，不然须见克勾陈。

无此即须勾克武，

勾陈克元武，或刑克并主胜。

勾陈利克贼方神。

勾陈所乘神利克贼方上神即胜，反此不能胜也。

贼方之上勾陈立，天乙遥能制下辰。

贼所居方上神见勾陈太乙，假令丙丁乙遥克勾陈之下神敌降，日贼贼居午地，正月寅时太冲作勾陈在午上，是贼方之上，勾陈立登明为天乙遥克午，是天乙遥克能遥制勾陈下神煞，更详于日辰相救。余仿此。

○按：此小注多脱误。

遇此敌降天灭寇，佑我行师得大勋。

○《三十占》注：假令丙申日午将酉时占，贼在卯方，主将行年在巳，寅加巳，巳加申，为干害支，兼上克下，宜客先举兵。寅加巳，是主将行年，辰加未为白虎，巳火制申金，主将行年制虎，辰上是丑土，巳上寅木制土神，是克勾陈也。贼方卯上见子水，而辰土遥制之，是克贼方之上神也。

郑体功先生云：《兵占》一十六歌皆与《六壬兵机三十占》言语同，

大六壬心镜

予先未知《三十占》谁人所撰，逮五月初十日，途遇吕友汉枫云："《三十占》又名《百炼金》，崇正间人浙江查之炜撰。"其序云："本《心镜》兵占而自注之。"而三十占内，又有《渡河涉水》《觅水求粮》《藏形遁迹》三歌，亦兵家所需，今掇而附之，备一格，以别《心镜》原文也。

渡河涉水

天河覆井渡河惊，水用寻罡水道通。

支伤水涌前难渡，支吉不逢龙日亨。

其法专看天盘辰未卯子为天河，若天盘四字加临地盘子卯辰未，名曰天河覆井。此时渡河主沉溺。如值水在周围，看天罡加处为水道。如罡加孟勿前行，加仲勿中行，加季勿后行。又法，六壬以日干为陆路，日支为水路。若支不受克，宜水路行。

〇按又看丙子、癸丑、癸未三日为触水龙日，不可行船渡河。假令丁亥日巳将寅时，天盘未字为天河临地盘辰上，名天河覆井，不宜出兵、渡河。余仿此。

觅水求粮

丑为粮草未为泉，卯未之间水道全。

饥渴有时难共饮，将军且算莫愁颜。

此论专看天盘上未卯丑三字为水泉。以丑为粮草，以卯为水道。若天盘丑字落处，就从算往丑处进三百步，即见粮草。

〇假令甲子日戌将卯时，未加子上，往北行三百步有井泉。卯加申上，西南三百步有水道。丑加午上，正南三百步有粮草。

藏形遁迹

紫房华盖可藏兵，卯木从魁莫自惊。

月将加时投此处，自然遁迹却成功。

此论专看天盘上子丑卯酉四处，如有事或藏兵于山林沟壑，自然掩袭，必获全胜。

〇假令丙寅日午将辰时，子加戌，宜西北方藏百人，卯加丑，东北方藏千人，酉加未，西南方藏万人，此法不拘多少，可隐藏也。

六十花甲纳音

甲子乙丑海中金，丙寅丁卯炉中火。

戊辰己巳大林木，庚午辛未路傍土。

壬申癸酉剑锋金，甲戌乙亥山头火。

丙子丁丑涧下水，戊寅己卯城头土。

庚辰辛巳白蜡金，[①] 壬午癸未杨柳木。

甲申乙酉泉中水，丙戌丁亥屋上土。

戊子己丑霹雳火，庚寅辛卯松柏木。

壬辰癸巳长流水，甲午乙未沙中金。

丙申丁酉山下火，戊戌己亥平地木。

庚子辛丑壁上土，壬寅癸卯金箔金。

甲辰乙巳覆灯火，丙午丁未天河水。

戊申己酉大驿土，庚戌辛亥钗钏金。

壬子癸丑桑柘木，甲寅乙卯大溪水。

---

① 即铅锡也。

丙辰丁巳沙中土，戊午己未天上火。

庚申辛酉石榴木，壬戌癸亥大亥水。

○郑按：杂将门，乙丑金，乙亥火，辛未土，癸酉金等，此纳音法也。又按《集要》有纳音鬼之法云："凡干鬼为长上灾，纳音鬼为子孙灾。假令甲子乙丑日占，申酉为干鬼，海中金为纳音鬼，临支发用方的。否则不论。"是可见古人原有纳音之用，而今多不知之，今附纳音歌诀，以便学者。

附录：《大六壬寻源编》神将章[①]

子为支始，亥为支终。始终终始，其理何穷。天一生水，亥为乾龙。易以乾首，壬理攸同。子属坎位，乃水正宫。壬以水始，亦以水终。终终始始，变化圆通。然则元武奚始，天后奚系，水盗天气，武有窃义，玄机五行，万物乃备。立天之道，阴与阳俪，阳始阴成，道斯全矣。

天乙居中，后六前五。天乙，贵人也。居中，首领也。后六：天后、太阴、元武、太常、白虎、天空也；前五：腾蛇、朱雀、六合、勾陈、青龙也。

解纷，必嘱事于童仆。[②]

贵人居子曰解纷，解除纷扰也。盖子乃夜半之神，故得解扰而坦腹。然贵人虽非至尊，代天宣化，劳同天子，日有万机，恐有烦脱，故嘱能仆，庶不负国属民也。乘子沐浴，主女人病；临子，小儿奴婢，一曰子势尽。[③]管子曰：贵子二死神作祟，小子不宁，防病至。或曰：主昏浊不明。将随神化，乘临俱察其生克旺衰。[④]

升堂，宜投书于公府。[⑤]

居丑本位曰升堂。泰山严严之象，非可私见之，惟持书或移交，正大光明，然后可至其公堂府地也。乘丑，主贵人喜。在丑上，宜献策升高。曰：贵丑与未，德马禄喜，文章无价，夺青拾紫，恩诏皇书，功名赫起，卑逢马丁，传进出行，或曰无位，主占神。[⑥]

[①] 节自《心印》《神将汇占》《海底眼》。
[②] 贵人临子为拈土神。
[③] 天乙子，沐浴事重新。改革变更生气象，呼僮宵嘱事频频，迁动访投人。
[④] 丑合子，贵之后也，安于斯，溺于斯，故曰"势尽日昏"。
[⑤] 丑乃天乙之庙，为袭爵神。
[⑥] 天乙丑，入庙事欢欣。见贵托人求赞助，公门迁转受书频，开宴会嘉宾。

大六壬心镜

凭几，可谒见于家；登车，宜诉讼于路。居寅曰凭几。①

功曹乃案牍琐碎之象，必观于典籍，时有可乘之机，虽细务亦得相干，而就私第谒之，非公堂比也。②乘寅，案籍，主贵人怒。在寅，上官司内讼。居卯曰登车。③卯乃轩车之象，升车，则非私家，又非公署，不有急事者，岂容唐突其前？若讼被屈，或遭豪暴，非陈诉于正人，何得雪此沉冤？故有俯路哀达之象。乘卯曰荷项，主官求退。在卯上，斗讼临门。曰：贵卯兄弟争与破，若带劫凶刑害祸。二者居克地，故乘临象此。④

君喜臣悦兮巳午受贡，上辱下忧兮辰戌怀怒。

居巳午曰受贡，乃火生土而无不遂也。以贱事贵，以贵下贱，君喜臣悦，忘其授受之私。贡者受者，俱不越度也。乘巳，趋朝，主赏设。在巳上，贵人欢悦。⑤曰：贵巳天鸡喜有书，带凶怪祸又相欺。⑥乘午，乘轩，主迁官。在午上，贵人开颜。⑦曰：贵午德诏召征书，官有升迁庶无赀⑧。

辰天牢、戌地狱，贵人居之曰入狱。非法之地，非法之人入之。何贵人而居此？成汤夏台，文王羑里，天所使也。在上者，有此非常之辱，俯仰于上者，能无恤乎？乘辰［不乘］，主见官；乘戌［不乘］，主印绶。在辰戌上，贵人愁颜不喜。或曰有病不治事。乙日居辰，辛日居戌，曰贵人临身，百事吉，系因释，不以此论。曰：贵辰争讼无明白，不如舍去家中息。贵戌官灾不可亲，逢生旧事再还新。乙辛辰戌贵临元吉，履狱恤刑，事谐囚出⑨。

移途利于求营，列席娱于厚醹⑩。

---

① 寅为天乙官爵神。
② 寅宫贵，校籍胜凭几，利见大人宜访谒，上人见喜下人欺，谋望约佳期。
③ 卯为举荐神。
④ 天乙卯，登路驰中道，路逢相讼主乖张，先迷后得多奸巧，虑事应难了。
⑤ 巳为治狱神，贵人之责也。
⑥ 天乙巳，求事可趋朝。君悦臣欢鱼水合，图谋作事有根苗，风云际会朝。
⑦ 午乃天乙之明堂，为上殿神。
⑧ 天乙午，乘辇会佳期，君礼臣忠鱼得水，职迁官转庆初基，为事不须疑。
⑨ 辰戌贵人不治事，辰为追唤神，戌为违明神。辰宫贵，入狱事堪嗟，君子困穷休过虑，财宜速退莫逡巡，忧惑日呻吟。天乙戌，囚禁云何吉，事宜禁止莫轻为，下忧上诉相煎逼，安心谦受益。
⑩ 醹音乳，酒厚也。

居申曰移途。传送乃道路之神，贵人在道，游豫时也，因便以求进用之私，乘间而行，荣遂可必矣。乘申，起途，主佛像；在申上，主道路多灾。曰：贵申有客或文书，其吉其凶神煞司①。居未曰列席。未乃夜贵，贵人贵家，有宴会之象。托贵以干贵，何事不遂乎？乘未，饮食，主祈庙；在未上，主出行，羊酒婚姻。曰：贵未喜合有喜事，不然眼下亲朋至②。

还绛宫坦然安居，入私室不遑宁处。

居亥曰还绛宫，又曰登天门，六凶俱藏。螣雀伏水，勾空系木，白虎火制，元武土埋。且亥属夜方，日之劳扰，至此而坦然矣。乘亥，操笏，主官位；在亥上，喜庆贼败。曰：贵亥争田官符出，病符阴小灾主折③。居酉曰入私室。酉为日月出入之门户，有私象焉。贵人达而在上，致君泽民，律身行己，常持公正，难进易退，其道大也。若趋谒私门，律己不端，清议所不容矣，能宁处乎？乘酉，入室，主关格；在酉上，迁延暗昧，受贿之象也。曰：贵酉利商得食物，相生获利不须筹，贵加卯酉作支用，家宅迁徙逃走动，贵后卯酉作返吟，若问行人在后寻④。

补遗：贵人临[刑]未贵人拗，母忤顺承罪不到。贵寅邀候游道来，直符咒诅天怪猜。

天乙登于乾府[亥]**，君子无麟凤之忧，小人有元黄之血。游观荒落**[巳]**，虽无脱冕之行，涉陷魁**[戌]**罡**[辰]**，不免夏台之泄。辰神邂会**[临支]**，宅降公卿。天烛**[卯]**相逢，门迎贵哲。宅临午贵，佛骨之征。贵入单关**[卯]**，点筹之媒**⑤。**逆加卯酉，门户迁徙动摇。神带煞刑，内外刻期杌陧。顺治而百事亨，逆行而凡为拙**⑥。**诗曰：天乙神中是贵人，利为干谒庆财因。君子拜官迁禄秩，小人争讼入公庭。旺相相生尊长召，死囚刑

---

① 申为嗔怒神。居申贵，起途事可亲，大求小得趋庭谓，干求终遂在殷勤，期事定劳辛。
② 未为视殿神。天乙未，列席酒筵郡，小事不堪成大用，先难后易两三场，嘉宾兴未央。
③ 亥为奉德神。贵人亥，出入利经营，利见大人迎送事，起居有定自从容，操笏在天宫。
④ 贵人游行于酉，为非所神。天乙酉，入室曰居宫，凡事忧惶心恐悸，中多暗昧不能公，只是欠从容。
⑤ 音泄狎也。
⑥ 内外：在干，外；在支，内。

克忌官嗔。病生寒热头眸痛，鬼祟非凡宗庙神①。

天乙居首，故曰贵人，吉将也，乃黄帝之精，居紫微门外，为天皇大帝主持征伐，以行令于人间。家在己丑斗牛之次，执玉衡，均同天人之事，有止戈之武，统御十二神。不居魁罡之位者，以牢狱故也。其职司：贵人、达官、尊长、珍宝、钱财、庆贺、诏命事，利于上官、进表、干谒王公大人、求谋进用、求名迁职、荐奏征召。其戾则主词讼、贵人嗔责。其于物也，为方圆，五色分明，加日辰，其物黄白色，彩玉宝异，饮食、文章光明、女子首饰、变异为水木之物类、鳞角之物、五谷、为麻为谷、禽虫、为蟹。盖己丑土将也，遇土旺，遇火相，遇木死，遇水囚，遇金休。乘旺，有贵人诏命印信事，征召之喜。乘相，有贵人恩赐财物，田财之喜。乘死，主贵人死丧事，为坟墓。乘囚，有贵人囚系事，为枷锁。乘休，主贵人忧疑疾病事，为悲哀外丧。其加乘传变也，临丑未卯酉，不宜见贵至贵。乘丑加卯，为追魂使者，忌占病人，又主请御之事。若乘空亡，主贵人脱空，违愿失信，文书失落，凶诈无成，所求不定。乘刑害月厌，佛像损坏不安，若并月厌，鬼怪火烛惊人。若加六害，主贵人患苦。与太岁月将神后并，主皇恩大赦。与德合并，则主遇贵。若临日辰，主迁官。加支发用，主入宅，主赛愿。加时，主吉利。用起贵人，或卜时见之，士人大吉，常人官府忧疑。贵人加命，百事皆吉；克本命，官府中人无灾；与命上神作三六合则吉，作刑害，事难成；临命加禄马，主出门官职，在日辰前尤吉。乘子加酉，主尊长不安。乘丑加寅，主登封。加亥子[财地]，主得珍宝。若乘寅卯加亥，主征召。加四孟，家有孕妇。若乘死气，主人口进一出一。若乘丧麻，主孝服内成亲。若归本家，忧极还喜。殊异之恩，贵人之力也。顺治，利男子，不利女人；逆治，女人得，犬夫

---

① 家神也，香火城隍。◎参考：天乙土，卯酉临，励德为名，吉可忻，不利小人，君子利更选，动作喜非轻。不相谐，居辰戌，蛇虎人传云不吉，一身不稳病灾忧，更临门户煎熬及。天乙土，巳亥宫，上下相交泰运通，亥上迟疑多反覆，两番三次未成功。后调捣练子，十二天官同。◎凡五行旺于当生，相于受生，死于受克，囚于所克，休于所生，十二神将皆然也。贵人土神也，而十干分五行，亥为乾府，水土木贵所喜，火绝金病忌之，不可概论也。

失。占病，发热头疼，有祟，犯庙神，宜祷①。

夫天乙顺治，更与干生合，主君子迁官转职，常人田宅财物，虽前一螣蛇、前四勾陈，不能为害。如逆行，更与干克害，即前三朱雀、前五青龙，未为深喜也。故逆治克干，贵人嗔责。临卯酉曰励德，利君子升迁加级，不利小人身宅移动。临辰戌为犯狱，君子烦躁不安之象。凡谒见贵人，临二八门，及魁罡上，主先有阻节，不然相见无和美，或其人自有忧烦。若乘旺相，作发用，及临年命日辰上者，富贵卦也。若太岁作贵人，不必入传，占公讼得贵人力，万百忧虞皆为救神，惟不救病②。其为传变也。传蛇，有嗟吁；传雀，成文字；传合，贤子孙、构新宅；传勾，公事阻；传龙常，居官富贵；传空，刑害不吉；传虎武，选官有威权；传阴后，暗喜承恩。歌曰：贵人卯酉乘才鬼，家宅不安人滞否③。贵人若乘空亡地，百事虚妄皆诈伪④。贵人死气同此推，日干有合凶鬼避⑤。贵乘加墓又或刑，百事无成休主意。贵乘本命六合神，加于禄上所求遂。不但出行交易财，也应别有好人惠⑥。贵临日辰人召食，或并空亡相吓伪。空亡若是不成空，因循相召无诚志。贵凶发用庶官灾，君子亦忧身分里。贵旺为用或官鬼，所占亦是官长事。贵乘太岁月建神，事亦远大非小利⑦。贵人有气二八门，人家佛像当门里。贵临卯酉居不安，迁移游往亦禳避。贵乘丑未下临之，除定开危问小儿。贵人战斗莫争官，与日相生福转宽。

《六壬拾翠》曰：贵人旺相与日相生，德喜乘马而官职升。岁月用并德诏马动，圣敕传宣而禄位重。皇书德喜两两相扶，定是皇恩官吏。帝幕贵人殷殷昼夜，必然科甲巍峨。贵禄天印加中，起尘蒙而进取。贵带吉神临命，解孤闷而飞腾。作用在占时，干谋利见。生年为发用，选试先登。

---

① 乾府专指亥言也。巳午天乙受制，丑未贵人胜之，仕宦得升迁，故无泣麟嗟凤之事。庶常难承受，故有龙战鬼侵之忧。◎午贵临酉支，吉则香火庄严天相之福；凶则有佛像神画为祟。若卯非支神而子午酉贵临之，主奸淫渎冒。

② 天乙不救病者何？以其属己丑土，己为一阴之首，阴之贵人是冥王也；丑为金墓，肃杀归藏之象，为坟茔。

③ 克干人灾，克支宅否。

④ 乘空坐空同。

⑤ 如甲日贵临未为合，甲合己也。

⑥ 一作为。

⑦ 事干朝廷。

贵前引而云升，朱写金伤不偶。印恩诏而日近，贵德蒙墓数奇。皇诏发祥兮，年命得官常贵。君王有命兮，贵两德一生干。作官空而名已虚，二死可怜非命。带官符而日受制，吏关定主遭官。克年而入狱罗，争讼以来剥责。作天诏刑害日干，慎闲行免子于难。入空莫干贵长，初用利见大人①。

丑为大吉土神，次于星纪之辰，其宫摩羯，其律商筠，乃天乙之本家，隶扬州之吴埋②。田宅荐贤官长，地里东北之垠，斗牛女之宿，獬牛蝠之伦。旺主国戚德长将军贵客，衰则雨师风伯土公凶人。字边旁兮，土牛田血左右。姓宫商兮，杨孙吴纪士民。桥道车牛，黄黑褐色物类。爵禄宣召，冤仇农冶事因。州邑社庙仓库之所，桥梁田园坟墓之滨。八五与十应数，脾胞小肠应身。诗曰：大吉将军[勾陈]与荐贤[朱雀]，雨师[天后]风伯[白虎]贵人[天乙]宣[召也]。地祇[太阴]长者[天乙]桥梁[青龙]义，牛鳖[天空]冤[太阴]车畜[六合]宅田③。

大吉，丑神也，属土，勾陈乘丑加卯，谓之将军。朱雀主荐贤，六丙日司之，他日不然。壬癸日则主官讼口舌④。桥梁，青龙主之。六辛日午为天乙逆治，则丑为青龙；六乙日申为天乙顺治，丑亦为青龙。辛属金，乙属木，龙亦属木，木遇金，斧斤断削则成桥梁。癸寄丑，则为小龙，木在水之上，桥梁象也。天后临丑为雨师，白虎临丑为风伯，天乙临丑为宣召，太阴主地祇，丑作天乙谓之长者。牛鳖者，天空螣蛇主之，为牛煞，为牛怪，不然有蛇怪。冤，冤仇也，亦太阴主之。问谁主其车畜？六合临丑⑤也⑥。谁主田宅事？太常乘丑也。崔拾遗曰：大吉丑神，为斗为牛，加巳则喘，加卯则觳觫矣。逢空则牢，遇蛇则牵也。占六甲之男女，甲戌庚日，贵人乘丑加午而青龙又临于丑，则产麟儿，气吞斗牛。若亥加丑，礼

---

① 十干贵人分配十支，则贵人兼五行，该阴阳者，故勿浇定属土，随其所乘神而言之可也。
② 吴分也。
③ 太常。《诗解》，刘日新作。《天官诗》，亦其所揆。◎大吉勾陈将帅，朱禽荐士贵宣，空蛇牛鳖太阴冤，地祇亦为阴眷。雨风后虎分职，桥梁确似龙脉，六合车畜常宅田，武食贵人长善。
④ 勾陈猛暴，得贵受卯制，故为无戎。朱雀司文章议论，丙日气旺相乘贵则荐士，壬癸克害故嚚讼。
⑤ 不临丑。
⑥ 丑宫六合不至，乘丑亦无。

斗获福①。

其所掌主事类分列于左。

天文：日躔星纪之次，星分斗牛之墟。为雨师，为风伯，为雨。

地理：吴分，扬州、河西、河北、江浙、福建、九江、庐江、六安、丹阳、豫章、会稽、泗水、广陵、江东。为土田，为桥梁，为井泉，为河陂，为塘，为平坡。

人物：贵人、土工长者、福德贵卿、父母尊长、将军、故旧、佃作、凡僧行童、秃头人、大腹人、地祇。

五行：属土，夏相，季旺，秋休，冬囚，春死。癸寄其上，庚金己土丁火墓其下，其音商②。味甘，色黄，律中大吕，其德稼穑。③

时令：为十一月将，为十二月建，为季冬。

数目：本数五，先天数八。

姓氏：赵吴王黄徐田蔡唐刘牛董龚孙丘。临寅，黄。临卯，蒋。临巳，纪。

人事：喜庆、荐贤、福德、护佑、冤仇、咒诅、明白、关塞、迟延。

身体：为脾胞、小肠、为腹、小腹、为肌肉。

饮食：饭食、土生之物。

疾病：目疾、吐痰不食、犯风伯雨师神佛土地。

器用：冠带、珍宝、巾帽、首饰、斛斗、鞋履、锁钥之类、墙筐、器具、瓦器、土石、荐席、紫皂颜色之物。

鸟兽：为牛，为犀象，为蟹鳖。

草木：枯木。

宫室：宫殿、官府、住宅、宝阁、库墓、桑园、酒楼、花榭、牛栏。

经史：舆图、郡邑志。

其于加乘用变也。大吉加辰乘雀，主口舌。加巳乘勾，主修灶。加午乘龙常，主占宅舍事；乘雀，主子孙争事田宅讼；乘勾，主因田宅斗伤。

① 亥为天门，神祇居焉。北极居丑，斗宿丽焉。故礼斗得佑，斗象豕形。亥，豕也。
② 一曰宫。
③ 凡五行五方五音有定律，故春木东方角音主之，夏火南方徵音主之，夏季四土守次宫音主之，秋金西方商音主之，冬水北方羽音主之。五声之大较，然十二支之属则有别，故其文不同。

大六壬心镜

加未乘蛇后，主有飘飙之风；乘龙后，主雨泽滂沱，未日尤的。加戌乘空，主奴婢作祸患。加卯乘贵，催魂使者也①。加日辰，为桥梁事。加午乘常，为占求干；作贵龙六合克日，为伤酒食；作龙，亦为药饵；作武，为食物；作勾带刑煞为牛斗；作天后，为妇病求医药愈。作贵加寅，为宝殿。作龙，加亥子，为桥；见土为田。作贵加旺相，为珍珠。作蛇加子午，为雨师。作雀加寅，为表奏。作常加申酉，为天街。

作歌曰：大吉临传请细详，加辰加日主桥梁。占求干事何因就，天上干头看太常。太空乘丑加戌上，人家奴仆不忠良。未日丑未若云起，腾蛇白虎风飘扬。丑未青龙与天后，此日须知雨泽滂。午日丑午得朱雀，子孙争讼为田庄。若还更得勾陈将，也因田宅斗争伤。丑龙药物玄食物，丑辰口舌是朱妨。勾丑为刑主牛斗，若问田财勾与常。青常丑午房廊事，勾陈丑巳灶重装。贵人临丑逢刑克，定与尊亲求药方。天后临丑妇女病，当求医药始安康。丑贵青龙并贵合，必因酒食致其伤。遇金遇火皆为吉，见水都因竞土疆。见木必然官事起，更有阴人惹病殃②。

词曰：丑未相加勾吏，公庭事起争坟。子孙冷落守孤灯，破耗刑空数窘。小口多生灾患，不禳每每伤人。丑未太岁戌加辰，病符二死相引。丑酉又逢破耗，畜灾人有血光。丑临亥位贼自伤，劫耗加之厌上③。丑鬼化为二血，死神传用章章。因鯆牛肉发疔疮，努向九泉惘惘。

《金口诀》曰：大吉到戌为旺方，丑上面丑肚脂囊。临卯必然头顶秃，青龙位上有牛羊。大吉咒诅作冤仇，直蠢之人贵贱求。宜临金火生合吉，见水相争自有由。见木官灾详上下，五行生克课中搜。且主比邻桥梁间，上人进身小人闲。必是争田竞宅事，季冬丑未日灾衍。临寅④母患或伤牛，自身病目人外游。戌辰仇患争田土，或向争张咒诅求。禽鸣口舌巳家见，小口金银争两头。未上争夺人黍豆，兄弟间墙生恨仇。临申⑤争道争金器，

---

① 丑土贵，卯木乃为门，门内鬼生伤土贵，值人占病号追魂，水日更无恩。
② 凡五行遇生我者，父作也，彼虽因而我受其荫庇。遇我生者，子述也，我虽脱而彼绍其箕裘，故皆美善。克我者肆毒，我克者怀仇，故兴病讼。十二神将皆然也。比者旺相得地则助我，失时受制则剥耗矣。
③ 月厌也。
④ 刚克。
⑤ 墓金。

亦主家人在远游。酉家不睦阴含怒，妇女分张更可忧。亥来盗贼伤财器，或争水堰道和沟。丑寅辰巳并未申，戌亥却为隔角真。加未酉中事患迫，必主夫妻离别因。丑辰巳或木加未，迷闭难言心昧忾①。丑于人也主头圆，面多斑点无容讳。

凡用十二支神，须看其所临生克。若上克下，取上位神言之；若下贼上，取地盘神言之。若相生比，只取天盘言之。《经》曰："上神克下天盘取，下神克上地盘推。若还上下相生比，祇以天盘祸福维②。"

但遇螣蛇，惊疑扰乱。雷部为叱雷之神，主怪异惊疑事类③。掩目则患释忧忘，蟠龟则祸消福贯。

螣蛇，火也。居子则受克，且在夜方，有掩目之象，蟠伏栖息，凶焰无所施矣。乘子，主阴私；在子上，忧疑释，少者病。管子曰：蛇子光厌怪来家，带胎喜子眼前花。若乘子午传刑害，得伤猫犬兔人嗟④。丑中有暗禽星，龟也。蛇居丑，有蟠龟象焉。蛇与龟媾，坎离交济，岂复有心祸人？是以祸消。占者修善以立身，斯履无穷之福也。乘丑，入穴，主田宅；在丑上，女人官府。曰：蛇丑邻仇又火灾，火鬼光怪用中排。作刑死气牛当死，咸奸阴空丑事乖。都盗见时毋出入，出入须惊盗破财⑤。

生角露齿，祸福攸分；乘雾飞空，休祥不判。

火生于寅，荣旺之地，化蛟化龙，始基之矣，故名生角。贪荣不毒，是以为福也。乘寅，主文字；在寅上，进利升高。曰：蛇寅官值文字惊，克干须求得救人⑥。火制酉金，猖獗得志，且金石空地无食，蛇求口腹之计，是以露齿肆毒饕餮，占者宜退藏于密也。乘酉，露牙，主釜鸣；在酉上，口舌阴谋。曰：蛇酉阴私奴婢逃，丁神厌目方见招。蛇加酉上肺口

---

① 迷，迷惑煞；闭，闭口也。
② 维，思也。
③ 为闪电中金蛇。
④ 螣蛇临子为盗贼神。螣蛇子，掩目不须惊，纵遇灾殃无损害，一番雨后日晴明，忧患不能成。
⑤ 螣蛇丑，入穴曰渐泥。灾祸渐消忧渐散，潜身敛迹患消弭。保泰自怡怡。
⑥ 寅为孕喜神。寅蛇止，生角吉宜亲，进用谋为俱获庆，化妖为福事如心，枯木又逢春。

病，走上走下血痰痨①。居巳曰乘雾，蛇虽毒，目无所见，不得肆矣，然占者仍宜避之。盖雾蒙彼目，而人至此独不迷哉？倘或犯之，为其所噬，悔何及也？乘巳，入庙，主众中惊怪；在巳上，望信文损。曰：蛇巳怪梦有人灾，病邪二死不和谐。来去草中蛰肢体，不及寻医入冥埃②。居午曰飞空，化龙化蜃之象，有此大志，宁复毒人，顾彼纵不毒，仍宜避之，乃明哲保身也。乘午，乘雾，主自身有病；在午上，主鞍马召墙。蛇加巳午，带马丁而逃亡，蛇卯亦然。曰：蛇午丁马天鸡信，官事火灾须谨慎。若还作用有惊疑，克日病符讼相徇③。

入林兮锋不能伤，坠水兮患自消散。

未为木墓，以土有木，林象也。林麓蓊蔚，穴必邃深，腾蛇入此，虽有锋刃，莫施其利，彼得此优游之乐，必无肆毒之心，占者复何忌哉？然深林有蛇，君子勿入。乘未，主饮食；在未上，所进者利。曰：蛇加于未，咸池沐浴。花柳相留，无令久宿。墓门坟冢，葬差烦冗。二都临惧，被贼所戾。家财破耗，寡妇挠扰④。居亥[不临]曰坠水，居子亦云。夫蛇能水居，随波逐流，鱼虾为食，无横路毒人之意，占者任情性往，岂不纵心所欲而祸消散哉？乘亥，入水，主斗争；在亥[不临]上，主有损亡之灾祸。曰：蛇亥盗神盗贼忧，若带囚刑灾讼愁⑤。

当门而衔剑，总是成灾；入冢而象龙，并为释难。

卯乃日月之门。蛇当门，出则被害，占者预为之计，勿待彼奋，而攻其不意，所谓有备者无患也，趋而勿顾，蒙其害矣。乘卯，主车马；在卯上，灾患文信。曰：蛇卯贼惊见盗神，病杀女人灾祸生⑥。申，金刃之象也。剑乃斩蛇之物，反为蛇所衔，则失矣。盖火能克金，猖獗逞妖，其象如此。占者惟潜避之，彼凶不能耐久，妖气自息而我复何患？乘申，衔

---

① 腾蛇以酉为堂，为压伏神。蛇居酉，露齿主官非，雀角群牙终必见，无中生有事稽回，闻是并闻非。

② 巳乃腾蛇之房，为光怪神。腾蛇巳，成事在飞天，见贵公文并请托，不劳形力用心坚，谋遂自天然。

③ 午为怪寝神。腾蛇午，乘雾事宜谋，交遇见官求接引，始终得意共绸缪，追望有因由。

④ 未为夜索神。腾蛇未，林密事多疑，举步缓行防不测，先亡复得是便宜，忧去乐来依。

⑤ 亥，泄血神。腾居亥，天娇曰堕水，终是身行云雾中，一场惊恐自消弭，稽滞忧无已。

⑥ 卯为颠狂神。腾蛇卯，当户是非临，唇吻乖张惊悸叠，不因自己事相侵，怪梦与忧循。

刀，主道路；在申上，官司口舌。曰：蛇申死病，病死在路。忧哭二神，相加害苦①。戌乃火墓，蛇临之，入冢象也。深居而简出，遇者虽惴惴小心，而彼非伏路蟠途之比也。乘戌，眠睡，主坟墓；在戌［不临］上，纳财不喜。曰：蛇戌挟仇事丧失，不然斗打入官域②。蛇，龙之从也。乘辰，龙窟，有随化之机，贪此上达，必热于中，岂复深为人患哉；居辰曰自蟠，主血光；在辰上，忧惊凶怪。曰：蛇加于辰居午上，喜神生气动些些。些些必是因产孕，保护全胎不落邪。蛇辰官灾为田园，忧哭③昏沉不泰言④。

　　螣蛇踞于辰宫，名为进化。蟠于困敦⑤，号曰蛰存。经道路神［申］而逢劫神［劫煞］，赤帝子之灾愁罹⑥。临门户［卯］而佐龙合，师尚父之梦欣言⑦。见怪釜鸣，盖为衔刀宅灶⑧。堕胎化子，只缘死气伤孙⑨。遁迹柳［午］房［卯］，梦惊走失。出身双女［巳］，奸宄行繁。诗曰：前一螣蛇车骑尉，火神惊恐怪飞翻。君子居官忧失位，小人争斗病灾烦。旺相比和殃未发，死囚刑克祸填门。病者四肢头目痛，水火神来作祟冤⑩。

　　螣蛇，凶将也。居贵人前一，乃天乙之前锋，为骠骑荧惑之精。家在丁巳火，旺于巳午，旺相比和则吉，休囚转灾，空亡减半。若交战，毒气相凌⑪。若当路，鬼怪殃侵⑫。落空亡，忧自解。临刑害，凶尤炽。其将，主文书、虚誉、公信、小才、惊疑、怪异、迟疑、参差、错误之事。其

---

① 申为上计神。蛇申立，衔剑怪惊人，后吉先凶无大咎，非灾横祸有相侵，保守患沉沦。
② 戌为马厩神。螣蛇戌，眠即自惊惶，兴动不如安静美，事能谨守不成殃，天网四维张。
③ 二煞名。
④ 辰为捧杖神。辰蛇入，蟠曲臭趑行，事喜近谋方主吉，只宜守旧不宜更，深涉费前程。
⑤ 音混沌，子也。
⑥ 血光刑伤。
⑦ 主妊娠。
⑧ 乘申加支宅见怪，加巳主釜鸣。
⑨ 带死气克子孙。
⑩ 参考：螣蛇火，四仲乡，怪梦虚惊欠主张，悚怖不安家有祟，忧疑无害勿仓皇。◎舟浪打，险堪嗟，辰戌魁罡上见蛇，进退忧疑今始入，更主良宵梦寐邪。◎蛇太乙，未云凶，梦寐忧惊午太冲，南方宜索休占讼，他方财背横来从。◎螣蛇火，加午宫，只利干求讼则凶，申酉庚辛来会遇，忧疑惊恐是非丛。◎申蛇见，讼灾陈，带鬼建金传上神，占者公庭遭远配，三刑如遇必伤身。
⑪ 上下往来交克为战。
⑫ 在子午卯酉也。

戾，主火光、血光、惊恐、釜鸣、怪梦、口舌是非、妖邪、走失、缠绕、迷疑、进退、嗔责等情①。其于物也，主虚空，或委曲似蛇形。加日辰，其物红赤，为文章华饰，金火毒物，变异，为味甘美可食。五谷，为豆粟。禽虫，为鳞甲蛟虬之类②。夫螣蛇巳，遇火旺，遇木相，遇金囚，遇土休，遇水死。乘旺，主县官斗讼，女持男权，为炉灶。乘相，主亡财，争讼淫泆，争酒食，为父信。乘死，主死丧惊恐，为伤祸。乘囚，主囚系，牢狱恐惧，为惊怪。乘休，主疾病，怪异乖戾，为官灾。乘火干支，忧小儿。乘木干支，小灾。乘金干支，口舌惊。乘土干支，虚惊。乘水③干支，迁转。若附旺相日辰，更相比和，主妇人胎产占；不然，妇人有婚喜之象。临旺有气之乡，占怪，是生气活物；附囚死，必是死气之物，或有声无形。凡占梦，先责螣蛇及蛇阴，次看日辰三传，占怪如之。大抵旺相相生，君子威权之象，民庶婚姻胎产之喜；若死囚刑克，主灾病。神犯狂怪，故曰蛇死休囚，缠住日辰，身不自由。若附火神，更居火乡，又值火时，决主回禄惊恐；不然，口舌官讼。若附血忌，带刑煞，妇人占胎必堕。凡占货物市易，此将临日辰上者，下贱之物也。若附财星，更旺相，必因贱而获利。反此者，惊恐内生。若蛇鬼作祟，勿杀免殃，杀之不良，蛇灾致伤④。若蛇鬼加戌，不利家室，灾病无时，令人扑灭。究其加乘传变，则与日相生吉，相克则凶。小儿灾，在初传，主怪梦。在末传，主火光。乘火支尤恶，木支人灾，若乘空亡，主逃失。加申是财物事。加午酉是妇人事。若乘墓死空，惊恐。乘休气克日，将有疾病。若占身，蛇克日干，主为恶人毒物所伤。占家宅，神物怪梦。若与天狱并，主讼事。与月厌并，主火怪异，梦绯永人。若乘子加辰，主妇人哭泣事。加巳，主妇人有孕。若乘寅加午，占物有五色。若乘火加寅，主火怪惊恐。若乘巳午加申酉，主门前有人骂詈⑤。若乘未，井泉惊怪。若乘申酉，阴挠口舌。若

---

① 蛇怪异，火光神，乘土加临卯酉瞋，财散人离家必破，乘酉阴人怕带嗔。
② 三月内，毒凌迟，育瞀家藏怪异支，凡事滞淹虚耗甚，财求无利惹阴私。
③ 一曰水支释患。
④ 见怪不怪，其怪自灭，故勿杀为美。所谓蛇怪，当道、交媾、入室、蟠釜、植立、悬梁，种种。加戌克日，乃鬼墓也。
⑤ 太乙加干支并卯酉，主人上门骂詈。

乘亥子，小口病加。若归本家，妇人怀孕之喜，女子口舌之事。乘巳午卯，主梦惊失财。共白虎，加游祸，主凶丧。与白虎并临岁宅丘墓，门户不宁，阴小有灾。与天地火光并，宅有火厄。于克日见之，占病，乃四肢头目肿病，犯水火神为灾。至于变传，乙，官事喜胜；传朱，公讼疮癣；传合，子孙忧退；传勾，斗损驼枷；传龙，先忧后喜；传空，奴仆病灾；传虎，孝服相干；传常，丧车麻衣；传武，迷［游］窜须防；传阴后，孕伤胎堕。作鬼陷空，惊惶走失，亦见火光。歌曰：螣蛇加在日干头，囚死虚惊怪梦忧。鬼蛇月建主惊恐，破器同行裂动愁①。厌螣［月厌］刑克人逢厄，狱墓②为刑狱讼囚③。螣魊天火刑年宅，出入须防火厄仇④。

《六壬拾翠》曰：螣蛇胎喜，麟趾螽斯。若克干支，生子如达。制干日而绝离刑害，居上头者奸门咸池。兆主休妻，端由淫泆。生年神，带喜德，得人提携。家宅亨而发财，人事顺而迪吉。克年神，生惊悸，意想差讹。夜梦怪而痴迷，日争讼而破失。刑火鬼以并厌，火怪频惊。临本命而生疑，进退不决。制干加蛇煞，山野蛇伤。加支鬼害门，人丁病苦。加暗金而金鬼相助，慎觅行藏，防人谋死。携病符而反制入空，行年受克，病必解忧。蛇虎乘生入墓中，墓中屯蚁，改移获福，不尔戎凶。虎蛇刑用克干头，家有残疾，疾及妻妾，小口时灾。蛇虎二死入年煞，兼二血跌血，血光吐衄，死不逾年。蛇虎二死鬼招呼，作病符刑害，刑辰女蹇，害日男屯。蛇加于金，见马丁而利有攸往。害刑劫煞，干生旺而刀斧虚惊。若值干支互刑，必然因杀而杀。蛇加于木，二死追随，逢劫神则抱木而亡。当绳索，则雉经而殒。阴蛇惊伏，莫浴莫行。蛇加于水，时时灾否。加于水而舟沉水鬼，投水堪嗟。加于水而二死刑支，遭丧可痛。加于火火鬼又发，刑我身而非法人亡。加于火口舌侵凌，并大小而何时得罢。随宅见破，失物因用初⑤。穿灶入门，暴亡夫女子。入屋三年见哭，反福在积阴功。蛇入于空，可免诸凶。

---

① 破器煞，正月起午逆行十二支，主破物动。
② 狱神、墓神。
③ 乘月厌克日辰年命作今日墓临宅或年命主囚狱，天狱正月戌逆支同月厌。
④ 天火煞正月起子顺行十二支，山魊煞正月起子逆行十二支。
⑤ 临支发用也。

大六壬心镜

巳为太乙地户，位次鹑首巽部。其宫双女，其分荆楚，角音合律，螣蛇之府，炉冶怪异丧亡，州邑东南偏上，张翼轸星，鹿蛇蚓伍。文字兮，土石巳火头旁。姓氏兮，荆舒蒋赵田楚。嫔姑歌儿，吊客兵卒等人。米食豆粟，管籥紫色锅釜。吉则赏赐财物、嫁娶婚姻，凶则非横官灾、骂詈悲苦。蝉鸣虫喧树木之傍，巫师坛场窑窨之所。征于数也，惟二四七。取诸身也，齿喉面宇。诗曰：太乙蝉鸣[合] 虫[空] 解散[武]，嫔姑[龙] 骂詈[雀] 弩丧车[白虎]，赏赐[贵] 灶炉[常阴] 管籥[勾陈] 等，非横[蛇] 之灾吊客蛇①。

六合临巳，为蝉鸣煞。天空临巳，为水虫煞，主水族鱼虫。解散者，元武主之。武是小人，又加太乙之上，谋用破财无成，故曰解散。青龙临巳，为嫔姑。朱雀临巳，为骂詈。其义有三：甲戌庚日未贵逆行，巳为朱雀。甲日因财生口舌；戊日因官中文书或争田地生口舌；庚日则忧最深；惟壬癸日无凶。白虎临巳，为丧车煞，亦主弓弩曲物。贵人临巳，则主赏赐。太常太阴主炉冶之事。惟丙丁日太常临巳，决主炉灶，万不失一②。勾陈临巳，为管籥之音。若占囚禁，出狱之象。螣蛇临巳，辛酉日占，主有非横之灾。若是六月占，定见怪，连绵灾祸，谓月厌在巳故也。占病则为吊客，皆螣蛇主之。出刘子。《拾遗》曰：太乙，巳神也。辰加为龙化蛇，大不祥。加辰为蛇化龙，最祥瑞。螣蛇临巳而乘戌，丙丁日占为两蛇夹墓，诸事凶。加酉嫌疑，生病生猜。

天文：日躔鹑首之次，星分翼轸之区。为风为火为虹霓。

地理：楚分。荆州、广东西路、荆河南北、南阳、南郡、桂阳、武阳、长沙、广东、河南、河北。为泉涧，为山岗。

人物：神仙、兄弟、嫔姑、妇人、少女、医人、木工、炉冶人、匠人、开店人、肉店人、厨子、吊客、车骑、烧炼人。

五行：属火。春相夏旺季休秋囚冬死。丙戊寄其上，庚金生其下。其音角，其物赤。变斑采，味苦，律中仲吕。

---

① 太乙蝉鸣因合，水虫煞是天空。丧车白虎弩兼弓，解煞却缘武从。朱詈蛇非病吊，阴炉贵赏嫔龙。勾陈管籥灶常逢，天后熊黑人梦。

② 太常太阴无临巳者，乘巳则有之。

时令：为七月将，为四月建。

数目：本数二，先天数四。

经史：礼记文字。

姓氏：赵石荆何毛舒方陆水余楚。加子毛，加寅严，加卯赵，加酉叶，加戌舒。

人事：惊怪、骂詈、轻狂、解散、非横、私语、障隔、疑虑、赏赐、更改、无信。

身体：为面，为齿，为咽喉，为三焦。

疾病：为燥渴，为瘢点、为唇齿疮、犯司灶神。

饮食：为黍，为小豆，为炙烤。

器用：为匹帛、绵、炭、乐器、管籥、鼎筐、珠玉、金铁、锅釜、扇印、弓弩、杵臼、盒子、瓷器、砖瓦、丧车、铛铫、面床、角器、描画物。

宫室：学堂、道院、校舍、廊庑、铺店、厨灶、炉冶、库宅。

鸟兽：蛇、蚓、蝎、蟮、蜂、蝶、蜩蝉、蟋蟀，为孔雀，为飞鸟、飞虫。

草木：为花果，为麻。

论其加乘用变：凡加子乘寅，病患泻血。加亥子乘空，人家灶损。加丑乘阴，有神庙之事。加辰，主丧葬，辰日为的。若乘雀，则公讼刑狱。加午乘雀，主占灶器。加未乘雀，主被妇人骂，未日尤准。加申［六合］乘阴［三合］，占为和合事。加酉，主铜钱。乘阴在传，主得财。若加乘酉而伤日辰，主患眼疾。加卯酉乘勾虎，作从革卦，更见管籥神，主其家门户锁坏。中巳相加，不论神将，为锁损，或人病口齿。乘贵，宜丁谒求贵。乘后合加孟，主占孕。作合临空，为井灶。作勾临亥子，为泥。作蛇临本位，为火。作勾临卯寅，为兵器。卯为豆，见土木则吉，见水妇人病，见金病逃窜。其占人容状也，体肥胖，色红黄，多膂力。

歌曰：巳子哭病女人亡，上凶下绝寻克方①。巳丑财喜又乘旺，德喜

---

① 哭，哭神。病，病符也。绝，谓亥。

大六壬心镜

家财富盛昌①。巳酉丑带神离隔，夫妻离异不祯祥②。巳旺寅申[忄斤]后合阴，女掌男权夫受戕③。巳水下克二血并④，不是肾虚生疮疡⑤。巳土巳木德喜会，喜从文字发光辉⑥。巳酉丑用刑财喜，妻招别人离异殃⑦。巳亥上见蛇虎武，并煞劫煞来相将⑧。舡车必有大惊惧，慎之慎之免死亡⑨。巳亥驿马喜游戏，家必有人在异乡⑩。巳亥为鬼人求索⑪，反相亏兮厌鬼伤⑫。巳亥相加有贵空，迷神关隔又相逢⑬。欲行不行语不语，凡事潇然竟没踪⑭。巳为双女申咸奸，轻薄妇人淫与颠⑮。子来加巳为阳极，亢龙有悔占须恻⑯。动中有阻复何疑？戊日占来有喜色⑰。巳为铺肆亦为弓，利市三倍战多功。巳亥为双占两事，问人两姓却同宗。巳临午上通关节，刑申再合事迟通。乘蛇克日遭非横，与酉交加刺配凶⑱。翼星为客为乐府，因为歌妓并秋蛩。翼头借作冬天雪⑲，转为孝子白头翁。巳为盖藏合为廪，亦为长女亦为风⑳。朱雀乘巳加干上，所来占问必皂器㉑。太阴巳酉日辰伤，患目或损或昏翳㉒。酉日酉巳为铜钱，酉阴传入财宝至。未日巳未[未巳]得朱雀，人家妇女频骂詈。巳丑得阴主神庙，巳申得阴和合美。辰日巳辰

---

① 德，干支天月德也。天月次之，干支德尤吉。喜，喜神，天喜也。
② 离神、隔神，主夫妇两不相亲而改嫁别人。
③ 后合阴三神遇一则主女凌夫婿。
④ 血支血忌。
⑤ 巳加临子亥受水克制，肾虚之象也，不则生疽瘫流脓血。
⑥ 木生火，火生土，巳带二德天喜、喜神乘临土木，喜从文中生。
⑦ 火以金为财而披刑带喜是妻淫泆之象，心怀狂且而离异起，乃离妻之祸也。
⑧ 反吟逢蛇虎元武又带并劫二煞。
⑨ 主沉舟覆辙之厄，故戒其占者如此。
⑩ 喜，二喜。游戏二神主嬉游。占者主其家有逃人在外。
⑪ 为日干鬼也，勿占求索事。
⑫ 厌，月厌。鬼，天鬼。求索而反见损且生非。
⑬ 丙丁壬癸日反吟也，贵空递传。迷，迷惑煞也。关，关神；隔，隔神也。
⑭ 反吟主动，故曰欲行欲语而迷惑之神乱其心则不语。关隔定又安能行也？故其占如此耳。
⑮ 巳加申也。咸，咸池；奸，奸门也。二煞皆主女子不正，故其象如此也。
⑯ 阳生于子终于巳，故邵子以乾上九配之。
⑰ 戊土以巳为财，故惟戊日云吉。
⑱ 占讼大凶。
⑲ 巳宫有翼星，借其头上作雪、作白头。
⑳ 巳居巽为风、为长女。
㉑ 皂，灶也。
㉒ 去声。

主死丧，朱雀争讼刑狱意。后合巳孟占孕人，巳子常常泄血记。空巳亥子灶损征，巳申锁损病口齿。虎勾从革巳加门［卯酉］，管籥并之锁损毁。贵人若来巳上临，谒见求遂不论理。巳有皇书生气朱，定为文士此中备。管子曰：或巳或亥或干或支，生生有合两事同途。诀曰：太乙临卯蛇虫现，亥上釜鸣光上楼。午位女家招外婿，子午幼妇女先休。太乙官事凶怪动，梦寐虚惊鸟雀鸣。妇人轻薄淫乱事，东西传送乃奔淫。若逢土木为文字，金水加灾病患凶。上克下兮为之产，下克上兮口吐红。巳为忧虑失时惊，病临阴小影光生。四月朱门才始旺，梦魂厨灶釜虚鸣。从化加临十二位，主占一与胜光行。独有专司凭管籥，喜加歌唱按吹笙。

朱雀南方，文书可防。雷部为行火之神，主口舌文章之事①。

损羽也自伤难进，掩目也动静得昌。

朱雀临子，乃入水乡，损羽象也。羽翼不成，何以进飞？占者得之，文书无气，而口舌词讼则不凶。乘子损翅，主奸信；在子上［不临］，出行损失。管子曰：朱子官符争必生，病符心痛事无成②。居丑曰掩目，丑亦北方，伏癸水之余气，以制朱雀之火，故奇门有投江破头之喻。雀目既瞑，占者有为矣。动静俱昌，无口舌之扰，讼乃息矣。然于文书，则亦不行也。乘丑，主口舌；在丑上，官府文移。曰：朱丑争田火鬼烧，光怪桥中作祸挠。乘丑乘未巫漫语，咒诅生灾口舌饶③。

安巢兮迟滞沉溺，投网兮乖错遗忘。

寅卯二木乃雀火生助之神，且有山林之象。雀至于此，结巢砌垒，育子贪荣，有安居之乐。占者所喜，口舌消亡之义也。而曰迟滞沉溺者何？以卜文书章奏者，未免有淹滞留中之咎耳。乘寅，主远信；在寅上，女病、封官。曰：朱寅官符灾讼频，皇诏文书喜信临。若临绝地不生子，生气儿孙还可拟④。乘卯，坐林，主是非；在卯上，望信不至。曰：朱卯天

---

① 为电光。
② 朱雀入子宫为失印神。朱雀子，损羽不能飞，屈志自伤忧己过，妄为妄作枉劳形，安守莫登程。
③ 居丑带德神。朱雀丑，掩目路难通，兴动不如安静美，机关用尽总成空，事事若飘风。
④ 寅为朱雀游宫，为通利神。寅巢雀，染病主遗亡，谨守慢为休举用，事多暗昧有乖张，招枉恼心肠。

鸡信入门，火讼女灾主祸频。若乘卯去加于申，鸡诏相随信阻程①。辰戌名罗网，且戌为火库，辰居对宫，有丘墓之象，故曰投网。夫朱雀之凶，入此不得飞扬，占者喜可知也。而曰乖错、曰遗忘，亦指文书等事言之耳。乘辰敛翅，主讼狱仇雠；在辰上，斗讼失错。曰：朱辰官讼见官符，或者吏神更相呼。朱辰戌酉住丁家，生来雕画作生涯②。乘戌，无毛，主印信；在戌上[不临]，词讼违错。曰：朱戌刑害主两争，光怪又伏鸟兽精③。

厉嘴衔符，怪异经官语讼；临坟入水，悲哀且在鸡窗。

申金也，雀火能制其方，厉嘴奋啄，口舌尤旺，诉讼乖争，凶不可免矣。然望文书则有气。乘申，主信息；在申上，惊恐釜鸣。曰：朱申诏书与天鸡，信动他乡却自归。二死人亡官符讼，光怪相逢妖怪迷④。午火乃真朱雀，曰衔符者，有非细之讼，常人之忧也。士人入场占得，扶摇而直上，高中必矣。乘午，主争斗；在午上，官事挠。曰：朱午官病两相磨，火鬼焚烧屋宇过。朱午为官文字动，德合相生喜为用。水上克午滞文书，下贼武盗公文遗⑤。未，木墓也。曰临坟者，结巢古木之上。夫巳午未申俱在上，有翔空之义，雀肆志时也，口舌宁小小哉？故妻孥未有不悲哀者。乘未，啄食，主婚姻；在未上，百日六七。曰：朱未阴女婿分明，亦有争论事召来。若乘于未作生气，飞禽作怪家门灾⑥。亥乃水乡，雀入之，则受制，有投大水之象，凶神无气矣。占者何反悲哀？亦指文书动用也。夫有急用文书，伺不能得，宁不悲哉？乘亥，沐浴，主争小口；在亥[不临]上，书册难成。曰：朱亥官符有是非，夫妻不久叹分离⑦。

官灾起盖因夜噪，音信至都缘昼翔。

酉，日入之乡也，金逢火制，当暮而噪，奋志为恶，好乱生非，占者

---

① 卯为媒妁神。雀居卯，栖丛莫飞鸣，守旧不宜兴举事，枉劳心力不能行，安静得中平。

② 句言人品。辰为勾留神。辰宫雀，敛翼可栖休，进步不如退步好，安居守分乐油油，争竞冗戈矛。

③ 戌为朱雀处堂，为喧竞神。朱雀戌，无羽事无成，季冬衔物仲冬恶，求谋为望在萦情，进用阻前程。

④ 申为尸气神。申处雀，利嘴事宜慎，不然光怪奇异生，不意非灾相扰恶，无耗也争论。

⑤ 午为朱雀之房，乃前绳神。真朱雀，怪梦为衔符，相逢口舌非和是，半途休废喜停波，文事利先图。

⑥ 未乃庆会神。雀居未，啄食号临坟，欲动未能宜守墓，悲悲切切欠精神，先凶后吉臻。

⑦ 亥。朱雀亥，投水事无忧，鬼载一车无处用，散消凶恶不成愁，火上弄水毬。

官司不免。且酉为门户，口舌入门，非官讼而何？乘酉，夜鸣，主奴婢闲非；在酉[不临]上，主阴相咒诅、官司。曰：朱酉胎死女损胎，天火官符讼火灾①。巳乃白昼，雀最有气，飞翔得志。占凶则口舌词讼，占吉则起用文书。望人信息俱至，考试为文章，居官为文书，婚姻为月脧，皆得意也。惟忌空亡。乘巳曰翱翔，主议论争执；在巳上，文信至，远人回。曰：朱雀乘酉加于巳，龙贵全逢鸡马至。又兼游戏入其中，必系行人信息事。德合成神财气加，干贵求才咸称意。朱巳病神须见病，官符口舌争讼论。朱入巳午负害刑，必有口舌不相宁②。

朱入空乡，文字遗亡③。朱雀文章主，忌逢鬼贼刊[亥子]。**飞入沧滩**[申]，**寄鸿音于道路**④。巢居房[卯]昴[酉]，降鸾诏于门阑。旺生巨蟹[未]，鬼薪龙骜之孽始⑤。德乘柳[午]翼[巳]，图浮龟见之祥瑞。跨犀牛[丑害]入宝瓶[子克]，终无祸患。坐狮子[午旺]骑金马[酉死]，定有伤残。诗曰：前二朱雀羽林军，霹雳灾殃行火神。君子文书忧考覆，小人财物竞纷纭。旺相相生事和合，死囚刑克被官嗔。病在腹心生呕逆，瘴剧宜看子午神。

朱雀，吉将也。居贵人前二位，故曰前二。太乙羽林军，南方骠骑将，家在丙午火，又为火难灾殃之凶神也。旺于巳午，其将主霹雳、文

---

① 酉为暗哑神。朱雀酉，怪异夜鸣狂，或有信音生不测，灾非殃咎复提防，恐惧与惊惶。
② 巳为釜鸣神。朱雀巳，番覆喜腾空，利见公文音信吉，武官须忌是非浓，出外事亨通。
参考：朱雀火，子宫临，不利诸占耗失侵，含物婚财四月入，是非多口孟冬凌。
朱雀火，入丑宫，口舌官非九月中，衔物婚姻三月内，咒诅闲非丑未逢。
朱雀火，卯寅巢，为报佳音喜鹊桥，衔物婚姻十一月，招非招讼忧纭交。
朱雀火，二八门，远信文书好问瑧，只怕将神相战斗，是非口舌致火屯。
朱卯争，五月畏，衔物婚姻七月内，至干乘卯或临申，干支合外欢婞莹。
天网张，没潜藏，更兼朱雀友魁罡，连遭口舌看看旺，口舌原来二月扛。
朱雀火，巳亥宫，谒贵投人多遇穷，主意谋不全决，番番覆覆两三重。
朱雀火，巳午乡，疾患官灾事事双，再也日辰相克贼，绵绵口舌慎提防。
朱雀巳，主锅鸣，开口招非在孟春，衔物婚姻交二月，掩翳谋事损公文。
逢火日，雀胜光，火上家遭回禄惶，巳午官灾名煞旺，余言书信得平康。
朱雀火，申酉官，阴小不安啾唧浓，再与日辰相战斗，釜鸣怪异火光红。
申音信，在途中，五月衔物喜重重，开口孟秋主口舌，经官语讼怪相逢。
防不测，酉朱扬，官怪家人手足伤，衔物孟春诸事吉，仲秋开口主凶狂。
③ 乘午日衔物。
④ 主信息。
⑤ 淫讼生。

书、诰敕、印信、公吏、儒士、公庭、词讼、刑狱、咒诅、疮痍、流血、飞鸟之事。其戾主口舌、公狱、刑戮、文字、财帛、损失、虚诈、马畜、疾病，又主文章，加日辰，其物赤黑之色。捕猎所得鸟兽羽毛。有晶明光采之物。其变异也，或燔或炙、烟火烧灼之物，能行火烛之物。五谷为豆黍粟及梨枣之类。禽为鸦鹊，兽为马驴。又主衣裳。盖朱雀午，遇火旺，遇木相，遇水死，遇金囚，遇土休。乘旺，主县官口舌，为霹雳。乘相，主财帛婚姻，为文信①。乘死，主死丧口舌，为衣服。乘囚，主囚系，为争讼。乘休，主疾病心痛，眼目口窍不利，为丧病。本属丙丁火，主荐举、远信、咒诅。卯，开喉；丑，投江。旺相相生顺治，则主文印。死囚刑克，官争火烛。若旺相披刑带煞，为害必深，反此者浅。占讼，遇逆治克日干，讼受嗔责，顺治无害。占科试，虽不入传，亦须寻雀，最喜与岁月建日辰并，否则与此等作合，带禄附马，文字定居优等；若披刑带煞克落空亡，更无气，文不入格，必主标出。凡卦体三传内有吉者，准前断。夫朱雀虽为印信，亦分大小，或天诏，或朝廷公家文字，或占行人信息。凡雀附火神，值火时，居火乡，慎火惊。朱雀开口②，争讼喧斗。朱雀衔物［在午］，婚姻和合。朱雀腾空③，文书不和，口舌销熔④。

乃论其加乘传变：雀乘午，主骑马伤人。乘巳午，主官灾，若乘空亡，主信息不真［不通］有虚恐，如在天喜上，为呈［文］祥［凝祥］。乘太岁并寅申，主差遣文字。若乘二马，主迁动。若乘妻财，主婚姻财物。若乘天诏，主恩赦。若乘日鬼加刑害，主囚系。与月厌并，主飞禽火怪。若乘丑加子，主田宅争斗。加寅，主表奏文字。乘卯加寅，主文字求退。若乘巳，主文字有成。若乘午加子，主小肠病。加申，主马咬人。若乘未加卯酉，因饮酒致忧。若乘申，主道路往来。若乘戌加寅，主旧经及死人文字。加未，主犬咬人。若乘戌亥，主文字不喜。若乘亥，主文字问难。乘巳午，有二德者，炉冶才。乘未临申，有信。加辰戌，公事口舌。乘二

---

① 为火光。
② 乘破碎煞。
③ 乘空亡。
④ 开口正巳二辰三午四未五卯六寅七申八酉九丑十子十一戌十二亥。衔物正酉二巳三丑四子五申六辰七卯八亥九未十午十一寅十二戌。

马，亦主远信至。卜时逢之，见丁及火，文书信息。克日，主妇人为挠，又口舌。克支，主火灾，或门户有讼。乘神在日干，合天喜六合，皆主信。旺相相生，与贵人太岁相生，乘木火土干支，主有权柄至身。占病，主心腹呕吐，灶神为灾，子午辰主瘥。其于传也。传乙，公中文字之喜。传蛇，惊火，膏肓血疾。传合，修屋宅，宜和合。传勾，有刑伤，忌争斗。传龙，文书财帛至。传空，有虚惊［信］，小人挑唆，又主光影惊怪之事。传虎，众斗，有凶徒骂詈，又主血光惊现。传常，有外家财帛。乘武，盗贼文书失，小口啼，汤火灾。传阴，暗昧淫洗，酒食喜，财帛来。传后，冶容财帛钱物。归本家，文字［吉神］之喜；争讼［凶神］之灾也。

歌曰：朱雀加辰临本命，狱讼相因忌克争。乘旺合神天诏喜，文书有气更迁升。朱已有德飞鸟喜，临门克日斗喧频①。

《六壬拾翠》曰：朱雀生年兮任翱翔，文书剖气发辉光。入空兮旺文不就，进偃蹇兮其舍藏。克日不宁兮纷雀角，见鬼刑害兮讼猖狂。作鬼而无救兮囚系难脱，入传而害刑兮争竞乖张。年命受刑兮尤毒，文状交驰兮，缧绁相将。旺鬼兮官符关吏，召敌仇兮祸未央。乘值符而克支兮兼关兼狱，遇人之侮兮讼台部之堂。克年借吏兮并劫与谩，匪系文书兮口舌仓皇。会官符与岁刑兮网罗滋讼，马丁鬼劫兮伊乘马而坠伤。带火鬼而克年兮或乘金而刑害，火鬼入传而克支兮回禄安当。二死克日兮身遭火厄，速移宅兮修德以禳。乘鸡诏于年命兮远刑害而连丁马，来文移与私信兮带游戏而尤良。乘书诏而墓日兮欲至不至，作文书而负喜兮愁入空亡。绳索加兮二死血，悲自缢兮何祥。浮荡歌兮丁谩，水网罗兮游戏优娼。二死伤日兮干头月鬼，禽鸟关心，阴魂飞扬。朱勾束直兮辰上盖，斗争凶恶逞豪强。

午乃火神胜光，分野三河周疆。其宫狮子，其音属商，居鹑火之度次，为朱雀之家乡，田宅火怪文绣，地理南离正方，畜獐马鹿，宿柳星张。旺主使君亭长，宫妃绣衣之善良；衰则土工妇女，赤髭盗贼之行藏。姓列先陈，萧葛罗关周马，字音商徵，言午赤火头旁。宅院鞍马兮杏麦赤色物汇，诚信迟延兮惊恐口舌文章。铁匠马牙商贩之户，马驴杨柳炉冶之

---

① 临门，临卯酉也，克日干也。

场。应二七九之数。属口目与心肠。诗曰：胜光宫女［后］信诚［雀］妃［阴］，善人［贵］通语［合］恐惊［蛇］遗［武］，土工［空］田宅［常］巫［空］天目［武］，使君［龙］亭长［勾］巷兵［虎］持①。

胜光，午神也。属火。宫女者，天后主之。其义有五：甲日则妇小而长，仁而有貌；戊日则女黄而肥浊；庚日则女瘦而有礼多病；壬癸有颜色而淫荡，其义又有别，壬日只淫其夫婿，癸日则乱伦矣。诚信者，朱雀主之，火主礼，雀主书，故曰信诚。妃者，太阴主之，亦婢妾属。善人者，天乙主之。六辛日午为鬼作贵人，则变恶为善也。通语者，六合主之。其义有二：丙丁日则为牙侩，壬癸日则为媒妁，皆通语者也。惊恐者，螣蛇主之，庚日最紧，他日则缓。遗者，元武主之。元武临午，谓之左目将军，又曰开天眼。若胜光为武，盗贼多败，故曰遗也。天空临午，主土公之事。太常临午，主田宅之事②。巫者，朱雀天空主之。元武乘午，为天目朗照，贼寇难逃匿。青龙临午，文官之象，故曰使君。勾陈临午，武官之象，否则乡耆土官，故曰亭长。若白虎临午，主街道巷陌，又主兵器利刃，待用之物，故谓之巷兵持也。

《拾遗》云：胜光火神，蛇加临而坐空，必主火烛之惊。又加丁动干支之上，必遭回禄。青龙寅木加乘，定产麟驹③。元武乘支来临，必主盗马，坐空马蹶，坐申马聵。太阳太岁加之，必动朝廷之事。其所职司者：

天文：日躔鹑火之次，宿分柳星张之度，为电母，为晴，为天目。

地理：周分，三河。关西、京西南路、弘农、河内、河东、河南、三辅，为道路。

人物：善人、使者、亭长、骑者、巫者、土工、宫女、妇女、女使、蚕姑、娼、兽医、厮人、宫人、师娘、胡人、巷伯、妓。

五行：属火。夏旺春相冬死季休秋囚。不受寄，乙木生，其音商，色赤，臭焦，味苦，律中蕤宾。

时令：为六月将，为五月建。

---

① 天乙善人乘午，阴妃天后宫嫔。天空巫觋土工并，朱雀恰孚诚信。◎元武遗忘天目，六合通语蛇惊，勾为亭长龙使君，常产兵持虎柄。

② 太常不临午，当作乘寅贵逆治也。

③ 主生佳儿。

数目：本数二，先天数九。

姓氏：葛周冯贾马许萧罗施包张李。午日陈，巳马丁临午冯，临本位朱。

人事：信息、是非、词讼、血光、火烛、口舌、惊遗、饮酒、文明、善事、性急、精神、诚实、虚恐、通语、说合。

身体：心、肋、口、目、血、脉、肠。

疾病：气促、吐泻、眼赤、三焦不利，犯家先宗庙、岳神、灶神。

饮食：为火食，为小赤豆，为果蔬之食。

器用：衣服、蚕丝、纹绣、彩缎、橱柜、蒸笼、衣架、蚕具、书画、旌旗、文籍、箱钳，上尖之物，箭靶红心。

鸟兽：为獐、鹿、狮、马，为雀，为飞禽，为蚕，为蝗虫。

宫室：城门、厅堂、屋宇、田宅、窠灶、马院、鸦巢。

草木：为柳。

经史：文书、国史、天官历。

其占人品也：面红、头尖、细长多言。

若夫加乘用变，午加丑乘武，主失脱，贵逆过去，贵顺未来。加寅乘虎，惟慎灾。加卯带二马，主远客信至。加未乘龙，在未日，有食物之喜。加申乘雀，在申日，马咬伤人。加戌乘虎，家有病人。加寅，在寅日，妇有孕。乘阴，则孕损。巳日乘蛇加寅，近邻有火灾。如加戌乘常，主孝服。戌日，加戌乘雀空，居于巷陌。加亥子乘虎，主马病。乘吉加干，占人有声誉，传天空，虚赞而已。丑日乘龙居宅，家宅多福。作勾虎并血支，血光之伤。作后合并血支，妇人经水不调。作蛇虎克日辰，誓愿诅咒，牵连成病。作勾临酉，为兵。作虎加卯，为豆。临中酉，为厨。作雀临子，小肠患。临寅，为文。甲乙日，为儿。见亥，为心疼。见土木则吉；见水贫迫，妇病，马死，失财；见金不足，灾病惊恐。

歌曰：午子相掩看加煞，有影无形无还发。午巳喜旺见龙合，生气女招婿堪觅。午加戌上有马腾，更带病符兼二血。妇人去血与流脓，痨瘵生来何日辍。午临金上人家退，破耗空亡并其位。午水二血有血光，更兼病煞灾莫当。午加德合旺相生，财富人家应大兴。午丁生合皇书德，文契官评发时刻。午作丁马气悠扬，子其出行可荣昌。午诏天鸡带丁马，必然信息相传者。午神带墓眼瞎昏，生此祸端自遭屯。午入吏神与值符，近官为吏实相乎。午害上乘吉，鸡诏禄马入，朱动为岁贵，士子名高得。

诀曰：胜光本位足资财，临寅必主名自来。申酉官灾须见血，子方马死产生灾。胜光发用忧惊恐，财帛文书信息通。富贵生和鞍马事，宜居土木喜相逢。若金若水屯亶病，马亡财失血光攻。水在上兮文书阻，若出公文水下从。午马文状动官方，私阴信息定紫肠。卯到雒宾丁丙日，妇人鞍马血脓疮。临未与妹争首饰，不然亦为争婚姻。临申死伤铜铁鸣，临酉官非立见争。临戌文书音信动，临丑文书暗昧成。临亥占来心痛恙，阻住官灾见血光。临子妇人伤产厄，交加文字到辰方。临寅亦有文事动，或因花树起争张。临卯移居今两次，信息传来自外乡。临巳宅后有破灶，火发须防厨灶堂。午上亥下阴气停，龙战于野血元黄。求谋非但隔岁月，履霜冰至预宜防①。

《海底右眼》曰：胜光生日与临寅，人家妇女当妊娠。若见太阴胎损坏②，白午临戌有病人。青龙午丑富贵宅③，丑日寅蛇火近邻④。戌日午戌居巷陌，朱雀天空言亦亲⑤。武午加丑主失脱，逆过顺未看贵人。未日龙午未食物，申日午朱马咬人。远信人马并客至，盖缘道路车马并⑥。常乘午戌为孝服，白午亥子为病因⑦。吉将干头是声誉，若见天空虚赞论。常勾临午作血支，血光流溢有伤痕。妇人血脉不通顺，后合午与血支亲⑧。虎蛇午鬼爻来并，誓愿皆为咒诅因⑨。

刘子曰：胜光克日作螣蛇，阴入离散事堪嗟。若不休妻或淫邪，不然孕妇在其家⑩。胜光为贵加支神，宅中发愿赛神明。辛日临亥最为亲，结

---

① 以一阴加六阴上，阴极变阳，吉凶事俱主久远。
② 寅日，午加寅，主孕；作太阴，主损胎。
③ 龙午丑未居宅富贵。
④ 丑日午作蛇加于寅，主邻近有火灾。
⑤ 戌日午作蛇空加戌，人居巷陌。
⑥ 午为马，卯为车，车马为道路之神，入传主远信至或远客至无疑。
⑦ 太常戌加午，孝服动；白虎午加亥子主病。
⑧ 午作后合带血支煞，主妇人月事病。
⑨ 午并蛇虎克日，有人咒诅，誓愿牵连成病。
⑩ 午为一阴生，主妇人休离。

绝旧事午亥贞①。午火临亥合德乡，婚姻喜美病人亡②。午加亥上见极阴，胜光为火火为心。心神恍惚疑惑深，纵疑灾害不相亲③。巳午类神主文书，用起或来命上居。更逢朱雀莫踌躇，吉见龙常皆可图④。午加酉上吉相扶，进取求迁事可图。逢凶可怕有忧虞，先见疑难后必甦⑤。午亥卯申酉到寅，子加巳位最为亲。隔面人来或信音，相逢喜悦事欣欣⑥。

粤有六合之神，婚姻嘉会。雷部为雨师之神，主婚姻和合，会聚之事。

待命和同，不谐惊惴。

亥为天门，凡欲成就公私事端，而待命于天门之下，则必有成。六合临之，故曰和同。乘亥，登辂，主妇人私乱；在亥[不临]上，妇人私通不明。管子曰：合亥因产想妇人，欲求知会相合生⑦。巳为火乡，六合之木入之，烟灭灰飞，不谐甚矣。占者能不恐惧惊悸乎？乘巳，赘书，女人私合；在巳上，嫁娶有阴灾。曰：合巳交用，不义谋兴。六合乘未巳亥神，传中又见马和丁。游戏煞神忽尔入，主君目下远行程⑧。

反目兮无礼之事端，私窜兮不明之囚位。

子水也，本生六合木，何以反目？盖子卯相刑，为无礼也。占者事必起于无礼，以致彼此不投，而有反目之愆。乘子，操笏，主音信；在子[不临]上，阴人无礼。曰：六子求参，要见难堪⑨。卯酉为私门，六合临酉，以私并私，以门复门，乃出入私门，逃窜之象。且六合木，从魁金，木受金伤，非囚地乎？重复阴私，非不明乎？占者惟利奸私，如为公正之事，则反受其殃。乘酉，跣足，主男子喜；在酉[不临]上，财损阴私。

---

① 天乙临午加支主有神愿未还。
② 午加亥，酉加寅，子加巳，卯加申，立名四绝，病凶。然午德在亥，亥中有壬，午中有丁，丁壬德合，故主婚姻成。
③ 午为一阴，至亥为极，午属心火被亥水克之，有疑惑之理。
④ 午巳乘贵雀龙常，占文书必遂心意。
⑤ 午加酉乃火死之地，虽有疑惧之兆，主后利也，乃高盖乘轩象。
⑥ 凡四绝处，信来人至，事了不发，六合处，共为绝处，一曰事了又发。
⑦ 六合临亥，其堂也，为掩翳神。六合亥，乘辂自宜行，惊恐不安终有庆，行藏谋望遂心情，到底进途程。
⑧ 巳为孝服神。六合巳，月下执姻书，凡所事情皆主吉，婚姻喜合庆盈余，作事任君趋。
⑨ 合子佛蓝神。反目子，操笏奈刑何，暗约不行防夫母，意念阴谋事可图，谦逊免凶呼。

曰：合酉迁居并改门，欲争役吏两相奔。若临酉戌逢丁马，六乙游目奴逃奔①。

乘轩结发，从媒妁而成欢；违礼亡羞，因苟妄而加罪。

寅木有轩象，六合临之，故曰乘轩。乘寅，主文字喜；在寅上，迁官移居。曰：寅合兄弟有私召，文契相加外来到②。申，庚也；卯，乙也。乙与庚合，有结发之义，故从媒妁之言而有成欢之庆也。乘申，披发，主争斗；在申[不临]上，喜庆祥风。曰：六申官符狱罗网，捕盗逃亡盗神马。六合乘申加在巳，元胎生气喜合至。更与年命三合来，一定为议婚姻事。或然德合入其中，仍为孕喜催来是③。卯辰有六害之凶，故曰违礼。乘辰，持巾，主为事不成；在辰上，语讼展地。曰：六辰契约争畜亡，六合乘辰加卯酉，必有贼来宜谨守④。卯与戌合，以己之私门而自就焉，有苟合亡羞之象。占者必因自不检点以招罪愆，非干人之害己也。乘戌，登途，主妇人逃；在戌上，交易官讼。曰：六戌争奸欺在邻⑤。

升堂入室，并为已就之占；纳采庄严，总是欲成之志。

午乃离位，有堂象，六合临之为升堂。卯为本家，故曰入室。合于堂，合于室，岂非已就？凡占得地，皆可成遂。乘午，主美人；在午上，贵人喜悦。曰：六午音信与文书⑥。乘卯，入局，主法术喜；在卯上，为后妇，为客旅。曰：六卯争关和又争。六合来临卯酉上，又见喜成上头立。婚姻孕喜在家门，二事其间必居一⑦。未与卯，有三合之庆，且太常酒食帛物之乡，似纳采之嘉会也。占者得此，何事不成？乘未，素服，主婚姻；在未上，服药，为坟宅。曰：合未婚财聚酒筵⑧。丑乃贵人之垣，

---

① 合酉不明，何可长也？合酉哽喧神。六合酉，跣足当能行，凡所事情忙迫迫，事多疑虑志无宁，中路枉萦情。

② 寅乃扶会神。寅宫合，成事为乘轩，求望婚姻和合美，亨通好事自天然，不费力而全。

③ 申为催生神。申宫合，结发喜星临，得遂凡为无拂逆，虽灾小口事多忻，媒妁议姻亲。

④ 辰合咬牙神。辰六合，持巾多违礼，动慎事情莫大心，自招责辱因无耻，魁罡乘孕喜。

⑤ 戌为书复神。六合戌，绸缪省L纠，营干凡为皆ови吉，姻缘财禄自堪求，登途自亡羞。

⑥ 午合关报神。六合午，升堂喜事成，半成半就须加力，婚姻谋望有媒冰，阴阳暗昧情。

⑦ 卯乃六合之房，为和合神。合居卯，入局自身安，为己之谋休妄动，更无他事扰心间，守旧莫更迁。

⑧ 未乃六合游行之地，为宴乐神。六合未，素服主忧疑，纳采总为欲成例，争非不绝少施为，小吉礼仪宜。

六合临此，以贱谒贵，装饰不得不严，所以事上也①。乘丑[不乘]，卧病，主田宅不安；在丑[不临]上，婚聘梳妆。曰：六丑求望有争论②。

六合房宫③，号曰私门④。魁罡来会[辰戌]，定主熊罴之庆⑤，不则桑鸠抱布之奔⑥。房[卯]昴[酉]星临，必有桃夭之喜⑦，或以儿孙小口之迍。口舌钱财⑧，合临本日支辰之上；生逢不合，陷身毕宿[酉胎]道路[申绝]之村。同单阕于四季⑨，船停砂碛，迈虎尾于功曹⑩，荫及儿孙。诗曰：六合前三是大夫，婚姻和合吉相扶。君子赏财迁职位，小人亲会酒欢娱。旺相相生主媒产，死囚刑克作穿窬。病者阴阳心腹气，土神司命醮当苏⑪。

六合，吉将也。居贵人前三位，天乙之大光禄卿也。家在乙卯木，旺于寅卯，亦曰私门，其将主婚姻、吉庆、聚众、和合、胎产、媒妁、阴私、财物、文契、木植、舟车之象，信息、买卖、交易、牙侩、酒食、聚会、寄托、寻访、扶同、容隐之事。其庅主阴私不明，奸淫之事，先喜后忧，小人女子之过，伤失六畜。吉主亲朋、子孙、术艺、屋宇、丈夫、隐逸，亦主丝蚕、木器。加日辰，其物五采，竹木之物，金石所伤之物，声音之物。变异为可食。五谷为麻粟，为桑。禽虫为马驴兔子，羽毛，夏翟之类。乙卯木将，遇木旺，遇水相，遇金死，遇土囚，遇火休。乘旺，主

---

① 装饰宜作庄饬。
② 武合无乘丑未者，干支方位六壬皆然。◎合丑受命神。六合丑，染病主灾殃，忠害将来宜慎事，婚生怪异要提防，成得也非祥。
③ 卯位有房宿。
④ 日月所出之门。
⑤ 孕喜。
⑥ 主淫泆，有女私逃。
⑦ 婚娶之喜。
⑧ 凭口舌上以生财也。
⑨ 乘卯加丑辰未戌之位也。
⑩ 乘申加寅。
⑪ 参考：六合木，卯寅间，帝旺临官喜接连，不是婚姻和合起，必然财禄称心田。
魁罡合，应荣昌，珠瑞龙含报吉祥，妇女必然怀六甲，更审三传弄瓦璋。
魁罡合，共居处，失角犀牛暗叹吁，必主逃亡遗失事，若言疾病在须臾。
六合木，已头逢，口舌因财事干公，若与日辰相刑克，必然婚讼竞姻凶。
六合木，未上居，鸳鸯戏水在河渠，姻聘佳期今日会，高门进喜庆盈余。
从魁合，阴贼兴，星光掩月小人升，更有河魁并元武，家中奴婢有逃情。
天后女，合私门，二将相逢自断魂，合后狂且能窃玉，褰裳后合女淫奔。

赏赐迁官，为婚姻。乘相，主婚姻财物，为车船。乘死，主死丧争财，为奸盗。乘囚，主婚姻囚系。乘休，疾病阴私事，为异怪。凡六合乘旺相气，相生顺治，而发用临传者，的主婚姻，不然，胎产之喜，或阴私财物事。若死囚刑克，则主阴私口舌，或阴人烦挠财物之象。凡六合附酉戌之神，主奴婢走失，阴私不正之事。盖六合天地之私门，从魁婢，河魁奴，临之则然也。用起天后，传终六合，曰泆女课。用起六合，传终天后，曰狡童课。占人皆主不正，无不蔽匿，兼恐有失。凡占盗贼，最忌见之，谓天地私门，护匿亡盗也。六合附金神为内战，主阴私，兄弟口舌，烦恼参商。附土神为外战，事防发露，谋议不和。六合不合①，阴私抢攘；六合和合②，阴私相怀。

其加乘传变论曰：六合主远游，落空亡，主门户损坏衰颓，眷属子孙，离异出外，谋事虚声，媒牙交易，诸为不就。若乘旺相临吉地，主儿孙禄位之喜。若三六合相加，见贵大吉。乘辰戌相加，乃妻妾怀娠。乘辰，元武加戌，奴仆逃亡疾病。乘寅，子孙有喜事。若无气，则忧病。乘卯，百事吉。乘卯酉，婚姻孕事。乘亥加卯，作事无成，成亦损。乘子，女受皇恩；卜时乘之，婚姻之喜。乘罡并丘墓，为棺椁，占病大凶。乘子午，交易事成。乘寅加未，干事在寺观。乘卯加午，主六畜事。加申，车马出入。加酉，信息当至。乘巳空亡，井灶不安。乘未加巳午，婚礼也。乘申加戌，信远来。加巳，阴喜不成。乘戌加辰，子孙哭泣。日辰上见，口赚钱财③。乘生气临日辰，君子加官，小人得财。与日相生，事和合。合克，勾留不成，夫妻口舌。乘浴盆煞，主病亡。与日相克，夫妇口舌，在门户起。乘巳亥，驾二马作初传，并信煞，信息事也。带凶神与日克，夫妻离别。归本家，兄弟谋诈，主妇女相通。占病在心腹，祭灶则安。若合传乙，子孙谋贵。传蛇，小口哭泣。传雀，眷属私挠。传勾，争财官非。传龙，子孙搆宅。传空，虚恐奴逃。传虎，眷属囚丧。传常，商贾外戚，病疸乞养。传武，知贼消息，子孙奸淫。传阴后，色欲淫疠。歌曰：

---

① 卯酉干上逢之，谓之不合。
② 临卯酉子午也。
③ 赚，得利也。凭口生财，牙行媒妁之属，非欺骗之解。若乘魁罡，则武断乡曲。

六合相乘临卯未，若有交易婚姻至。巳亥子午入宅命，生喜相随儿女喜①。六合卯酉乘天信[煞名]，移动门户求迁徙。

《六壬拾翠》曰：六合为财，成神又来，喜不逾时，姻毕婚谐。六合作鬼，入于空亡，交关喜美，亦宜慎防。六合望门，妄想私情，三鬼两泄，凶煞难禁。若不空陷，私情后成。六合为船，井煞相缠。又兼酉到，因酒而前。公无渡河，陨于深渊。六合为棺，死煞并肩，棺在床下，催尔长眠。六合鬼兴，劫煞亡刑，市曹受戮，罪犯正刑。若克年神，而入喜谩。欲觅婚姻，被人作难。或克年神，而带耗破，求事未成，心先自挫。买卖交关，往来多错。临季加卯，病符加道。中风偏枯，筋挛气绞。六龙喜神，而生年辰，目下婚娶，致话殷勤。六合入空，财喜难通，牙慵媒懒，子胎无踪。

卯为太冲，天蝎名宫。六合本家，日月之门户。大火分次，豫州之宋封。驿马舟车妇女，州邑居震正东。氐房心之星，土貉兔狐之兽丛。草头禾木竹丝塔邑偏旁之字体。宋董孙曹柳茅房邬，角音之姓宗。兄弟客商术士公吏私贼，蚕丝金碧刀砧炉桌花茸。天文兮，雷电天心雨水；地理兮，地泽地耳河洪。交易民市寺观之所，婚姻私户林木之中。藏之曲逐，匿以棺莹。三六八数，手目血荣。诗曰：太冲术士[贵]沙门[勾空]类，行往[常]舟车水[蛇]陆[虎]因。林木[龙]江河[武]雷雨[朱雀]候，兄弟[阴]私门[后]匿妇人。

太冲，卯神也。属木，为长子。凡贵人临卯，主术士。勾陈天空，主沙门。其义有三：甲日僧多不洁②少实；丙丁日空临，主僧文雅，讲谈道德，往行者，太常土之，常卯为三合故也。螣蛇，主其水也；白虎，主其陆也。二将并临丁卯，主其水陆也。林木者，青龙土之；江河者，元武土之，取卯亥三合义，其他非也。雷者，朱雀主之。《易》曰：震为雷，电中有光，是雀也。雨者，青龙主之。太阴主兄弟③。天后临卯曰入私门，主有淫妇也。

---

① 生，生气；喜，天喜。主添人进口。
② 入私门也。
③ 姊妹。

《拾遗》曰：太冲卯木，为私门。来加者未，疾病最忌，乃为门中①有土之象。朱雀加之，是非立至。青龙临之，喜庆旋来。子酉相加，必有妾婢不正之事。太冲见劫煞，凶恶门户，舟车无徒之人。见水火，亨贞无咎。见金杏，口舌失财。见土凶，官事牢狱。论其职司之事如左。

天文：日躔大火之次，星分氐房及心。为雷门，为天心。作空，晴。加午，晴。加子，雨。作合，阴晴。作虎，霹雳。作龙，云雾。作蛇，为电。带劫煞，为雷霆。

地理：宋分，豫州。颍州、汝南、梁园、沛地、淮阳、济阴。为江河、地泽、市井。

人物：大夫、母姑、兄弟、长子、术士、沙门、小儿、木匠、艄工、亲眷、奸人、私人、贼人。

五行：属木。春旺冬相夏休季囚秋死。不受所寄。癸水生，音角，味酸，色青，律中夹钟。

时令：为九月将，为二月建。

数目：本数三，先天数六。

经史：春秋。

姓氏：宋祝张柴乐柳朱房杨。加寅，林。加辰，祝。丙日加辰，杨。加申酉，刘。上乘合，董。龙临本位，关。后临本位，蔺陈。合加子，孔。加巳午，郝。

人事：信息、奸淫、妇邪、阴私。

身体：荣血、目、手、肚、肝、爪、胸。

疾病：风淫，气不和。犯雷神、门神。

饮食：晚稻、果、椒。

器用：丝绵、麻线、船、竹床、梯、木梳、衣架、车盖、管籥、木器、木杓、椅、笔砚、笙、簧、琴瑟鼓笛、香盒、刀俎、棺椁、虇、柴炭、柳杻、水陆具。

宫室：前门、轩窗、牖户、槛、市房、私门、米店、桥亭。

鸟兽：为狐貉，为兔，为驴骡。

---

① 乃墓门也。

草木：为竹木，为花草，为木之丛，为栗树。

加乘用变论曰：加寅乘雀，主见官失礼，宜退避。加辰乘龙[雀]，主文书口舌。加午乘雀合空，主骡马事。加未乘龙，主居近神庙，曾有阴人许口愿未还。乘常，主有师巫善人相亲。乘虎空，主人患脚气病。加申，主车子木屦破损。乘阴武，有逃遁事。乘武，主车子入门。乘武加日辰，亦主木屦损。作蛇虎，为车破舟翻。作合临寅申，为术人。作龙临旺，为舟车。加寅，为竹木。作后，加丑未，为米。作龙临巳午，为驴。作武、作空，加戌、加酉，为逃。作蛇加空，为声。作龙加午，为桥梁。在本位乘雀，为口舌。遁乙乘空，为朽木。

歌曰：太冲加申车屦损，卯未乘常医善人。龙常卯未近神庙，阴人口愿未偿伸。卯午朱合空骡马，口舌文书雀卯辰。见官宜退不宜进，盖缘朱雀卯临寅。卯申阴武身逃遁，亥卯车子鱼入门。卯乘元武加日辰，人家木屦须损陈。虎蛇临卯休远出，车破舡翻水陆迍。虎空卯煞患脚疾，更须消息日疏亲。

赋曰：卯加丑，上克干，破耗临而田宅破。加未贵，德喜旺，来生日而谋望亨。加孟忧哭孤神，孤独事多反覆。卯主阴人相见，众阴卯用男生。卯酉反吟，加临马武，早防人走出门之恐。关居在后，见井忘天，游人长往不旋之惊。卯酉亥子水汪汪，盗贼临家财失。卯酉缠索带二死，妇女投河雉经。卯为隐伏，龙常阴合，除定危开，逃藏得活。卯酉马丁入支用，为迁家宅来问动。卯酉为用，事逢关隔。加日外阻，加辰内隔。

诀曰：太冲本位后妇人，到于酉位必伤身。见临子位必见怪，居于宅位弟兄分。太冲劫煞伤人物，门户车舟并桥木。见金口舌斗相争，入土伤官财事毒。若逢水上吉人来，断此无凶乃有福。卯土伤人盗贼财，阴私抵拒口舌灾。应在春分卯酉里，术人兄弟应时来。太冲临辰宅居巽，土墙根被车冲损。应水荡出棺尸来，意谓钱财断须准。巳其家人小口屯，人口散乱动灶神。有光有影时时现，临午官司急速惊。临未争张妻子死，财神耗散及婚姻。临申左角为牛折，主有车翻伤损人。临酉门户争反覆，家内常闻有响声。三年之内曾失锁，临戌应知财起争。骨殖失亡更枷狱，走亡四足不须寻。临亥不宜占家宅，弟兄不义财破失。临子妻女有逃亡，渡河有灾犬井溺。到丑割贾分田土，母患妻亡父应故。临于寅卯户有声，近东枯井祸从生。两度贼来两度失,若生二女破家身。

或遇勾陈发用,斗讼争官可嘅。雷部为兴云之神,主斗争兵革、讼狱刑责之事。

若逢受越投机,被辱暗遭毒害。

丑乃贵人①之乡,以勾陈之争神,而入贵地,必受其迈越之所讼,而得肆其侮于人矣。乘丑,入化,主田宅交加;在丑上,耻辱两疑。管子曰:勾临丑未争田宅,官符刑害勿相入。勾虎乘丑,又带破碎,必因墓败,须当修置。勾陈在丑,酒食主有②。勾土能制子水③,适以投其狂妄之机,尤展布其忿奋之毒,占者姑忍耐而已。乘子,临官,主恶人纵意;加子[不临]上,毒药、后妇。曰:勾子邀狐兔鼠刚,破物五鬼不相当④。

遭囚兮宜上书,捧印兮有封拜。

遇寅木,则勾土受制,遭囚之象也。宜上书者,彼凶既囚,而我得以此时上言,发其积害成愆之状而黜戮之,过此则虚焰仍炽,而物受其害矣。乘寅,受制,主争;在寅上,宜进书于官司。曰:勾寅如死又争田,勾临寅辰关闭入。亦知狱中并二血,勾临寅卯辰上立。官灾闻打事必实,勾临寅卯,交易买卖⑤。巳乃铸印之方,而勾陈铸印之模范也。印成而捧以奉上,非封拜之征乎?君子占之,迁擢必速。常人占之,反以为忧。盖不有不轨之事,则何干夫印信也?乘巳,捧印,主勾留;在巳上,主迁官、赘婿。曰:勾巳炉物或红色,邀候鸟啼人不测⑥。

临门兮家不和,披刃兮身遭败。

卯本日月⑦之门,争神临之,则致抢攘纷争,人眷不宁,家何以和?破败之征兆矣。乘卯,入狱,主斗打;在卯上,灾病宅凶。曰:勾卯人家

---

① 辰破丑。
② 勾陈居丑为举讼神。勾陈丑,受越曰入化,妄言造语不能伤,随朝出入无牵挂,灾患消除罢。
③ 辰墓子水而合。
④ 子乃勾陈游行之所,为守狱神。勾陈子,莅庭曰遭凌,事有勾连难结果,虚事争讼哪能禁,暗害不相亲。
⑤ 寅为开关神。勾陈寅,受制凶不侵,凡有上书并请托,泰来否去可安心,先迷后可钦。
⑥ 巳乃血腥神。勾陈巳,捧印利更行,最利近为多喜合,加官进禄事都亨,仗剑远雄宁。
⑦ 害地。

宅不和，病符沉病不离棄①。酉金[六合]，凶器也。且阴爻肃杀，与勾土生合，以争斗之神而持此器，岂有善念哉？虽然，非理之举，法所不容，终于身，自遭责而败。占者避其锋可也。乘酉，病足，主场务事；在酉[不临]上，刑罚私情。曰：勾酉争斗钱锐器②。

升堂，有狱吏以勾连；反目，因他人而戾逮。

勾陈本属辰，而入辰，升堂象也。主斗讼勾连，故有狱吏勾连之应。知机君子，生平无非礼之行，占之不过为株及耳。乘辰，升局，主刑狱；在辰上，主屠宰、狱吏。勾辰咸奸为贫妇，无依浪走难营度。勾白加辰，又见吏神，必因词讼入于公庭。勾陈乘卯加在辰，上门争斗有讼惊。德喜加之应有解，终久相和讼不成。病符死血临灾病，须向东方去谢神。若遇墓门坟冢煞，争墓争田界不明③。午火本生勾土，何谓反目？以神好讼，而午火真朱雀尤讼之魁，彼此反面相贼，宁肯相容？故其象如此。君子占之，必被他人之逆戾波及之也。乘午，主出兵；在午上，须备人之连累。曰：勾午皮毛四足行，邀器包果食相将④。

入驿下狱，往来词讼稽留；趋户褰裳，反象勾连速迈。

戌为地狱，与辰相射，其象下狱。未乃坦途，如驿道然，其象入驿。皆主词讼往来。占者惟退避则吉。乘未，在驿，主争婚；在未上，出入相蒙。曰：勾未无子夫妻重⑤。乘戌，佩剑，主逢恶人；在戌[不临]上，破财牢狱。曰：勾戌刑害是争坟，或有死尸作祟惊⑥。申[三合]非门户之神，何以趋户名之？盖申前酉户，立此则可入矣。乘申，主道路；在申上，官司后喜。曰：勾申马牛驼炭石，激见逃争并死尸⑦。临亥曰褰裳，夜静更

---

① 卯为关锁神。勾陈卯，入狱曰临门，家事欠和多恼乱，牵连怨恨事森森，患至不由人。

② 勾陈以酉为堂，为争闹神。勾陈酉，披刃足伤成，伏剑生灾忧疾病，提防受制有相刑，祸害一时兴。

③ 辰乃勾陈之房，为狱子神。勾居宅，升堂曰入局，勾连沾惹不由人，事有牵萦难了足，片言利折狱。

④ 午乃勾陈会遇神。勾陈午，反目自乖张，纵有干连无损害，他非他是未为伤，牵扰恼心肠。

⑤ 未乃天印神。勾陈未，入驿主勾连，莫把身心生怨恨，登途出入庆须添，终始利名全。

⑥ 勾陈至戌安乐，为口嘴神。勾临戌，下狱佩刀名，争讼牵连暗害起，稽留解释诈欺张，杜绝损侵凌。

⑦ 申属勾陈之堂，为失理神。勾陈申，趋户事沉吟，身有淹留多进退，关心多事往来频，疾病苦逡巡。

阑，褰衣憩息时也。夫凶神入户而憩息，占者获宁矣。而曰勾连反覆者，何也？以申为坤，坤，地户也；亥为乾，乾，天门也。门户之前伺立此凶恶之神，君子至此，明哲知几，即当速返而抽身远之，斯为善道。稍迟焉，则被彼勾执，虽悔何追？乘亥，汗衣，主小口病；在亥［不临］上，腰带无伤。曰：勾朱虎亥作刑害，官符值符二狱俱。更临休囚死为甚，居人必以讼官司①。

勾陈老龙，身居天秤②。墓罗二狱［辰戌］**，难逃殷纣西伯之囚③；带剑入殿**［戌丑］**，不免扶苏赵高之令④。五贝之朋，斗毕**［丑酉］**冀信与占财；一梦南柯，斗魁**［丑戌］**加卯而占病。阴绝**［亥］**阳绝**［巳］**，疾者昏沉。天蝎**［卯］**金牛**［酉］**，必干讼竞。辰其不遇，因房**［卯死］**尾**［寅克］**度坑身；若进田财，与赤奋若**［丑］**相订。诗曰：勾陈前四大将军，兵灾刑斗讼留连。君子捕逃擒盗贼，小人争妇竞田园。旺相相生整田宅，死囚刑克系迟延。病疴肿症疮寒热，苦祟兵殃及土垣⑤。**

勾陈，凶将也。居天乙前四，为大将军，不能禁御之将也。家在戊辰土，旺于四季。其将主官职、印信、公权、兵戈、斗讼之事，勾连皮革之象。专主征伐，得田宅上舍，或争田园财帛。又主屠宰、狱吏、囚禁、牢兵、军器、戈戟、棒棍、疾病、蹇厄、内自误、公讼牵连、财物亡失，庶人占之，如此象。官员得之，为印绶。大抵旺吉而衰凶，亦主小喜。若加日辰，其物青黑文华、木植之类，损伤勾连、罗网之象。变异为金钱、瓦石之物，水中之物，绳索盆瓮。五谷为桑盐糖谷。兽为兔。盖戊辰土将，遇土旺，遇火相，遇木死，遇水囚，遇金休。乘旺，主贵人战斗，为采捕。乘相，主贵人争讼，为印信官坊。乘死，主死丧争财，为斗争强暴。

---

① 亥乃勾陈游行之所，为乱丝神。勾陈亥，汗服欲更心，事有勾连宜改变，一番折得一番新，反覆自沉吟。
② 辰宫名。
③ 主系牢狱。
④ 主被诈谋。
⑤ 参考：勾陈子，六月临，伤夷伏剑疾呻吟，居于季冬方仗剑，反眸六月累因人。
五月丑，勾仗剑，疾病伤夷何躲闪，若然二吉会勾陈，田宅争官须立见。
勾入卯，家不宁，仗剑勾陈官讼盈，偷盗不知逃躔失，宅凶灾病为临门。
魁罡合，病连绵，二月仗剑主灾愆，贼盗遗忘乖舛起，刚柔更视主宾言。
勾陈土，逢小吉，恐因田土相争疾，田园讼结自今辰，明日家财又典敌。

乘囚，主囚系禁固，为宰杀。乘休，主争病人田宅事，为禁系，丑未为得地。凡占财帛，主留滞。占人望信，主迟留，出行作事亦然。凡论讼，勾陈为主。如克日，理难伸雪；日克勾陈，讼事变理更新。勾陈之阴神，若附虎雀带煞克日，尤凶。只要勾阴作贵，与日干相生，则吉。凡占盗贼，为捕人。克制元武，或临日辰之上，所立之地胜武①，皆易擒也。占晴雨，亦要勾陈临日制武，则天晴。占宅墓，喜勾陈乘旺相气，加于宅墓上，则安久而不移动，如死囚刑克，则公讼不安。东方朔曰：勾陈拔剑②，病患相伤。勾陈交会③，连绵祸深。勾陈主六害。

论其加乘传变曰：勾陈乘空亡，散忧挠事，出行远方。若乘旺相，主旧事新喜，战胜捕获讼得理。若乘旺相克日，狱吏勾连。若入从革卦，主铜铁物作怪，即视中传寻向，可寻掘得。若乘火，忧事可解。乘木，所求稽留。若乘鬼，冤家为祟。若加支，宅后有坟。若乘六害，主遭恶人。乘三刑，讼狱病为灾。若克元武乘神，盗贼败获。若乘子，主眼疾。乘丑加午，主争斗田宅。乘寅加未，事在神庙。乘寅无气，主文回。若加卯酉，口舌交加。若乘午，血鬼疾病。若加戌，主二人因财争斗。乘亥，加申子，主出值泥水。加寅卯位，主公事。加丑申，利交易印信。遇二绳，病联绵。乘丑，男子进田财，又主墓破损。乘辰，争田坟，又主亡盗。克日，主官事。乘二马，主远信。乘旺相在人年发用，主官事。克日，若在外，道路不吉；若在家，远人来相害；若归本家，主勾连事至，田地分张。占病，病者肿疽寒热，犯土地神。勾陈传乙，主贵人托干事。传蛇，刑伤失名。传雀，田宅官灾。传合，兴修，眷属有争。传龙，谋望，疾病劳瘵。传空，女广厄，男争讼。传虎，公事挠，忧徙配。传常，修整财业。传武，争淫，孕堕，投车，退业。传阴，孕笞，暗谋。传后，妇人逃走。

《海底眼》曰：勾陈来入从革卦，铜铁器具俱古怪。求其藏处考中传，中传之下诛锄快④。勾陈寅卯旺木加，纷讼未曾知会话⑤。

---

① 武立酉申，勾居巳午。
② 正月巳逆十二支辰。
③ 治辰戌大凶，治丑未小凶。
④ 掘下必得。
⑤ 官讼勾呼，未得知会。

大六壬心镜

《六壬拾翠》曰：勾陈乘神生年上，增益田坟。若有恩喜不合干，外房入室。入空作鬼，内勾外连。牢煞并临，狱沉禁死。鬼官而作刑害，官事追呼。关用而作官符，牢狱忧患。若作旺鬼，吏关官符。克日克辰，定主争讼。临于水而在辰地，刑害交而争宅田。土鬼入网罗，不慎而沉狱底。讼侵乘罗网，入空忧有半惊。勾临空木下临辰，兄弟交争或讼侮。勾陈斗争，空亡讼销。干外见之，外有勾引之咎。传后逢此，后防勾引之非。若克年神而入吏关，争官岁内。更遇关迷而并游戏，缧绁陷中。勾神上向二狱逢，直符又见纷纷走。须臾惊骇人擒捉，逼尔出门莫出门。勾蛇害干，六处无制。恶煞助虐，避之勿争。争不能明，反惹其累。

辰为天罡，天罗土神，天秤婆娑，寿星之次。勾陈之都，其音商①。分野兖州，郑国。其色黄。地理东南阜阿。讼狱战斗，死丧争讹。轸角亢之宿。鱼［蚓］蛟龙之窝。田阜天山上。头旁字广，丘龙庞郑郭。宫商姓多。二千石之官长。女妪甲兵恶客，渔网丹青药石，碧朱采画颜酏。小则欺诈相逢，宰割之事；大则枷杻杀伏，死尸之科。其家也，采捕渔猎，媒牙屠狱。其所也，高岗峻岭，坟墓池坡。于数也，为十为五。于身也，肩甲毛肤。

天罡，辰神也。属土。主宰杀斗争。其类僧屠渔猎。本为狱。其于人也，为胃为肩背。占人主面方耳大黄白色。

诗曰：天罡本是鱼［龙］**龙物，欺诈**［朱］**网罗**［蛇］**为恶人**［虎］**。战斗**［勾］**坡池**［后］**二千石**［常］**，右目**［武］**虞官**［阴］**宰杀**［合］**神**②**。**

青龙临辰主鱼龙，春夏为龙，秋冬为鱼。又曰：旦时寅卯巳辰为龙，暮时申酉亥戌为鱼。朱雀临辰，为虚诈。螣蛇临辰，罗网绕人。其义有二：壬日妇人缠绕，癸日贼人羁绊③。天罡凶神，白虎恶将并临，谓之恶人也。勾临本位，主战斗。天后主坡池。太常临辰④，为二千石。元武临辰，为右目将军，在北斗位下，掌妖邪盗贼，又名右目神。若占盗贼，其

---

① 一作宫。
② 暴恶虎罡相会，青龙本属鱼龙。雀欺蛇怖罗网凶，战斗勾陈好勇。二千石为常俸，坡池天后修容。阴虞宰杀合神逢，右目将军武冗。
③ 一本：壬日贼昵，癸日妇诱。
④ 太常不临辰。

神佑之，变化难捕捉也①。太阴，主其虞官，左右从者之官也。六合，主其宰杀，卯为刀俎也。《拾遗》曰：天罡辰土为天罗，临亥子，便能变化。加戌，则为亢龙，主无雨。加寅，则为病龙，主有雨而损禾，又为龙虎相争。六乙日伏吟，名为二龙双勾，龙蟠之地，最利占住城。

天文：日躔寿星之次，星分角亢之宿。为雾，为右目将军。

地理：郑分，兖州。泰山、陈州、京东南路、隶东都、东平、城江、山阴、陈留、龙庆。为陂池、为涧、为墙垣、土堆、岗岭、为井、为甘泉、为沟、为浍、为泥土、为麦地。

人物：狱神、二千石、虞官、军人、渔人、贩盐人、屠宰、凶徒、牙侩、恶人、仓司、僧人、丑妇。

五行：属土。夏相季旺秋休冬囚春死。乙寄其上，水土［壬辛金］墓其下。音宫商，色黄，味甘，律中姑洗。

时令：仲秋八月将，季春三月建。

数目：本数与先天皆五。

姓氏：陈龙马郑高郭。加寅，翟王。加亥，兒倪。火日加亥，王。加酉，夏。临酉，龚。乘勾，庞。

人事：祈候、厚重、思虑、欺诈、争斗、怪异、凶祸。为宰杀，为横恶、毒害、诞诳。

身体：脾胃肝皮毛甲肩项。

疾病：虚损、血症、气滞、冒犯土皇、火煞、金神、太岁。

饮食：米麦五谷、荤腥、茴香、药饵。

经史：职方，国史。

器用：敕书、钱物、秤尺、戥子、甲胄、坚硬之物、破衣、算盘、缸、砖、瓦、磁器、石栏、瓦瓯、碓碾、炭盆、网罗、枷杻械、土物、花瓶、骨角、胶漆、五尺之物。

宫室：正门、庙庑、廨宇、廊庑、营砦、灶、茶坊、园囿、坟墓。

鸟兽：蛟龙、鱼、蜃、鳖鳌、水族、螳蚁。

---

① 一元武也，为左右目，一贼神也。左目居午，离明之地，故败露；右目居辰，水墓闭藏，故难获。

草木：黄草、为花卉。

加乘用变总论。加子乘午发用，为真正寇盗。加丑乘武临日辰上或入传，主走失人口。加卯乘雀，主是非口舌。若临日辰或入传，亦主走失人。乘虎，主人口病。卯日加卯，主家宅灾滞。加午乘虎，更是五行受墓地，占者必是争坟。加申乘雀，主占官吏书信。乘勾，主占望军人远信。加戌乘虎，主人家祸起，凶病缠身，戌日尤的。不论神将，但加戌，主囚狱，公讼迁延。加亥子乘武，其家神堂安在后边，或近水滨。若是昴星卦，其家有伏尸，当责五音宅神以定祟所。作后加季，为小儿妇人哭泣。作龙加季，为小儿夜啼。作后加妇人行年上，更值空亡，为堕胎。作蛇虎克日，神愿动或曾收拾得旧神佛像。临日辰，为结绝讼狱。作后临亥，为海水。作虎加死地，为屠。作武加巳，为井。作常加亥，为市。作阴加申，为石。作虎加亥，为悲。作武加酉，为甲。见金火则吉，见水争竞田宅。见木官司牢狱。

《海底眼》曰：天罡加支曰临宅，宅主不宁宜更邻。临戌作虎并戌日，人家疾病缠其身。辰丑元武辰卯雀，日辰入传走失因。戌日辰戌挠公论，囚系未绝须因循。谋望军人远信息，辰加申上将勾陈。辰申朱信官吏事，卯日辰卯滞灾屯。白虎辰卯人口病，朱禽辰卯鼓唇争。天后乘辰加四季，妇人小子哭声频。白虎乘辰加四土，必有小儿夜啼声。元武乘辰居亥子，神堂在后或水滨。辰日辰水昴星卦，家有伏尸宅上神。白虎乘辰加午上，五行受墓讼由坟。后辰加妇行年上，更附空亡堕妊娠。天罡若临干支上，不久结绝狱囚人。蛇虎辰鬼有神愿，不尔曾收佛像真。辰为月厌又加鬼，加临卯酉鬼妖臻。日夜忙忙有怪祸，三四之中人殒沦。

《神书》曰：辰子咸奸乘后武，男女各有怀人。辰午盗神加关索，逃盗前眼必获。辰戌丁马入空，奴逃在外。辰戌作空囚见，无后孤穷。其下不可出行，君子谨于动静。其居止宜僧住，空奸阴后淫奔。辰有生气为胎，产麒麟云何不乐。辰乘月建发用，带墓死主是占坟。辰生合礼任何如，却有他人惠我鱼。得之可以意蹰躇，托求田产与分齐。

诀曰：天罡到戌家不和，临于寅位畜伤多。见申奴婢须逃走，卯方病患肿疮魔。天罡战斗争文状，医药屠厨凶恶人。金火相生为小吉，木来口舌弟兄分。若逢水土争田土，斗打官灾寅卯刑。辰为斗讼恶人欺，家内不明妨财帛。动在四季辰戌日，死亡人口竞田宅。天罡临巳有鬼兵，作怪为灾联灶神。人口生灾幼女病，临午官非恶信音。牛羊损失因临未，更因财物与妻争。临申逃避失田土，争张官事由外人。临酉鸡鸣怪事多，火光隐现且焚炉。争财争物争铜铁，死丧匍匐奈伊何。临戌死亡家有事，讼争买卖及驼驴。亥猪食子兼惊讼，子争水道畜怪动。临丑兄弟主分张，更有恶仇起官讼。临寅文契贵客乖，马伤犬死人凶灾。同家各食因临卯，争马牛兼不测灾。本位伏吟惊怪有，那堪井水入坎来。若遇妊娠生女子，如占疾病主生哀。

青龙财喜，虽主亨通。雷部为甘雨师神，主酒食喜乐，财帛庆贺等事。

在陆蟠泥，所求未称。

青龙居未，未近南离，故为陆。居丑，丑临北坎，故为泥。夫龙飞于九天，潜于九渊，若失所，则困厄。在于陆，蟠于泥，非失所乎？占者望其称心难矣。《易》曰：潜龙勿用，其象如此。乘未，折角伏陆，主婚姻；在未上，主失物马病。管子曰：龙未众羊衣食物，却有高卯在上头①。乘丑，主田地；在丑上，忧暴风雨。曰：龙丑蟠泥滞一节，神佛画金铁作邀②。

登魁兮小人争财，飞天兮君子行政。

戌乃河魁，罗网地也。以青龙财喜之神而登之，所以致小人之争耳。乘戌，遇雨，主印绶；在戌[不临]上，主小人牢狱。曰：龙戌飞腾君子迁③。戌亥子丑在下，象地；辰巳午未居上，象天。辰且为龙庭，青龙临之，飞腾在天，君子有为之时也。《易》曰：飞龙在天，利见大人。乘辰，闭目④，主麟物；在辰上，土奸谋不遂。曰：龙辰不出头却危⑤。

乘云趋雷，利以经营。伤鳞摧角，宜乎安静。

寅乃龙之本宫，有乘云之象。《易》曰：云从龙，风从虎，圣人作而

---

① 青龙临未为逆喜神。青龙未，在陆慢飞腾，凡百谋为应有阻，潜龙勿用利居贞，利用待时亨。
② 忧，疑作夏。节，疑作切。或曰：自丑历寅隔一节气，凡占先阻后通。◎龙丑带关神。青龙丑，掩目且偷窥，凡有所谋皆费力，征行窒塞莫能为，财散害灾随。
③ 龙临墓为谩诺神。青龙戌，施雨曰登魁，惟忌小人当谨守，勤劳出入自艰危，季戌事光辉。
④ 一作开目。
⑤ 辰乃引喜神。青龙辰，闭目事须成，惟忌因财生不足，迟迟百事尽欢欣，秋月是非生。

万物斅，乘时利见之征也。卯属震，震为雷，龙得云雷，非经营展布之时乎？乘寅，主文字；在寅上，商贾钱财①。乘卯，弄水，主术士；在卯上，主迁官出入②。曰：龙寅生气有孕喜，休囚进财却为美。申为阳金，酉为阴金，能克木，龙深畏之，故有脱鳞折角之象。吉神遭厄，安能佑人？占者惟安居守分为宜也。乘申，无鳞，主失财；在申上，损财，又主阴灾③。乘酉，伏陆，主远行；在酉上，私暗不明④。曰：龙申边信贵铁石，龙困酉中意谋望⑤。

烧身掩目，因财有不测之忧；入海游江，因动有非常之庆。

木得水为喜，遇火为仇。午乃离火，故象烧身。巳乃蛇穴，故象掩目。青龙有此有不足，占者尚可赖以为财神乎？若求财物，反来莫测之忧也，戒之戒之。乘午，无毛⑥，主拜官；在午上，急忧官吏⑦。乘巳，飞天，主饮食，为龙化蛇，不吉；在巳上，主劫财有病⑧。曰：龙午退鳞不得时，龙巳欲奋不能飞。居子曰入海，居亥曰游江。青龙得水，何吉不生？占者动则获庆也。乘子，主官禄；在子上，主贵人大吉⑨。乘亥，入水，主迁官；在亥［不临］上，雨晴双美⑩，一日两情和美⑪。曰：龙子邀马花果食，一段好事天边与。青龙戌亥在支上，又见财禄喜重重。必然居积典金银，家门发福应丰盈。

---

① 寅乃青龙之房，为登庆神。寅宫龙，乘雾事忻忻，志在有为利攸往，经营利禄喜相临，安乐上青旻。

② 卯乃青龙之堂，为迎轩神。青龙卯，名利达天衢，出入谋求望吉，趋雷散宝戏明珠，春日更欢虞。

③ 申为号咷神。青龙申，折角失锐气，只宜退守不宜行，身居困地难如意，中路尤迟滞。

④ 酉为隔岸神。青龙酉，退鳞宜回避，祗当退后莫争先，须防斗乱生灾异，凡事须仔细。

⑤ 吉凶损财皆为子孙之事。

⑥ 飞天之象。

⑦ 一作给田。午乃青龙游行之所，为荐举神。青龙午，焚体事堪忧，每到美中防不足，缘财不测事临头，孕妇也担愁。

⑧ 巳为交项神。龙居巳，飞汉利干求，利见大人终有庆，飞龙九五吉悠悠，万事有来由。

⑨ 子为受扰神。龙居子，游江事多亨，水利经营尤主吉，非常之喜横财生，攸往望谋能。

⑩ 一作两情齐眉。

⑪ 亥为坐列神。龙居亥，游水喜非常，大利营谋循水利，五湖四海姓名香，动作果荣昌。

补遗：龙寅金克死老人，则因死气有伤刑①。

青龙神物，虹藏［酉亥］雷蛰［卯］，人马为宫［寅］。天秤云行［辰］，潜于渊［亥］，旋于女［子］，跃于斗［丑］，见于尾［寅］，飞于天［辰巳］，亢于翼［巳］。带喜合而丝萝可欣，负剑劫而内战频惊②。太岁当干合发用，宠诏征君职转。神后［子］加临，颁九天命妇之恩。困敦③与敦牂④）支忌，妊娠妻妾之因，或家藏孕妇。胃毕［酉］厕身名折足，财破儿孙。罹天罗于问父，际合德于婚姻。壬癸日用胜光［午］，妇蹈郊媒之履⑤。天马同于狮子［午］，来意必问征人。

青龙百事皆吉，独不利于血弱症，必主缠身难愈。若临支，名入宅，家必兴旺。喜逆行，有回首之象。若加亥子之上而顺行，则为走龙也，大不宜⑥。

诗曰：前五青龙丞相位，酒食钱财婚礼仪。君子奏官迁远职，小人财物讼乡耆。旺相相生媒妁吉，死囚刑克是通私。病者热沉心腹疾，祟关司命且医持。

青龙，吉将也。属木，天乙之大丞相，居贵人前五位，家在甲寅木。旺于寅卯，十二将中，惟此将增福解祸，主官禄、婚姻、喜庆、媒妁、胎产、财物、钱帛、酒食、宴会、经营、买卖、诏命、文字、书籍、舟车、材木、僧道、高人、果药等事。其戾主哭泣、疾病、失财、走失、畜类、陷溺、舡舆。又曰：加日辰，其物青黑，草木之精、衣食之物，又悬空之物。变异为文章、黼黻、印玺、心内之物、羽毛钱财，为龙虎煞，兽为狸猫之属。盖青龙寅木，遇木旺，遇水相，遇金死，遇土囚，遇火休。乘

---

① 参考：青龙木，闭眼时，孟寅季戌仲逢离，四课三传如遇此，自然万事有荣施。
青龙木，子午宫，壬癸二日莫相逢，孕妇有怀心里闷，如无灾难产时凶。
青龙木，到申宫，戊己日干不可逢，必是子孙多不肖，钱财耗散败家风。
龙未克，利难图，若克干支利反多，生旺财加申遂意，才值空亡百事无。
青龙木，临日鬼，美中不足灾非垒，若加龙绝与休囚，产难亡资灾病汇。
新燕尔，妇人时，后制青龙损婿基，胎产求财money则吉，盗贼占来无获期。
② 带喜神与干三六合，有婚姻之庆。乘申酉而逢劫煞，凡事多惊惧。
③ 子神也。
④ 午神也。
⑤ 主妇人怀孕。
⑥ 甲戊庚辛暮贵顺行。

旺，主贵人、迁官、远使、财物。遇相，贵人婚姻喜庆相贺，为文信。乘死，主死人财物，为棺椁。乘囚，主囚系财物，为棒枷。乘休，主故吏、酒食财物，为田庄钱产。乘子水休败，辰土抬头。春甲乙乘木，主财帛。旺相相生，主财喜。死囚刑克，且为今日刑害，主公讼病患。凡占讼，龙虽吉将，若带刑贼日干而入课传，则为煞神，反主凶。凡新妇入门，忌天后制龙，主损夫。凡求财以为之主，要乘旺相气，与干相生作合则吉，反此者凶，亦须入卦，切忌空亡，若居闲地，不可以例求之。凡婚姻胎产，宜得此将。凡占盗贼，大忌此将，入卦传，为飞腾难捕。凡占文官视龙，武官视常，与日辰生合者吉，反此则凶。凡占病入卦，必因酒食喜会中得也。东方曼倩曰：青龙开眼①，万事无灾。青龙折角②，变为蜥蜴。青龙临病③，人灾财散④。

加乘传变论曰：青龙乘太岁，官资迁转，主官事。发用旺相加命上，财喜重重。临日合干，求官迁职，书信财喜。加天喜，士人得官，常人财喜。加天喜红鸾及天后，主求谋吉。乘寅卯，百事吉；落空，喜未遂，事难成，财帛散。乘丘墓，主忧人死。乘鬼，财帛挠。乘死气，主受死。乘二马，主出行。乘月将，主爵禄，遇圣贤。乘子加申，主婚姻。乘寅，求官得。若加未，主事属寺观。乘卯加亥子，主舟楫事。若乘辰戌，主讼财。乘巳，求事必成。乘午加丑，主尊长财物。乘未加丑，主酒食婚姻。乘申酉绝气，财禄不喜，子孙财损。乘亥子，官禄文字，人才可贺。若克日，主破财。更兼白虎阴神克日，主死亡事。若归本家，婚姻之庆，贵合之喜也。占病心腹痛，犯鬼煞。青龙传乙，主儒生得官。传勾，主迟留产难。传常，主衣服酒食。传雀，主财帛文字之喜。传合，主门户子孙之喜。传蛇虎，主惊忧灾祸。传空武，主鬼贼伤残。传阴后，主暗损阴金。

其歌曰：青龙上下并空亡，求望皆空感慨长。龙乘岁月主恩赦，驿马

---

① 孟寅仲酉季戌。
② 临未申主斗讼。
③ 乘申酉巳午未也，加临亦云。
④ 开眼仲酉，一云仲午。

为官公喜扬①。青龙乘卯为果子，六合乘传亦果香②。龙乘干合同发用，讼因女子事非常③。

《六壬拾翠》曰：青龙在渊而自闲，欲垂竿钓不胜年。三五水天来点化，平空飞上九重天。作官得禄行年协，姓名龙虎榜头传。旺相与日相生比，德喜禄马职升迁。有鬼磨鳞焉得奋，无人荐引绝攀援。德喜会生辰与日，婚姻应在月中圆。德喜马丁财闭口，遇此求财勇猛前。若入于空作官用，终身羡此不乘权。若入于空仍财用，无成一半五分联。入空若仍作妻妾，妻宫虚死不如然。入空胎喜生难育，生下应知命不延。作鬼入空宜准备，喜中有贼暗垂涎。若作死气财不旺，前年富足今无钱。龙不用尘可以驾，游行万里可加鞭。龙入天罗父灾厄，二死克干归九泉。若克年神因喜破，不过破财无大愆。争亲夺事来相扰，小心翼翼免忧煎。若还带死来克日，更逢奸合两留连。只因喜得妻儿美，过当施为中道捐。抑亦带死来克日，德禄马空俱在传。仍是因家而得职，喜中而亡实可怜。且也带死来克日，有禄成神财力全。谋为太过始随愿，愿遂灾生夭少年。入金见劫来刑破，四墓坟崩榇不坚。青龙乘胎胎大贵，劫煞相临旺相宣。得子必然科甲贵，贵而即斩莫猜嫌。龙合喜成临旺相，高烧苍烛照婵娟。龙合火金加绝地，夫妻私娶妁无言。龙合相逢姻暗就，朝来明娶快前缘。龙合作用财喜起，不空不克福绵绵。龙合作用成神现，交关买卖事鲜妍。龙常临处上克下，官长生尤罪斥旋。下贼上时何以决，灾殃定有不期然。龙常扶日太阳赫，德印皇书乘要权。龙常若遇日辰生，方许居官得永年。青龙戊己来传作，外姓之子在家间。潜天潜地，显名厚利。久病莫逢，血痘尤忌。

寅为功曹，天吏木将。青龙居第，人马之宫。析木之次，律中宫声。幽分燕地，动用财帛文书。州邑北东所隶。尾箕斗星，虎豹獬萃。高燕杜赵，姓则宫音④。木走偏旁，重土字义。人为公吏秀士，僧道天文。物属书籍花斑，火炬古器。吉则宣召谒见仁信之诚，凶则细人官司风火之事。其所林木曲堤，其旁寺观店肆。藏物窖中，草茅覆记。数八七三。身筋胆

---

① 乘马克日主因公中有喜事。
② 射覆取用。
③ 作初传合干，主妇人非常事讼。
④ 一曰角音。

系。寅为鬼路，为胆，为须发。占人品，主长须面青带破。

刘日新曰：功曹道士［龙］兼书籍［常］，褐色斑文［武］火炬［朱］红。从事［后阴］信诚宝召［贵］吏［勾］，虎豹狸猫①居木丛②。

青龙加寅，为道士。太常加寅，主书籍。元武主褐色斑文。朱雀加寅主红，乃火炬等物也。天后太阴主从事，天乙主宝［宣］召。勾陈主吏，谓寅自为天吏，勾陈军吏也。白虎加寅，主虎豹猫狸，其义有二：旦为虎豹，暮为猫狸。螣蛇天空临之，主猫狸之怪。昼为猫怪，夜为狸怪。六合加寅，主木丛。壬癸日水旺，则生木，木方为丛。丙丁日则为柴薪。谓水旺，木丛成林也。

《拾遗》曰：功曹，寅神也。为鬼户。空亡加蛇而临午上，防人有自缢之灾。加勾诸事应迟，加雀诸事变更。反吟，阳［将］曰君子退，小人长；阴［神］曰小人消，君子进③。

论其主事：

天文：日躔析木，星分尾箕，为风。作龙，兴云雾。作常作合，为阴而晴。

地理：燕分，幽州，夔州路。上谷、渔阳、上郡、渤海、涿郡、广阳。为桥梁，为山林。

人物：丞相、官员、曹司、公吏、贵客、家长、夫婿、道士、从事、媒妁、老翁、儒者、医生、多须人。

五行：属木。冬相春旺夏休季囚秋死。甲寄其上，丙火戊土生其下。宫音，味酸，色青，律中太簇。

时令：为十月将，为正月建。

数目：本数三，先天数七。

经史：为书籍，为文书，诗经词赋。

姓氏：韩苏鲁乔林赵高。加子，李。加亥卯未，杨。甲日得曲直卦加未，梁。加申，时。加土，杜。

---

① 虎蛇空。
② 合。宝召疑作宣召。◎龙主功曹道士，谁司典籍推常。后阴从事信诚彰，贵召合丛木畅。朱雀红光火炬，斑文褐色玄妆。蛇空猫豹虎狸猖，军吏勾陈将将。
③ 阴日无寅反吟之例，宜俟高明。

人事：谒见、喜庆、诚信、征召、宴会、文书、知人、官事、口舌、文字、信息。

身体：脉、发、胆、筋、风门、指甲。

疾病：风惊、胸肋气、寒热头疼、目痛、诸痘。犯社稷岳神及山林精魅。

饮食：早稻、菜、茄、葫芦及药。

器用：纸、剑、屏风、椅凳、桌、席、火炬、机杼、火盆、竹箱、香炉、神像、宝刀、褐色物、印信、鞍马、匙、筯、棺椁、刀砧、斑、文书、玻璃物。

宫室：学堂、佛庙、栋柱、前过道、花园、寺观、圃。

鸟兽：为虎，为豹，为长毛狗，为猫。

草木：为神树，为木丛。

加乘用变曰：功曹加子乘虎，家有猫善捕鼠。加卯酉乘蛇，家有师巫出入，符箓贴门。乘雀，门上贴文字。加巳乘雀，主官中口舌文字。加未乘后，占人妻怀孕。加申乘后，主远信文书登途。加酉乘阴，主其家门前有旧竹桥。加亥乘武，主人家壁角挂葫芦，亥日尤的。加日辰，为虎兽画幛。乘龙作日鬼，为拾猫儿招祸。作龙合加未，居近寺观。作蛇虎加申未，近恶神庙。作雀为日鬼，为文书口舌。加卯，为文章。作蛇加午，为五色。作合为信。作后加申，为僧。作雀加申戌，为吏。作后加未为医。作虎加申为风。作虎加戌为犬。作武空加巳，为僧人舟。见水火，清高上吉。见金，口舌失财人病。见土，官事是非。

《海底右眼》歌曰：曹功加巳若为朱，官中口舌有文书。寅乘龙合言宫观，蛇虎相乘恶神居，寅加申位乘天后，文书远信欲登途。寅亥乘玄并亥日，人家壁角挂葫芦。天后乘寅来未上，其人妻喜在须臾。太阴寅酉门外事，旧竹桥儿不可无。腾蛇临寅卯酉上，门上师巫有箓符。朱武临寅卯酉上，当门贴字即非虚。虎寅临子猫擒鼠，蛇虎干支虎兽图。白虎乘寅作日鬼，拾得猫儿是祸符。

《神书》曰：寅加卯为赘婿才，老人接脚作夫来。或卖更有良缘月，须面三三可称怀。寅申囚死带凶煞，老死不见身荣活。寅申丁马入传支，必有贵人临门除。寅亥相乘加喜财，定得女人财物来。寅秋酉煞不堪逢，远配他乡刑劫从。寅上赘婿入支丁,倚傍人家作安生。寅旺官符又见伤,老人多须财讼殃①。寅吏直符旺中合,多须为吏争相涉。寅狐申猴,两鬼不投。颠迷不省,何以寄幽。

孙膑曰:寅为功曹号吏人,临于申位必伤身。到亥便为猪入室,见戌还当人出门。功曹官吏簿书司,贵重清高富贵奇。大树老翁医药者,相生水火喜无疑。见金口舌钱财散,无贵无官文学迟。若逢土上遭官事,四位之中仔细思。寅为文字动官司,口愿神祇树影移。应在孟春甲乙日,贵人家长及僧师。临辰临戌动官文,争马争财多奴婢。同音临卯主争奸,修宅来占怀夺意。临巳远信起悲哀,更动宫中灶神忌。文字交争午上逢,追缉频频官事凶。临未克妻曾后娶,讼由财物券书通。临申牛马多番损,恩[因]婚财耗恶媒公。家中散乱惟临酉,因应须知吏役中。临于亥子家有婿,富益外财六畜聚。临丑患足患头目,破财损畜多空费。本位树动家新修,必出高名后人济。

后有天后之神,蔽匿阴私所伏。雷部为阴蒙霖雨之神。主阴私财帛喜庆之事。

守闺治事,动止攸宜;倚户临门,奸淫未足。

天后,妇人之象也。壬子乃其本家,故曰守闺。亥乃乾健,自强不息之地,有治事持家克勤之义。二者动止相得,其道之正也。且当旺相,其庆大矣。乘子,主淫泆妇;在子上,主利进,又主淫乱②。乘亥,为少年妇;在亥上,小喜,主疾病③。管子曰:后子汪汪好如意,邀着师婆酒盏碎。后亥山来喜事重。酉为私户,卯为私门。以污秽神而倚之临之,非淫奔之象乎?占者除奸私而外,欲为正大之举,反有天殃。乘酉,把镜,主下贱妇;在酉上,通私奸情④。乘卯,倚门,主女冠;在卯上,婚姻私情⑤。曰:后阴临酉驾丁标,莫说有才妇竞挠。后卯盐米不入场,竹木丝

---

① 因讼伤财。
② 天后临子乃其房也,为暗昧神。子天后,守闺事莫起,妇女若非病背肩,举动不如安静喜,忧疑事不已。
③ 亥为厌翳神。天后亥,治事事多通,动用谋之皆大吉,相逢相遇喜匆匆,忧去兴偏浓。
④ 酉为和会神。天后酉,倚户对菱花,喜庆皆因求望吉,奸淫未足意欲邪,遇会也须他。
⑤ 卯为不照神。天后卯,临牖自相思,男子约期终会合,托人求就待其时,天癸定跷蹊。

绵外妇邀。

褰帏伏枕，非叹息而呻吟；裸体毁妆，不悲哭而羞辱。

戌土克后水，病象也，且昏黑之时，有褰帏之义。午乃长昼倦卧之时，故曰伏枕。二者皆卧而不快，非病即事有不遂，是以太息呻吟。乘戌，入帏，主女嗔怒；在戌上，内室不和①。乘午，临疾而卧，主淫泆；在午上，主疾病眼昏②。曰：后戌难离身自立，后午出门女见恶。壬子遇丁巳，有暴露之伤，刑克之地，故曰裸体。辰为水墓克贼，故后至此而毁妆，形裸露而受伤，妆易容而不饬，非羞辱而何？占者得此，其悲哭也必矣。乘巳，主妊娠；在巳［不临］上，损财失礼③。乘辰，主妇病；在辰［不临］上，主产血阴谋④。曰：天后乘巳加亥酉，母妇病床难起走。天后乘辰，家有妇娠。胜光之下，可断日辰。若加卯酉，贼来谨守。

优游闲暇，盖因理发修容；悚惧惊惶，缘为偷窥沐浴。

寅旦而早起，晓妆时也。申晡而容残，妆褪时也。故有理发修容之象。二者得意，非有所不遂也。且水与木金相生，是以优闲，乐其家室和平也。乘寅，主美女；在寅上，迁官得财⑤。乘申，理妆，主婿妇走；在申上，梳头无礼⑥。曰：后寅欢声两合交，后申五鬼扯人头。一人扶足卧惊游。丑乃贵人之室，而天后之子与丑六合，有私昵之情。正视之，畏人知，是以偷窥。未地有井宿，子水入之，有沐浴之象，沐浴则畏人至止。二者皆怀疑惧，故悚惶耳。占者戒之。乘丑，出局，主老丑妇；在丑上，私通不明⑦。乘未，主婚姻；在未上，淫乱走失⑧。曰：后丑邀女害眼人，不是扶人是扰人。后乘于未，加于卯酉，阴阳不比，妻招淫丑。若加卯巳，女母病至。补曰：后临子卯又相加，进一阴人退一阴。若还生死两气

---

① 戌为群虎神。天后戌，入帏多惆怅，壬癸二日莫相逢，自思自虑多魔障，四季妻灾旺。
② 午为往托神。天后午，就枕起私情，意有外欢来阴好，是非忧患不安宁，婚姻定能成。
③ 巳为产到神。天后巳，裸形多失礼，百事皆成喜不胜，反遭辱耻奸淫起，壬癸占来美。
④ 辰为天后之堂，为堕胎神。辰天后，假妆多恼乱，悲忧不免来相逢，损失阴私终见窜，阴人生背叛。
⑤ 寅为结果神。寅宫后，理发患灾生，无事暗中防不足，忧疑牵惹事逡巡，取索却如心。
⑥ 申乃天后游行之地，为催生神。天后申，饬貌事堪亲，不是弄璋或弄瓦，一番新事罕惊人，喜事称心情。
⑦ 丑为恩爱神。天后丑，偷窥出户庭，隐匿事情忧不足，悚惶不定志无诚，暗昧不能明。
⑧ 未为关印神。天后未，沐浴少礼义，阴人暗损益男儿，自已惊惶心失意，阴私无悔异。

具,一生一死是分明。后辰二死,又见金鬼,之子云亡,而何云美。天后乘辰,病符血死,腹疾不能,胎无可取①。

天后多因奸罔,土旺灾异频频。宝瓶作日鬼②,主血腥之女祟。巨蟹[未]启私门③,赠芍药于多情。三元④内藏房[卯]昴[酉],开两门而出入。獬牛潜宅发用⑤,来华胥之鬼神⑥。临于女蝠[子],阴人妳癖疾右臂。若乘丑卯,妇人经脉多相凝。上章[庚]重光[辛]日,天后反吟,家出患疯之女。柔兆[丙]强圉[丁]日,二后为用,冷患血气之征。时逢土旺而失衣,涉水带泥⑦而肾迍。午未壬癸并,百而谋猷,画万事而平无一实。上章困敦日⑧,辰加子用,栖婢妾于西北山林。支破临光⑨初用,主妻妾生妒。太冲⑩加日三合,乃好善之人⑪。

诗曰:天后位居宫采嫔,惟须禁锢莫因循。君子迁官宾客会,小人酒醴议婚姻。旺相相生妻妾产,死囚刑克隐淫人。病者四肢更瘸疾,祟起河宫溺水神。

天后者,吉将也。居贵人后一,天乙之后妃,宫庭之采女也。家在壬子水,旺于亥子。一名厌翳,主阴私暧昧之事,蔽匿污秽之神。其性似柔而实刚。其将主阴贵人、妻妾、婚姻、妇女、蔽匿、奸淫、生产、赏赐、恩赦、忧闷、迟疑、妇人、财物、庆贺之事,鬼神哭泣之象,及污秽之物。其戾主帷薄不修、阴私不明、欺诈不实、脏腑之疾、小人之失。又曰:主妇人首饰衣服,加日辰,其物白色。缯帛之属。变异为草木可食。

---

① 参考:天后水,月建逢,辰戌再来定主凶,不是妇人闹疾闷,定知怀孕在房中。◎逢辰戌,须防孕,魁罡天后阴人闷,遇水佳人闹疾因,或为孕育闺中顺。◎天后水,白虎金,四土传来妻有迍,不出季中分别去,三传四课莫相亲。

② 乘子克干。

③ 乘未临卯。

④ 三传也。

⑤ 乘丑加支作初。

⑥ 多异梦也。

⑦ 丑未也。

⑧ 庚子日也。

⑨ 胜光午也。

⑩ 卯也,后乘。

⑪ 巨蟹,未也。私门,卯酉也。子水害于未,败于酉,刑于卯,故有淫奔之象。◎午冲、未害,故作事无成。

稻、豆、蚕、蝉、鼠、燕、金、刀，有子实之物。天后属水，遇水旺，遇金相，遇土死，遇火囚，遇木休。午，行囚。戌，居福。主玉堂沐浴意。乘旺，主嫁娶酒食，为婚姻。乘相，主妇人阴私事，为裳帛。乘死，主死丧财帛事，为奸讹忧溺。乘囚，主奸财因系，为淫滥。乘休，主阴私疫病事，为淫污。天后淫乱，阴申阳酉。在申上，阴月日占之，为纪阴。在酉上，阳月日占之，为犯淫也。凡占讼，天后来临太岁，或见日宿发用加辰，或临门户，恩赦兆也，立至。更值三阳三光，其事准的，故占讼要见之。如不临门户，但加日辰，三传吉，亦主见之，恐稍迟矣。《经》云："刀刃因项，不复恐怖。举尸入棺，更复重生。"凡占天后所乘神，切忌下贼上，必有小人凌辱之事。盖天后是皇后星，女质柔弱，不宜为下所制。占婚，天后与日辰生合者成，反此不成。若天后克日干，女贪男家而男不肯娶。若日干克天后，男贪女家而女不允从。此乃入传，课体吉，则先有阻节而后成就。常以天后所乘神，定女子性情、形状、修短、美恶、邪正，亦无不应。应与神后合而详之。备载婚姻门①。

加乘传变论曰：乘午未②壬癸，作事不成。乘辰戌，主妻妾怀孕，逢土有灾。乘巳亥，儿女争淫。发用见壬癸，主阴人。发用在死绝处，阴人灾。生日者，宜有成亲求财之喜。克日者，主有口舌暗昧之事。乘日辰入墓，主病。落空亡，主婚姻难成。乘空亡，主妇人嫁，出行、病亡三事。乘破，婚姻反覆。乘害，女人产事有厄。乘墓，女人哭泣。乘阳神同太岁，主贵人文字；乘阴神，主阴人文字；乘天诏，天子诏命；乘天喜，求事有成；乘生气，主妊育。乘支更值子孙位，主家人怀胎。若临天罡，更值妇人行年上，主月未足而胎损。若乘子，为浴盆煞，占病大凶。乘丑，在支上发用，主夜梦鬼交。乘寅，文字因循。加申，远信至。若乘卯，主女人奸逃。乘辰巳，主见鱼欲买。加卯酉，其鱼定是入门。乘辰子，主妇人乳疾，右臂上灾，不然见有妇人殴婆之咎。若乘巳，主病。加卯酉，害眼。加无气，主妇愁怨。乘土加戌［戌］，主妇人不宁。加相生，主宴会。若乘酉加寅，主信息。加四时旺辰，主赏赐。乘辰戌，妇人为盗与胎损。

---

① 甲乙日暗昧不明，丙丁日妇女相争，戊己日外人侵扰，庚辛日走失遗亡，壬癸日阴小灾咎。
② 冲害。

若乘太岁在日辰行年上，主遇恩赦。若归本家，主求望阴贵事立成也。天后传乙，暗承恩命之喜。传蛇，怪梦亡财之戚。传雀，阴人口舌之愆。传合，谋亲奸盗之险。传勾，财产劳灾。传龙，酒色邪淫。传空，惊蛇犬怪，风声水厄。传虎，外服内娠。传常，连娶数妻。传武，堕胎盗窜。传阴，不明之事，妻母之哀。传雀而吉，仕宦荣封。

歌曰：天后若乘辰与巳，见鱼欲买意疑猜。更若加于卯酉上，其鱼必定入门来。天后乘支子孙位，家内妇人必有胎。天后太岁德乘并，赦书恩泽即今来。

《六壬拾翠》曰：天后作财，受生胎而妇孕。加于旺相，乘德喜而子真。或被伤于正时，宜预保于平日。传送胎喜，传见勾而灾迍。甚而倒产伤身，轻亦孕损。胎生乘土，驾六合于卯寅。子来克母奈何，救至斯美。后阴刑克三合，妇人灾哭之因。合日而带咸奸，花酒暗情稠密。克干而并迷惑，奸谋阴毒提防。作用生年，进口添丁成德喜。乘碎入宅，女非妇恶破家资。逢丁则有子无孙，因哭忧之下土。带喜而婚成姻就，其促就在合干。后遇合，而婚已私通，克空不入。后阴因，而苦遭刑害，二死无良。死病临初，阴变虎而殒妇。乘金作虎，劫煞加而弑夫。带奸门以克年神，传逢刑害，因奸争斗，累死家贫。生年神也，妇情亲，或为喜合，婚姻和聘，纳婢生春。劫克干头阴作奸，妇谋已久。不是由奸被杀，也应好色伤身。次日为妹与干刑，姻亲欲悔。无奈以婚致讼，那堪传有官符。气休刑而又空亡，朱陈村近，终成画饼。入空亡而旺相合，晋秦中阻，竟尔好逑。天后作鬼临空，首饰衣裳防失。四季土命逢后，或后加土亦然。值墓为用或加支，其家必定有婆妇。

补：还本家，婚姻燕饮，富贵钱财。

子为神后水神，天后整肃闺门。玄枵野次，宝瓶宫屯。其音商羽，青州齐分。地理方之正北，阴贼妇女行人。女虚危其宿，蝠鼠燕其禽。旺也王侯采女，父母尊上；衰兮师工土公，小儿众民。字属点水，女后旁侧。姓为曲阜齐刘商音。事则祈祷婚姻，奸邪逃遁；物则丝蚕黑色，宅舍浴盆。水泽江河桥梁之所，神庙楼台儿哭之邻。应一六〔生成〕**九**〔先天〕**数，为膀胱于身。诗曰：神后阴私**〔阴〕**采女**〔后〕**奸**〔合〕**，逃亡**〔龙〕**盗贼**〔武〕**鬼神**〔贵常〕**言。土工**〔勾〕**悲泣**〔空〕**浴盆**〔蛇〕**煞，燕**〔雀〕**鼠行人**〔虎〕**取**

类看①。

神后，子神也。太阴加子，事主阴私。天后主采女，六合主奸淫私匿。丙丁日男诱女，壬癸日女诱男。青龙临子，主遗失逃亡事。元武主其盗贼。壬癸日占，水路中之盗，必劳众多；丙丁日占，盗从陆路而来，贼势甚恶。天乙太常，主鬼神事。勾陈临②子，主土工。天空主悲泣。螣蛇临子，谓之浴盆煞。四课三传中见四时浴盆煞者，亦是。壬癸日更值白虎，为浴盆有水相应。若占小儿病，其凶甚矣。燕鼠者，朱雀主之。其义有二：自寅至午时是燕，自酉至子时是鼠。白虎临子则主行人。

《拾遗》曰：神后子神，为闺为阁。天后相加，刑冲主二女争奸；生合主双凤求凰。寅加子，讼遇僧奸也。贵临子，土逢佳配也。青龙临而鼠投，朱雀临而雀角。近取诸身，为命门与肾。征其人品，黑矮而掀唇。纪其所主事类，则于：

天文：日躔玄枵之次，星分女虚及危。为云为雨为水，作武大雨。旺主云雾，为天耳。

地理：齐分青州。北海、济南、东兼、平原、蔺州、梓州。为江河，为水滨，为沟池，为井水。

人物：后妃、父母、采女、乳母、媒婆、美妻、新妇、德妇、淫妇、鬼神、邪师、染工、哨工、乐工、屠儿、行人、女巫、盗贼。

五行：属水。春休，夏囚，季死，秋相，冬旺。不受寄。辛金生。商音，味咸，色黑，律中黄钟。

时令：为十二月将，为十一月建。

数目：本数一，先天数九。

经史：易经。

姓氏：孙齐谢郝江沈孔虞任范贺刘耿沐漆汪。木曰傅，火曰薛，土曰潘，金曰尹。加丑孟，加卯聊，后加本位聂，作蛇乘午加本位马。

人事：温柔、心巧、聪明、奸邪、淫泆、悲泣、遗亡、土工役、胎

---

① 二后相将采女，阴私合匿奸淫。贵常乘子鬼神临，白虎行人前进。武盗龙飞逃遁，浴盆煞在蛇林。泣空燕鼠雀而真，勾作土工争竞。◎勾陈不临子。

② 当作乘。

产、裁制、祷祠。

身体：耳、肾、水脏、膀胱、大肠。

疾病：泄泻、吐痢、冷汗，犯淫祠、水庙、水神。

饮食：大豆、鱼鲊、水中之物。

器用：文墨、丝绵、布帛、珠玉、首饰、衣服、笼匣、图画、瓶盏、木匙、木豆、浴盆、水桶、绳索、木炭、石灰、音乐、棋子、紫皂色物。

宫室：神堂、祠庙、后家、卧房、菜园。

鸟兽：为蝠，为燕，为鼠，为鱼，为鳖，为螺，为蚶，为猩猩。

草木：为水草，荇菜，为蘋蓼。

加乘用变论曰：加寅乘阴，主妇人有喜。加辰乘蛇，主妇人哭泣。加巳乘常，主便血。加未乘蛇，主祟祸惊疑。加申支，主占僧道远信。乘阴加酉支，主门户师尼出入。加戌，主妇人私诱期约，戌日尤的。加亥乘阴，主阴私不明之事起。作空克支，主人患泻痢。作后武克日，为符箓厌害。作朱常克日，为衣染祟。作虎克日，为鼠咬衣。作后临卯，为丝。作空临卯申未，为邪师。作乙合临申卯，为印信。作奸门临卯，为奸私。临寅申为道。作空加亥，为神祟。见金木则吉，见土争竞，见火患病。

《海底眼》作歌曰：神后临申申日推，远途言望僧兼医。戌日子戌妇人事，主有诖诱私相期。太阴子寅当有孕，螣蛇子辰粉泪垂。后阴子酉当酉日，门户出入有师尼。天乙子酉家长病，蛇虎子巳血便遗。空子克支人泻痢，太阴子亥有阴私。武后子鬼符厌害，螣子加未祟惊疑。朱常子鬼衣染祟[1]，白虎子鬼鼠伤衣。

管子《神书》曰：子丑相加德喜，主就婚姻[2]，若逢禄马交驰，高标科甲。子卯为鬼加休囚，徒养人儿不自由[3]。子午卯酉团团转，本身不动却如懒[4]。子丑入用德喜助，必有婚姻遂我慕。子作喜神临胎，家中女子有怀。子带忧神刑支，小儿哭泣灾时。子作丁马，出行荣也。子立四土上，病符白虎方。小口不安康，亟禳免其殃。子带丁马走促干，必定行人

---

[1] 因得衣服染，患祸祟为扰。
[2] 牛女相逢也。
[3] 为儿，作日子孙爻也。
[4] 三交卦象也。

在路间。子带皇书入官乡，必主功名侍帝傍。

孙膑《口诀》曰：神后临酉见金神，到寅儿子乐工文。戌上中兵为病患，后妇辰方绝子孙。神后奸淫失望求，临子随波逐性流。若居金水重重吉，见土相争田与畴。火入妇灾阴患病，血光惊恐理中搜。子为奸狡不明白，定主婚姻有暗隔。必是仲冬十一月，不然人死更遭贼。临寅财丰兼畜旺，更生高贵俊吏人。临卯死伤惟六畜，缠缚由来动贼神。辰主人亡堂现怪，走亡四足争婚姻。不祥居巳生雀角，眼患争财在丑村。午头伤马男儿损，又主火光惊四邻。行来未上争财帛，更兼文字印书存。问申有子常游外，家中儒士诵黄昏。酉主夫妻常反目，更伤生死别离魂。临戌三年子孙绝，自死黑犬自破盆。水穿入宅因居亥，女泆兼之动盗神。本位子孙防水溺，朱雀投江是死神。

补：作贵加酉支，主家长病。

太阴所为蔽匿，祸福其来不明。

雷部为霜雪冰冻之神，主阴私财帛暗昧之事。能为阴祸，亦能为德于隐，故曰不明，在变化之间。

垂帘则妾妇相侮，入内则蒙溷卑尊。

端门向明，子地正北，曰垂帘者，昏夜无见，所以妾妇居此阴位，得肆其侮嫚之心，以狎上也。妾妇，太阴象也。《诗》云："忧心悄悄，愠于群小。"占者有焉。乘子，主奸私；在子上，主妇人诈情。管子曰：阴子不利，多祸分消。文章五谷，有妇邀逃①。太阴居丑曰入内。丑乃斗牛之墟，天乙之位，而太阴入之，至尊受此阴蒙，乱之始也。君子占之，必慎其独也。乘丑，守局，主女人病；在丑上，土尊卑淫泆。曰：阴丑邀女牛铜铁②。

被察兮当忧怪异，造庭兮宜备乖争。

太阴酉，与戌六害，且河魁刑狱之方，而临之，非被纠之象乎？欲饰其非，愈怪且异矣，故当忧也。乘戌，绣裳，主有文印；在戌上，主冤抑说诬。曰：阴戌恶卒，钱药镜兵③。太阴酉，与辰六合，辰乃龙庭，天罡

---

① 太阴临子为逃避神。太阴子，闪赚喜垂帘，上义下欺无德礼，提防奴婢暗侵瞒，事事杜辛艰。
② 酉破子，丑墓金，故其占如此。厉无咎。◎丑为太阴之堂，为障蔽神。太阴丑，入局宜安静，遇人接引遇欢娱，只当守分毋侥幸，高人多启敬。
③ 戌为漂流神。太阴戌，被察绣衣裳，怪异多忧非是祟，婚姻和合喜双双，作事主荣昌。

之家，而太阴之妖媚人之，必与天罡相得。然天罡未尝无凤宠也，焉能不争宠而生乖变哉？乘辰，理妆，主伏藏；在辰[不临]上，主有勾连暗昧之事。曰：阴辰主恶，邀屠金石。阴空辰戌，用鬼刑害。更加马丁，奴逃是矣。或被脱赚，谩语无因。太阴乘辰，加于卯酉①，必有贼来，宜于谨守②。

跣足脱巾，财物文书暗动；裸形伏枕，盗贼口舌忧惊。

寅乃平旦，晨起之时，有跣足象。午则长昼，欲眠之时，其象脱巾。夫太阴之金，克寅木为财；朱雀午火，反制太阴为财，且寅司书籍，雀掌文章，故二者，财物文书，俱于暗中动也。乘寅，主淫泆；在寅上，暗有阴财③。乘午，披发，主女人争斗；在午[不临]上，主书信奸情④。曰：阴寅不宜，须当自谨。阴午官灾，未妥勿忿。亥乃夜深就榻，有裸形象。巳火克伏太阴，有卧病伏枕之义。而巳蛇主口舌惊恐，亥武主盗贼忧疑。故其占如此。乘亥，妊娠，主泆女；在亥上，妯娌私通⑤。乘巳，主私事发露；在巳[不临]上，主二女⑥口舌⑦。曰：阴亥被谋，女捉衣物。外人入宅，邀坐回途。太阴马载鬼豕亥，屋中鸣叫鬼相害。太阴金将日与辰，亥卯未妻是再婚。阴巳悲伤，手足战慄。太阴乘亥加卯酉，其家必有患眼人。主有镜昏并破碎，更有金银钱物真。

闭户观书，雅称士人之政；微行执政，偏宜君子之贞。

酉其本家，故闭户，阴好静也。未乃离明之次舍，可以观书。夫土金生养，涵泳优游之象也。占得二者，安且吉兮。乘酉，入宫，主婢自出；在酉上，尼姑后门⑧。乘未，持书，主婚姻；在未上，阴人饮酒⑨。曰：阴酉临火作闭口，姣容不语难分剖。阴临酉上作吾妻，刑害相加尚不宜。定

---

① 无加卯。
② 辰为□□神。太阴辰，遭囚曰理冠，辰戌阴空防损失，事多成就利心忱，蒙蔽被人瞒。
③ 寅为马嚼神。太阴寅，跣足不能行，财禄两途俱失意，艰辛举止不能伸，暗昧阻前程。
④ 午为蹉跎神。太阴午，披发脱巾乡，财物文章书信至，奸淫巳午用心防，远虑不为昌。
⑤ 亥为盲聋神。太阴亥，受孕裸形方，盗失相期须仔细，提防暗昧有乖张，阴小患非常。
⑥ 争春。
⑦ 巳为太阴游宫，曰恍惚神。太阴巳，伏枕抱忧虑，暗昧稽留事鲜成，奸盗阴谋须谨忌，切要防多费。
⑧ 酉为太阴之房，日落火星。酉太阴，闭户自入室，拔剑小人有暗伤，只宜守静方为吉，三妇多无益。
⑨ 未为酒馔神。未太阴，持书最刊贵，庶人音信并文书，士子登科志气锐，贵人相际遇。

有三妻相逼迫，不然却有镜分离。阴酉丁上月厌鬼，鸡则雄①鸣雌②弄砧。又曰：阴未有获，阴辰恶积。卯乃私门，可袒裸以入之，微行象也。申乃太阴旺地，得志行权之所，有执政之象焉。君子占之，非阴神之比，故时当在下而微行也。持以贞一之操，时当在上而执政也，亦持以贞一之操，和而不流，中立而不倚也。乘卯，沐浴，主纵意；在卯［不临］上，损失外亲③。乘申，法服，主远信；在申上，君臣失礼④。曰：阴卯绳索主自缢，二死相缠不再生。阴卯奸邪，一手三足。阴申重见，龙虎不全。邀军凶死，须防不平。阴后在申加于丙，三个妇人妙作才⑤。

太阴为隐匿之将，鬼蜮之星。啸党山林［卯］，生异心⑥以为国贼。欺君擅政［申］，鼓巧舌⑦而致倾城。礼羊［未］，女人之婚聘；乘牛［丑］，僧愿之虔诚。天罡门户加贼神⑧，盗贼侵凌。双女双鱼与阴后⑨，二女争春。白猴乘金牛［申］，祸狱病而利用行人。猰㺄斩蛟兽［辰］，忧脱赚而奴仆潜行。卜尊长，日德空亡必死。加刑害，年中阴小灾兴。《汇占·诗》曰：太阴金神史中丞，阴私秘匿事相迎。君子罪名将出入，小人贼诈致忧惊。旺相相生婚酒醴，死囚刑克祀神征。病者四肢腰腹痛，鼋神为祸可祈轻。

太阴，吉将也。居天乙后二，天乙之中丞，又为天乙之妃嫔也。家在辛酉金，旺于申酉。虽奸乱暗昧，亦能为冥冥中之默助。其将，主阴私喜

---

① 雌。
② 雄。
③ 卯为风波神。太阴卯，沐浴失事礼，利宜君子事多贞，不利小人事不济，怪责非因已。
④ 申为关连神。太阴申，执政事阴昏，拔剑相扰君了古，小人勿用主灾屯，事废独宜婚。
⑤ 妙作才，一本作抄尔财。◎参考：太阴金，巳牛村，受制焚身奸盗森，若不欺官欺长上，纵横耗散是非门。◎为月将，沅讼声名。值占时，秘密放行。加岁而喜逢皇命，加月而恩白尊亲。加日，吉则家门庆幸，凶则暗昧灾迍。加辰，善，赐赏承荣光耀；恶，忧疑诈伪逡巡。发用，求有助而欲必得。入传，功有就而名必成。立命，胸多机略。临年，岁履嘉亨。旺主阴人不正，衰主凝滞艰辛。据德而人情喜美，君子垂仁履合而男儿欢协，妇女奔淫得禄仕宦迁转。印绶儒林指日飞腾，驭马道里驰驱不息。关河商贾经营，鬼狰狞，小人狂暴，墓辨梦，重雾宵征。破则阴图乖格，悔吝交争。害则患于内，婢妾嫌憎。刑因辱，官司杖比。冲惊乱，上下不宁。天诏，天庭文字。天喜，长者留情。从革，金银财帛。亥未，疾病沉吟。失位而阴私隐匿，有气而燕会婚姻。卯酉奸淫公讼，加孟羞辱轻盈。居乾巽，双女竞男往复。作空亡，暗财幼女因循。
⑥ 隐匿。
⑦ 鬼贼。
⑧ 辰卯酉为元阴。
⑨ 巳亥子乘阴或乘后。

庆，阴人财物及妇人婚姻之象。宫帏、妇人、尼婢、小女、娼妓、金银财帛钱镜，暗昧不明，欺蔽隐匿，忧惊淫泆，屈抑不伸等事。其戾，主阴私损失，谋事迟违未成，远信未至，疾病未瘥。又主金银之器，毡鞍之物。加日辰，其物黄白，金铁刀刃之物。变异为野外水中之物。五谷为麦，禽为鸡雉飞鸟。夫太阴辛酉金将，遇土相，遇金旺，遇火死，遇木囚，遇水休。居金方，乘金神克日，曰太阴拔剑，主阴谋相害。乘旺，主嫁娶阴私事，为金玉财帛。乘相，主财帛蔽匿事，为妇女谋聘。乘死，主阴私死丧事，为奴婢逃亡。乘囚，主阴私囚系事，亦为奴婢逃。乘休，主诬传蔽匿事，为妇女奸私。旺相相生，则主喜，或为胎产。死囚刑克，主阴人小口患病，否则阴小奸樊不正也。凡占讼，太阴入卦，与日相生，宜首罪出罪。占病，太阴入卦，刑克，神佛愿动。占盗贼，忌入课传，为难捕也，临日辰亦然。盖太阴为天地藏蔽之神，故不宜占逃亡盗贼。占墓宅，太阴入卦，则所临之方有佛寺，否则有奇美好物。占婚，见太阴入卦，并卯酉亥未发用，临日辰，其女必不贞洁，又主神佛有阻难成，或有阴人在其间挠扰，而间阻之也。

加乘传变论曰：太阴主匿藏阻隔。在未披刑，在酉得位。乘丑巳天空，走婢失财。乘卯酉，门户动摇。乘亥巳，二女争淫，士人遇阴私之事，常人占，阴私惊灾。发用，主阴小有灾。乘白虎，主桥梁。初太阴，中末天后天空，主夜酒。遥加丑未，主沉吟，随将吉凶断之。若乘空亡，主忧少妇女子，暗中财物事。若乘天诏，主天庭文字。旺相主赐金帛。休囚主暗昧。乘空破，为镜破，或病眼。若乘天喜，为施恩。若乘鬼加日辰，为小人欺诈。乘子加寅，主孕妇过月。乘卯加子，主妇人淫泆。乘酉加巳丑，主钱帛之事。克日，主女子口舌。更乘寅卯巳亥克日，奸私事。克日更加卯酉，必有奸私官妨事。占病，四肢脚痛。归本家，阴谋渐深，官事遇赦也。太阴传乙，主妇喜恩私。传蛇，主遗匿猜疑。传雀，主争竞财物。传合，主暗中有喜。传勾，主分离争斗。传龙，主私欢有灾。传空，主狐犬怪祸。传虎，主阴小灾否。传常，主职服暗来。传武，主奴婢遗失。传后，主二女争淫。

《拾翠》曰：太阴生年作用神，人口添进。太阴生合事宜晦，奸门阴私。生日暗扶，前去无灾无害。克日闭劫，行防影射阴谋。和合进银财，阴小阴私同断。作比入空用，弟兄和乐不终。若同劫煞克干，奸与阴神妇匿。不是妒奸暗害，定然仇敌阴谋。阴带池咸是娲尼，德喜相期暗喜。就中更作财神会，谋财必带有私。克年而带咸奸，妇人相害。阴谋而起争杀，朝夕提防。阴后为财迷入玄，马丁相会妻奔走。阴胎作财主有孕，丁癸水入厌双生。阴后为子作马丁，逢武迷而女逐人走。阴后入空远女诈，得阴私而反可后通。阴鬼入梦而哄缠，柳花再发而路饮。阴空二死破衰死，死无棺葬似僧尼。阴乘死害克与刑，兄弟不离应病死。太阴天后螣蛇武，酉戌相加奴婢奸。酉加戌也婢奸奴，戌加酉也奴奸婢。歌曰：太阴金将加日辰，亥卯未妻是再婚。太阴巳亥加卯酉，其家有患眼疾人。亦主婚镜并破碎，更有金银钱物真①。

　　酉为从魁奴女，太阴金牛宫宇。其次大梁，其音商羽。阴私门宅金钱，赵分冀州西里。胃昴毕星分，雉鸡乌禽侣。于姓则乌辛毕赵羽音，于字则火口金门可取。婢户家人大客，胶漆有鬶之人。玉匮刀鞘铲□，稻谷酒茗是主。吉则官禄赏赐，排解之欢；凶则蔽匿死尸，移门之举。金冶酒务，囷厕之场；神庙娼家，水瓮之处。其色白，其数四[生]六②九，为精血，为皮毛口耳。其于人也，性刚面白，形方之子。诗曰：从魁金玉[龙阴]小刀钱[阴]，奴婢[空]阴私[合]小水[武]边。小麦[常]九江[后]并赏赐[贵]，鸡禽[朱]解散[勾]必为欢③。

　　从魁，酉神也。白虎乘酉，旺相为金玉，囚死为刀。青龙乘酉，旺相亦为金玉。六辛日天乙顺治，则酉作虎，逆治则酉作龙，此日太阴主事，旺为金玉，死为刀，及其屠戮之事。若龙为用，金木相克，凡事有始无终。钱者，太阴主之。但丙丁日，天乙顺治，则太阴临酉，乃主钱也。若非丙丁日火制酉金，则不能成钱矣。未为天乙，甲戊庚二日逆治，则酉亦作太阴，不言钱，何也？甲日春占，太阴囚，乃主奴婢奸私。戊日土，太阴为相，金土相生，两阴相会，主婚姻事。庚日金太旺，则主金银财帛故也。奴婢，天空主之，此通言也。酉为婢，与天空为邻，故主奴婢私通。

---

① 甲乙日遁逃遗失，丙丁日田财争讼，戊己日所求隐匿，庚辛日人来谋己，壬癸日出入暗昧。
② 先天。
③ 必，原作不，言岂不也。◎元武从魁小水，虎龙金玉金刀。太阴如上并钱曹，空婢合私浃冒。小麦太常典守，鸡乌雉怪蛇嚣，朱禽陈解乐陶陶，贵赐后江源导。

阴私者，六合主之。辛日且贵顺治，则从魁为六合，酉神阴私蔽匿，而六合私门之将，并临为表里阴私，故亦主阴通也。水边，元武主之。辛日金旺，元武是水，故曰水边。若六己日占，且将顺治，酉亦作武，而己土克去元武，主水濡涸也。小麦者，太常主之。壬日巳为天乙逆行，则酉为常，天干是水，酉将得之，金水相生，麦苗秀也。甲戊庚日且贵顺治，常亦乘酉，则有不同焉。甲日主麦未熟而先损，金克木故也。戊日麦多实大，有土生金故也。庚日麦实而粒小，以金刚坚硬，不如戊土之力壮，故粒小也。九江者，天后主之。酉金生天后，渊源之水也。赏赐者，贵人主之。旺相多其赏赉，囚死则主贵人嗔责。占讼有枷锁之忧。朱雀临酉，则主雉鸡乌之禽，又主狱讼文书，克日是也。若二月六己日占，将得螣蛇，主鸡乌雉怪，旦为乌怪，昼为鸡怪，暮则为雉鸟怪。寅卯辰三时，为月厌在酉故也。勾陈主解散，甲戊庚三日，丑贵逆行，则酉作勾陈。甲木青龙直日，克勾土，勾之子酉克甲。盖金木土三行，互相恃机克害，安得无战？战则解散，定为欢也。戊庚二日，相生比和，和则无战，亦欢也。壬癸二日，巳为天乙，顺则从魁亦作勾陈，壬癸之水，畏勾陈之土制之，却得勾陈之子酉金生扶，谓之恩解散也，能不欢乎？《拾遗》曰：从魁酉金，为私门。丁动，主走婢。二后临，乃真正墙路桃花也。临支为财，又加干，乃牝鸡司晨也。论其主事：

天文：日躔大梁之次，星分胃昴与毕。为水母，为阴雨，乘虎，冬春为雪霰。

地理：赵分，冀州。真定府、河北西路、魏郡、钜鹿、常山、中广平、信都。为远水，为九江，为道路，为街巷。

人物：中丞、太亲女、老妇人、阴贵人、少女、外戚、嫔婢、娼妓、屠沽、酒保、卜筮、匠人。

五行：属金。秋旺季相夏死春囚冬休。不受所寄。丁巳生，其音羽，色白，味辛，律中南吕。

时令：为三月将，为八月建。

数目：本数四，先天数六。

经史：为七书，为碑碣文。

姓氏：梁余曹尹石范。从革卦周。金旁，口轮旁，耳字偏旁。加巳姜，加丑华，加申刘。月将加本位时，天乙加酉郑。

人事：奸贼、邪盗、起讼、分离、私通、赏赐、色欲、解散。

身体：口耳鼻窍肺精髓血皮毛小肠阴户。

疾病：痨瘵、咳嗽、□□犯灶神、门户神、金神。

宫室：后户、仓囷、银店、钟楼、酒坊、婢室、私门、酒房、妓馆、门户、鸡鸭栖。加火为炉为冶。

器用：冠幕、金银、珠玉。休囚为铜铁，带刃刑为刀剑。首饰、钗钏、兵器、戈戟、镜、砧、铜器、针锁、碓磨、石柱、石头、纸钱、碑碣、刀鞘、瓶瓮、古钟、玉匣、婢床、剪刀。

饮食：小麦、肉面、酒、醋、糟、藏物、果食。

草木：为姜，为蒜、蓉、桂、菊花、秋草。

鸟兽：为鸡，为鸭，为雉，为乌，为鸿雁。

加乘用变论曰：加巳乘龙，居处近神庙。加辰乘雀，主家具有嘴物。加未乘虎，妇人占此，主望泽。如乘阴乘后，主妇人事。加申乘雀，主刀仗损缺。六甲日占之，乃道路信息也。五六月占之，则问小麦。加戌乘空，主奴婢欺诈，亦主小人间隔。丑日临丑，钱物事，乘阴尤的。从魁居白虎下，防房屋坍损，其家有患口疮或恶疾人。作日鬼，并蛇虎带煞，磁石镜剑作祟。作虎临孟，为远信至。作后临旺，为赏赐。作虎加寅，为铜缸。作阴加亥子，为玉。作空临休衰，为姨为婢。加奸门，为阴私。临旺相，为少女。作合临寅申，为妮。作龙加卯，为麦。作阴加三合，为钱。总之，从魁见木，主口舌；见火，主失财患病；见卯酉相冲，主休妻别离；见水，大吉；见土，次吉。

《海底右眼》作歌曰，从魁入传仔细测，临巳乘龙居庙侧。丑日酉丑主钱财，若乘太阴尤更得。酉居申上五申日，须言道路占信息。五六月间得此课，定是人间问小麦。酉未阴后为妇人，太常妇女望恩泽。天空酉戌奴婢诈，所求更被小人隔。朱酉加申缺伏刀，朱酉辰为有嘴物。虎酉临处屋宇损，亦有口疮人患厄。虎蛇酉鬼并劫煞，碓磨为灾宜弃却。

《拾翠》曰：哭忧酉木官符，口舌阴私不利。女灾酉火死病，咸奸阴合牵缠。酉子咸池奸私，大煞飞廉生祸。酉丑作财入旺，内助成家。酉辰丁漫符巫，师婆法术。酉巳病符兼恶煞，痨瘵索缧牢中。酉午加来，来刑子劫。伤儿杀子,大抵因妻。酉午宠婢登堂,匪人为正。若加蛇雀狂恶,逢厌梦魇。或然喜合相逢,却也议亲有准。德喜加之亲迎,亦主作媒。不空不害成祥,允谐秦晋。酉加丁上,是用为妻。无端死气相侵,那得齐眉白首。三个妻空过一世,求财三日即如心。

孙子《口诀》曰:从魁到午必因宅,子位阴私祸更多。巳上患痨元自缢,到辰须定出师婆。从魁财帛事不明,媒保阴人口舌生。财散人离方始住,动在中秋辛与庚。从魁妇女索离休,火克阴私为此由。壮力女人多厚重,钗钏金银酒器求。本来口舌阴私祸,见火灾屯损女忧。临寅失贼后户门,恶伤自缢主阴人。向年家内无尊长,家内有刀曾杀人。卯主官争人暗害,长夜金声光影怪。临辰主争铜铁器,文动争张事应狂。小人惹事在巳宫,财破阴人又病攻。加午心疼兼孝服,射占白物或磁铜。羊酒乞食未方应,知会宴饮多有庆。兄弟远归申上酉,姊妹欢聚血财应。本位金声鸣暗里,贼入房中奸婢女。亥妾外心淫泆成,更主婚联产生女。临丑同邻妇女谋,盗卖人地立虚契。子亥同断夫妇离,亦主葬埋求财喜。临戌定主家不和,男患头风兼目瞖。出落恶后且伤人,为有伏尸在□□。

元武遗忘,阴贼逃避。雷部为苦雨之神。主盗贼失脱,逃亡之事。

撒发有畏捕之心,升堂有干求之意。

子乃夜半,其睡未醒。而子鼠虚惊之神,元武贼神值之,怀疑畏捕,被惊而起,有撒发之象。然不过虚疑,而实则无害也。乘子,过海,主妇人逃;在子上,阴私盗贼。管子曰:武子不利,水底沉吟。武乘子卯却临申,丁马天车路防贼①。丑乃贵位,土能制水,元武居丑,不能行盗,以礼谒见,实怀穿窬之心。其所干求,不以实对也。然则君子斯可受御与。乘丑,主失牛畜,曰立云;在丑上,相欺损财。曰:武丑可疑邀溺水②。

爱寅兮入林难寻,恶辰兮失路自制。

寅为山林,贼所凭依,入林难捕,穿窬得志之地。乘寅,拔头,主失

---

① 元武临子为盗贼神。元武子,加印事堪行,出入动为皆大吉,虽然成得虑难成,进取始堪凭。

② 丑为无成神。元武丑,入室立云中,临季奸谋须受戮,事情过实乃虚风,防失变迁通。

文字或猫畜；在寅［不临］上，盗贼铁锁。曰：元武乘寅，帛文状言。树邀黑马，竹木缠根①。辰土能制亥水，且为天罗，元武至此，有失路之象，故甚恶之。盗贼消亡，君子祖腹时也。乘辰，入狱，主神怒，主失骨殖；在辰［不临］上，凶贼陷刑制之地。曰：武辰武卯，又作其鬼，马丁盗神，贼逃必矣。元武临辰，加于卯酉，必有贼来，宜于谨守。武辰药物，猪屠瓶盏，邀酒勿饮，候人莫见。武临辰戌性至贪，常爱便宜夜不眠。元武相乘辰申子，论讼取索事干起。原来一带水汪汪，可恶元武来作鬼②。

窥户也家有盗贼，反顾也虚获惊悸。

卯为门，武为盗，窥户者，入门之象。占者宜谨之于豫。乘卯，主失舟船或驴畜；在卯［不临］上，阴乱走失。曰：武卯迷闭有隐贼，劫煞相加财有伤。若或合支与合干，丁马□人离身端。武卯不利，只宜伏逃。瞎唇毛发，草木竹邀③。巳乃昼方，不利于盗贼。元武至此，纵无人追逐，亦爱反顾。既无追者，则徒怀虚惧耳。乘巳，跣足，主灶怒，主失小儿；在巳［不临］上，有小人婚财。曰：武巳邀怪，居家不能。石灰禽鸟，乞丐军人。其主吉凶，占同卯［武］辰④。

伏藏则隐于深邃之乡，不成必败于酒食之地。

亥乃元武本家，且属夜方，有深邃之象。伏藏于内，捕者无如之何矣。乘亥，顶冠，主为水神；在亥上，阴病迁居。曰：武亥必有青黑物，猪屠木匠或相逢⑤。未土克刑贼神，所以元武欲盗不能成事也。且未本太常酒食之家，其象因酒而败，盗易获也。君子有庆。乘未［不乘］，朝天，丰为众亲男川；在未［不临］卜，丰为酒食不利。曰：武未不妥，师婆合果⑥。按壬书天地盘旦暮将，并无元武乘临于未，而群书皆有之，或者阳

---

① 寅为出暗神。元武寅，披发事生嗔，出入桥梁并道路，恐遭财物有虚惊，防备贼欺凌。
② 辰为枷棒神。元武辰，入狱论争瞋，春月浴盆并盗起，经官动府事无真，须省婢奴侵。
③ 卯乃元武之堂，为失序神。元武卯，窥户暗欺凌，乃忌小人来损害，虚诒诈伪事惊心，防贼暗伤人。
④ 巳为隔碍神。元武巳，折足致吁嗟，贼势败衰擒易获，几番消息自踟蹰，禁步莫狂趋。
⑤ 亥乃元武之房，为破暗神。元武亥，潜伏曰顶冠，不是鬼神来惊觉，一场惊怪梦中看，逃盗捕之艰。
⑥ 未乃元武游行之地，为毒药神。元武未，惊戒为朝天，君子利征群小憎，莫因酒色把身孅，饮食节无愆。

将顺行，阴将逆行，而有此乎？或曰：谓玄武之阴神有之，余滋惑焉，敢问高明。

截路拔剑，贼怀怒攻之反伤；折足遭囚，贼失势擒之可俟。

午乃天地之道路，而武水能制午火，故象截路。酉为阴金，金刃之司，而生武水，有拔剑之义。二者贼势猖獗，岂宜轻攻？攻之反遭其伤也，必矣。占者宜避其锋。乘午，失剑，主为菩萨；在午［不临］上，贼两相伤。乘酉，持戟，奴婢逃；在酉上，走失伤财。曰：武午不利，无自踏失。马斗文章，毛羽邀年。武临午上遇癸日，又带病符入其间。心气不能尊长病，迩来何日得平安①。武酉入未并迷厌，酒器钱财掩难见。武临酉卯，又作反吟，有人走失，男诱妇人，或入房中②，起自妇人③。元武居申，申属坤土，且与亥水六害，又在昼方，贼所深畏，其象折足，刚□□贼也。戌乃地网，土又制水，故为遭囚。元武遭此二者，贼大失势，捕者喜可知也。乘申，横剑，有气主失金银，无气主失铜铁；在申上，亲宾远信。乘戌，战争，主四足怪；在戌上，牢狱僧贼。曰：武申有疑，宁乎潜窜。军贼铁炭，石器邀看④。武加戌上腿足痛，欲行不行主步卒⑤。

玄武通神，藏于不测之渊⑥，本为盗气⑦，利作阴私之事。魁罡乘于神后⑧，妇女怀娠。空破加乎日辰⑨，走失怪异。遇白羊［戌制］困敦［子旺］执徐［辰墓］加门户［卯酉］，主盗贼伤人睥睨。同胜光［午］太乙［巳］而职贵。临支宅或年或月，带生气，有过犯隐迹之辈。并劫煞元盗而寇至，乘天贼而失脱真，入私门［卯酉］而人逃避。诗曰：后三元武后将军，盗贼奸私讼狱陈。君子奴逃车马失，小人淫乱妇离群。相生旺相畜财吉，刑克死

---

① 午为破项神。元武午，截路意怀凶，失剑岂能伤我物，任他谋害不能戎，盗贼反遭凶。
② 子为房。
③ 酉为伪诈神。元武酉，失剑把戈扬，能镇贼人于物外，莫嫌斗乱起官方，凶里化祯祥。
④ 申为破镜神。元武申，横戟吓何人，事有当谋心身努，也须努力事方新，凶险不伤身。
⑤ 戌为五山神。元武戌，遭囚又临敌，更兼作乱与争论，美中不足劳空力，仔细还防失。
⑥ 亥其本宫。
⑦ 水盗乾天金气。
⑧ 辰戌作武加子，子乘武加辰戌。
⑨ 武作空亡破碎临于干支。

囚丧系真。病者腰疼兼胀满，祟殃河泊溺潭神①。

元武，凶将也。居贵人后三辰，天乙之后将军也。阴贼走失，兵戈抢攘，家在癸亥水。旺于亥子。其将，主聪明多智，文章巧伟，求望财物，干谒贵人。专主盗贼遗亡，奸邪离别，斗戏取索，计谋之事，雨水之象。其戾，盗贼诈伪，奸讹小人，及女子私事不明，走失疾病鬼魅梦想，遇空亡尤甚。又主虚惊。历象，又为流转，鬼祟煽惑之象。加日辰，其物白色，出水中之物。布麻细绢磁盏石器，相将勾连，鳞甲文章。变异为内虚，女子之物。为豆，为走兽。盖元武亥水，遇水旺，遇金相，遇土死，遇火囚，遇木休。顺行在亥子遇水，或逆居四季遇土，皆曰元武□□，盗贼兵伤。乘旺，主贵人遗失财物事，为走失。乘相，主县官亡失财物事，为偷攘。乘死，主盗贼财物事，为溺水。乘囚，主盗失财囚系事，为伤害奸讹。乘休，主亡病人财物事。总之元武多主浮泛，占事难成。在江河，则主风；在道路，则主雨。与财星并，则财物失散而潜滞，多成多破。如乘旺相相生，与日辰作合，则主交易，或牙侩成合之因。凡占贼窟，先责元武三传，以元为主，次以武阴第二传，为盗神，神坐下为藏物之处。而盗神之阴，则武之三传也。三传神将若相生，则其贼难获。若相疾妒，则易败擒也。凡占都忌武临日辰，或日辰作武，逆治贼害日辰者，谨防失脱，及与小人交易，恐有脱赚。不然，其宅门下有阴贼小人不利也。如生旺顺治，不可如此例断。凡占走失人物，如见元武附德神，更临日辰，逃者自归，不则人自来报。凡常占，武临门户，更值昂星卦者，其家必有失脱，为官事，更值克刑，主罪人亡也②。

---

① 参考：课传武，暗退财，盗贼奸淫事事乖，功曹相遇得和谐，亥寅相合身无灾。
元武遇，遇盗神，四仲伤才不必寻，逢盗失财因子午，阴私卯酉且逃人。
元武水，会浴盆，占病旬终命不存，夏未春辰秋在戌，三冬居丑指头抻。
元武水，合魁罡，望失公私奴婢亡，横截浴盆秋戌艮，发临四季且猖狂。

② 值太岁，君子亨通，小人乖格。见太阳，战斗摧坚，旧符易获。将顺月建，显达功名。睽违兮，灾殃莫测。和协占时，亨嘉谋望。参差兮，悔吝不一。临日而心如悬旌，加辰而愁生家室。作用也，蹭蹬遗亡。入传也，忧疑悚惕。立命而能施妙算，堪秉权衡。历年而耗损提携，营求阻逆。德僧戒行，而逃者自归。合机易成，而阿堵日益。受禄则威扬海宇，身列元戎。驾马则亡走天涯，追踪灭迹。鬼为魍魉祟，抑郁生灾。墓露穿窬，奴婢悲哀。破防阴小之耗毁，害吝刀刃之推排。犯刑而欺凌争竞，逢冲而反覆睽乖。乘寅卯而为棺，占病不吉。依午将而得位，筮仕都哉。

论其加乘传变曰：元武乘空亡，主遗失及阴谋，远行难回。若加六害，为带剑，贼伤人。如在土上，为折足，贼败。乘辰加丑，主门户有走失。乘子加丑，主阴小失财。乘寅加卯，为棺椁，占病凶。乘卯加亥，主讼狱枷禁。乘子加劫煞并卯亥，主杀劫。乘辰加日，主兽头自堕，及小便不通。乘辰加戌申，主贼兵。乘子为华盖，主逃亡不获。乘日鬼作死气，占疾有祟，其病肺胀满，犯溺河水鬼。若反吟卦冲日辰，主盗。见壬癸，主失脱遗亡。癸亥水为胎神，主妇人怀孕。乘午未，主迁官。乘寅亥，主进人小口。乘亥，主盗贼逃亡。乘□□，主妻妾孕，亦主奴婢走。乘亥子辰加卯酉，主贼伤人。见贵人未顺乘卯酉，主门户动摇。见六合，主盗贼欺诈，克日必破财。若乘卯克日，必横截，及盗贼起。若带杀刑血支血忌金神羊刃丧门吊客，主孝服，杀伤人也。若归本家，近遭盗起，奴婢聒噪。至于元武之传也。传天乙，主退职。传螣蛇，主逃失多怪。传朱雀，主鬼贼，失文书。传六合，主遗亡、失官。传勾陈，主投军刑害。传青龙，主孕妇伤子，财物暗失。传天空，主奴婢欺逃。传白虎，主逃亡水厄。传太常，主淫乱凶灾。传太阴，主匿财暗失。传天后，主婢女奸私也①。

《海底眼》曰：元武天门上下逢，神庙佛像事相通。元临辰戌神不安，神愿未还鬼爻攻。元临辰戌病忧死，昏沉邪惑发狂风。元武乘神加卯酉，家内神佛当门中。

《六壬拾翠》曰：元武生年吉可逢，德成喜合且追从。旺相添财进人口，休衰进畜得从容。若克行年入五盗，提防昏夜贼兴戎。若克年神带迷负，更加谩语转昏蒙。必有冤仇阴致害，欲往西兮隐过东。武贼克干盗亡象，相加劫火暗伤凶。更观合喜咸池现，又主奸情事可穷。武劫相逢刑与害，日干受克怎弥缝。奸门阴杀来传入，业债怎偿妇手中。元武盗神今作鬼，用克干支逃盗丛。或为岁破加干上，必有逃亡人不容。武盗入空休捕盗，天涯海角不知风。武遭土败气囚死，忧灾二死病符封。路神劫煞马丁集，必然恶煞道途中。武蛇龙见三传上，以恶为善化其凶。元武天空岁月

---

① 甲乙日盗贼虚妄，丙丁日强恶侵欺，戊己日钱财遗失，庚辛日欢喜破用，壬癸日途路遇劫。

破，日破时破四般同。有一来加日辰上，预防走失审其踪。元武若与□□立，或刑或害或临空。此儿不久仍归化，养育无成气满胸。

亥为登明。天门，元武所屯。分野娵訾之次，角音之辰。其宫双鱼。阴诈乞索遗失。并州卫国。地理西北乾尊，室壁奎宿，猪猱狼群。页豕旁，象形字鹤。卫江蒙。角音姓真①。朝官道正兮，长幼孕妇，大盗谋干诸人。灯台格子兮，磁盏笔墨，豆靛黑色物呈。吉则燕详麟瑞，望喜之兆；凶则丧吊散离，怪异之根，江河沟涧槎木之所，住基厨厕田庄之村。推其数也，惟四[通]一[生]六[成]。取诸身也，头脾肾津。诗曰：登明天柱廪[常]楼台[青]，盗贼[武]伤人[白]幼子[六]哀，狱[蛇]吏[勾]厕秽[空]猪溺[后]死，阴私[阴]管籥[朱]召征[贵人]来②。

登明，亥神也。属水，五音山向。常以登明为天柱，太常为谷粟之神，家在未，与亥三合，水生木，木库未，主盖藏其物，故象曰廪。青龙乘亥，临寅或卯，则为楼台。加他位，非也。亥为贼家，元武归此，主盗贼也。伤人者，白虎主之。亥为木之父母，虎为木之鬼，乘亥则主伤人。幼子者，小儿也。六合为儿孙，乘亥主之。以木至亥方生，故曰幼也。螣蛇乘亥主哀，蛇乃丧车煞，若丙日占之，为水所克，有哭泣之事。勾陈为狱吏，甲壬癸三日夜贵，亥作勾陈，勾陈土克壬癸，而受甲克，两两相战，主吏嗔。戊庚二日，亥水亦作勾陈，水土不和，而勾陈与日相生比，故不妨。厕秽者，天空主之。猪属亥，则亥为天猪煞。溺死者，天后主之，有沉溺之象。太阴乘亥，主阴私。管籥者，朱雀主之。缘寅申巳亥乃籥神所居之地。雀主文书口舌，若占讼，得释赦之象。召征来者，贵人临亥曰登天门，若乘二马，决有贵人征召。

《拾遗》曰：登明水神，元武本乡。一曰天门，龙贵喜其登，雀虎不宜跃。勾陈捕捉，螣蛇溺溢。若临寅地，圈有死病之豕。如在子宫，胎产麒麟之子③。人品：身材矮小黑色，额润鼻高。

其将主事分类，列于左方。

---

① 角音一本曰羽音。
② 山向登明天柱，太常庚廪龙楼。蛇哀武盗虎伤愁，空厕秽猪溺后。六合原为幼子，阴私管籥朱浮。贵人征召喜悠悠，狱吏勾陈邂逅。
③ 寅属虎，亥豕逢之则杀身。亥配子成孩字，则得子。

天文：日躔娵訾之次，星分室壁之宿。为天庭，为天门，为玄穹宫，为云雾露。

地理：为天柱。卫分。太原府，河东路，并州。安定、天水、陇西、酒泉、张掖、金城。为江湖，为渡头。

人物：神人、鬼神、将军、上客、幼子、玉匠、醉人、盗贼、禁闱人、乞丐。

五行：属水。冬旺秋相季死夏囚春休。壬寄其上，甲木生其下。其音角，其色黑，其味咸，律中应钟。

时令：为正月将，为十月建。

数：本数一，先天数四。

经史：文章书经。

姓：点水、页、豕头旁。蔡诸卫俞胡安梅。本日俞，土日沈，伏吟徐。

人事：征召、智巧、奸谋、不定、忧愁、哭泣、伤人、走失、阴私、取索、婚姻、留连、溺死、遗亡。

身体：头、耳、膀胱、肾经、阴囊、血海、水道。

疾病：痹、疝、脾泄、梦泄、泻痢，为犯天门神坑、大川厕神。

饮食：稻、盐、黑豆、酱鲊、鱼鳖龟。

宫室：营寨、台榭、楼阁、廪厩、学堂、狴犴、浴堂、阬圈、溷厕。

器用：橛头、蚕茧、上衣、笔墨、文章、图画、伞盖、帐幔、管籥、香笠、杖、栏槽、担篙、绳索、灯、箱笼、渡舡、梳子、炭。

鸟兽：为狳，为猪，为獭，为熊。

草木：为梅花。

加乘用变论：登明加子乘常，主朋友酒食。乘虎，远亲、丝麻、孝服。乘阴，主阴私事。金木来乘为吉，土争斗，火水病。属妇人产难吐血自缢。加寅，居处近高楼。若乘龙乘常，则近寺观。乘勾乘虎，则近神庙。加辰乘雀合，主小儿哭泣。乘青龙，亦主家近寺观。加巳乘空，主作坑穴。凡占遗亡者，必埋其□□。占逃亡，亦责其处。加酉乘合，主逃亡及盗贼事。作贵人临寅，为钱为宝。不作贵人，则作高楼。甲乙日占作空。临寅，哭泣。临巳，为厕。乘虎临刑克地，为小儿灾患。作武临害地，为盗。临天马，为马。作阴为奸邪，作武作后，为奸神。作龙作合，临巳临午，为木。合未卯临子午，为溺水。临日为头。阳日加申，阴日加未，为足。水上火下，妇人产难。巳午在上，亥在下，主妇人吐血，防其缢死。

《海底眼》曰：登明神将寅上排，居邻高处及楼台。若得常龙言寺观，勾虎须临神庙街。朱六亥辰小儿哭，虎亥临子丝麻哀。青亥临辰亦近庙，亥元加酉徒盗乖。巳日天空作厕穴，或有遗亡此处理。太阴亥子阴私事，太常朋友酒筵开。虎亥更加刑克地，定应主见小儿灾。

管公明曰：亥丑无气与病神，身痿面黄有病侵。亥卯未合喜财偕，家门人旺足资财。亥火哭忧二死病，妇女灾生多恼闷。亥土官符不见金，宅田相竞人公门。亥加刑害与官吏，仍为争讼身非利。若见井煞与水忧，须防溺死无投庇。车马临亥水冬冬①，尤邀有鬼不相逢。亥同元武物黑青，或也猪拃木匠迎。

东方诀曰：登明到丑病痿黄，到巳必主少阴亡。未上猪羊饶散失，戌方还出丑儿郎。登明无事莫追求，乞索求财仔细搜。妇女无淫情性善，木金生旺美中收。若逢土上争田地，见火阴灾妇病休。亥为楼阁及岭岗，贼盗伤胎小儿亡。应在孟冬十月将，阴私鬼魅有逃亡。所临无定合辰日，神将人元三处求。

太常筵会，酒食相敬。

雷部为养物，雨淑气风，四时之喜神。主酒食财帛衣冠印绶赏赐医药等事。

遭枷必值决罚，侧目须逢谗佞。

太常居子曰遭枷，夫子位水乡，太常土临之，有崩陷之象。且太常未将，子未六害，害且陷，枷锁之状也。故值决罚。君子怀刑无争。乘子，持印，主为贞妇人；在子上，主枷锁毒药。管子曰：常子衣盏并红物，或为小儿游戏来②。寅木，常土畏其克；寅虎，未羊惧其噬。寅有在山之势，

---

① 巳午火也。
② 太常临子曰隔载神。太常子，荷项曰遭枷，万事提防有损失，囹圄囚禁及官衙，防盗更相加。

太常何敢与敌？受其制伏，敢怒而不敢言，惟侧目而已。尚畏其有谗佞潜慝于旁，凶仍未能免也。乘寅，主为道士；在寅上，主欺诈出外。曰：常寅文契，必相伤妻，害而不避，宜而不疑①。

遗冠也财物遭伤，逆命也尊卑讼横。

以太常衣冠之神，而入卯之私门，且土受木妒合，有其冠不正之象。故曰遗也。何以伤其财物？以未土被木克为财，而受其损破也。乘卯，主衣冠事；在卯[不临]上，伤残疾病。曰：常卯吃食，生干有益。羊兔果花，任其行藏②。常未在上，位尊；戌足在下，位卑。而河魁为狱网之神，上刑夫未，非逆命而尊卑讼起之象乎？晋元咺是也。乘戌，入狱，主为印绶；在戌上，主君臣谋陷。曰：常戌见财是暗财，犬衔衣走女坟来③。

衔杯受爵，不转职而迁官；铸印捧觞，不征召而喜庆。

申为传送，而司酒食之常会之，有衔杯以庆冠裳之象，是有转职之吉也。乘申，捧爵，主妇人大德；在申上，趋进迁官，常人迁居吉。曰：常申嘉会④。丑乃天乙贵人也，以太常冠裳之神，而拜至尊，则受爵必矣。故曰迁官也。乘丑，列席，主老人衣裳；在丑上，主损财迁官。曰：常丑宾朋相会喜，必有牧子带牛来⑤。太常为印绶之神，巳乃铸印之位，公器非征召不敢用也。故其象如此。乘巳，捧印，主为术士；在巳[不临]上，君臣双喜。曰：常巳心焦，女财不聚。果食钱财，绢帛衣邀⑥。未位太常宴会之本宫也。捧觞酬酢，宾主燕喜庆会之象。乘未，窥户，主为巫医；在未上，筵宾，亦主后妇。常未仲上传亥子，其人好酒无终始。又曰：常未自主，邀求女子。又曰：常未巳午木又劫，饿死无人进惠食。常未巳午加木煞，噎死其心不得活⑦。

---

① 寅为赏赐神。太常寅，侧目防谗佞，虽云谗佞也无伤，亦须检点兢兢慎，更改方能定。
② 卯为酒醴神，乃太常游行之地也。太常卯，秋日百为伤，不为失衣并损服，私阴遗耗两三场，遗冠要提防。
③ 常戌为仆马神。戌太常，逆命须捧印，尊卑上下不相和，求为事事都堪近，避讼宜诚信。
④ 申为薤露神。太常申，把爵曰衔杯，更动所求皆大吉，加官进职有施为，省力自光辉。
⑤ 丑为宴乐神。太常丑，传杯列席乡，进职迁官田宝聚，佳期请召吉非常，会丑贺称觞。
⑥ 巳为奏事神。太常巳，铸印事多夸，迁转动吏官禄旺，公文征召喜增加，民庶好生涯。
⑦ 未乃太常之房，为轩冕神。太常未，窥户为传杯，近贵加官并请托，开筵请召吉相随，风云际会时。

乘轩有改拜之封，佩印有用迁之命。

午乃天地之道路，太常临此，有乘轩之象。且立南向北，有面君之义，故有改拜之封，君子之庆也。占者利见大人。乘午，乘辂，主美人衣；在午[不临]上，主帝王恩命。曰：常午家资，丰而又敛。衣帛头面，贫女邀见①。辰为天罡，首领之神也。太常主印绶，而临首领之宫，有佩印之义，故主迁除之喜耳。乘辰，荷项，主田猎衣；在辰上，主奸邪改职。曰：常辰可占，食物药钱。不宜谒见，求财有亶②。

亥为征召，虽喜而必下争；酉作券书，虽顺而防后竞。

亥，天门也。太常临此，乃征召冠裳之象也。而下何以争？未土在上，亥水在下，惮土之克，故虽喜而实憎。盖未与亥三合，故喜而召，实受其克，故畏而憎。乘亥，聘召，主为黄衣；在亥上，主受宣后妃。曰：常亥邀军□□索，钱财即在其中觅③。太常未土，生从魁酉金，锋刃成书功之□券。何不宜耶？而曰有后竞者何？以酉金刚强，自制其乡，故终有后竞也。且未土为酉金所脱，故其象如此。占者勿以身贵而贱人，勿以独断而违众。斯吉。乘酉，立券，主为师姑；在酉上，为道姑，为娼女。曰：常酉女配，喜美相召。头面首饰，赏赐车邀④。

太常主财帛衣裳之事，为文书印信之房。申酉辰兮簪缨首饰，耗空亡兮遗失衣裳。煮双鱼⑤以燕于朋友，挟六害⑥而讶及尊行。除定开危兮，隐六师于莫测。驿马生气兮，主印绶与旆常。肥牸肥牡相招，禄位来临合上⑦。田园爵土加封，常与摩羯⑧同疆。诗曰：后四官为太常卿，田园财帛采鲜明。君子迁官荣爵赏，小人媒聘酒逢迎。旺相相生婚庆吉，死囚刑克

---

① 午为文信神。太常午，乘辂沐天恩，更喜求为谋望吉，迁官事业日高尊，设席见嘉宾。
② 辰为二形神。太常辰，佩印庆崇高，春日披刑百事铄，三时封衔乐陶陶，财利似春潮。
③ 亥乃太常之堂也，为持印神。太常亥，征召贵人逢，凡事思前并顾后，开筵酒食会良朋，上喜下人憎。
④ 酉为和会神。太常酉，立券柱劳形，事在有余防不足，求为动作有朝成，被剋主争兴。
⑤ 亥曰双鱼。
⑥ 与子六害，防尊长，忌占父母病。
⑦ 午未六合。
⑧ 常临丑也。

失财惊。病者四肢头目痛，祟当新死可求亲①。

　　太常，吉将也。天乙后四之神，太常卿也。家在己未上。旺于四季。其将，主文章、印绶、公裳、服饰、田园、财帛、赏赐、官爵、婚姻、庆贺、酒食、宴会、信息、交关、祭祀、祈祷、歌唱、欢娱之事。其戾，主违失公私文字，窃盗衣裳，哭泣不美之状。公私牵系，又主衣裳饮食。加日辰，其物黄色可食，圆好珍玩之物。变异：医药、金石、文章、耳目，及有毛发，羊雁之类。盖太常未土，遇木旺，遇火相，遇木死，遇水囚，遇金休。乘旺，主贵人财物酒食，为田财印绶。乘相，主衣食婚姻，为嫁娶、祈祀。乘死，主谥赠财帛事，为鹰雁。乘囚，主县官召命，为旋风、井泉。乘休，主有□人衣食钱财事，为相忘。在酉稽留，在未开目。凡占求官，最喜太常入课传。终始见太常二马者，得官之象也。凡占印绶者，天魁为印，太常为绶。故太常入卦，临门户日辰上者，主得印绶文书之喜。旺相相生，君子占之，定主迁升转职。小人得之，必然媒聘婚姻。若遇死囚刑克，主失财耗散②。

　　加乘传变论曰：太常被制，百事销铄。太常荷项，枷锁缚愕。何谓受制？春居辰，夏居酉，秋居卯，冬居巳也。何谓荷项，坐临辰巳也。若乘日禄，则开筵而燕亲戚。太岁加之，主官资改转。加丑，谋事主费力。发用主衣服财帛，生日而同小吉，则主筵会喜事。占者元吉。克日，主因酒食而破财。若乘空亡，财物失散之兆也，而且主外家有灾。乘天喜天魁，主印信文字。乘驿马，主官禄荣庆。乘未加水，则为酒。加火，则为食。乘寅主官鬼文字。加酉，为四方竹器。乘午加申，主厨舍之事。乘申，主章服至，或巫医至。乘子午，事物必新奇。乘丑，为僧衣。乘寅，为儒服，为道衣。乘巳午，斑彩衣也。若乘阳神，为妻父。阴神，为妻母。占病，其疾主四肢目痛，犯新化鬼，宜祀之。若归本家，筵会之喜，婚姻之庆也。至于其传也。若传天乙，仕宦迁职之兆，庶人财喜之征。传螣蛇，血鬼为祟，而有痈疽暗风之患。传朱雀，有诰书官爵之喜，有兄弟过房之

---

① 得岁君子贵，庶人富。值月而皇诏临门。占时禀耳平宴轩冕。向阳而印绶承恩，立命一身康健。逢年，终岁温存；为用为传，求营成就。作辰作日，名利投援。德则贞亨品秩，合则和协卑尊。

② 乘马而转职，受禄以燕宾。思交则参商，骨肉墓并则昏怯心神。害讦我隐，破败我陈。

戚。传六合，主兴修起役，娶妇空忧。传勾陈，主进产增业，吉也，而产难惊危。传青龙，姻亲有喜，妻室受封。传天空，则主吐血疟痢。传白虎，乃为病风，亦主外服。传元武，则防堕胎产死，失财伤妻。传太阴，主暗喜营财，□族淫冶。传天后，吉则媒聘进财，而凶则妇人哭子①。

《海底右眼》作歌曰：太常发用加命禄，礼宴开筵和亲属。常凶更并死气神，孝服临身主哀哭。常初二马主恩信，常乘子午物鲜郁。常丑僧衣辰戌丧，功曹定为儒道服。常乘巳午彩斑衣，常寅加酉四方竹。

《六壬拾翠》曰：太常旺相兮与日相生，德喜乘马兮官爵转升。驾马受禄兮申箭加午，高魁从欲兮武榜题名。合德禄兮马喜，阳德诏兮合生。生年神兮作贵，朝廷动用兮武宦显荣。入空作官兮空马不腾，入空时财兮空利无成。二死刑害兮父母灾兴，入空受制兮丧吊并行。双亲罹厄兮白衣会庭。克年神，带破碎，婚姻竞兮财帛争。当兴则兴兮无拘情，防不测兮免灾横。带劫煞兮害和刑，传食杀以来并。二死克干兮无救星，酒食伤身兮赴九京。二医空兮劫呈，干乘食杀兮气滞凝。二死贼日兮毒药身倾，太常天空兮同传征。休囚作鬼兮入墓陵，墓神为祟兮修之则亨。外堂父母，太常是征。

未为小吉，太常家室。巨蟹宫深，鹑尾次几。其音徵分，属雍州秦邦。其方坤，异物聘书井溢。井鬼柳之星，犴羊獐之匹。其衰也，公讼强梁，沽卖老妇歌娼。其旺也，翁姑母亲，食禄内臣武职。井秦魏，姓氏徵音②。土羊田，头旁字式。于事兮，祷祈筵宴，婚姻礼仪。于物也，黍稷酒羊。枣栗赤色。邀候何所，井泉坟地田园。索获何旁，酒舍茶坊饮侧。人身二焦脊梁。其数八与五十。诗曰：小吉姑姨[阴] 婚礼[青] 仪，酒羊[常] 祀祷及神祇[贵]。白头[蛇] 公讼[朱] 争[勾] 婆妇[后]，井泉[空] 入耳[空] 墓风师③。

小吉，未神也。太阴临未，主姑姨姊妹之事。青龙临未，主婚姻礼仪之事。酒者，壬癸日卯贵逆治，太常乘未，常主谷粟之神，而并未土以克

---

① 甲乙日筵燕相争，丙丁日宅舍有挠，戊己日兄弟失理，庚辛日伴侣侵害，壬癸日家室不和。
② 一作宫音。
③ 白虎。◎小吉乘龙婚礼，太阴姊妹姑姨。常羊酒贵祷神祇，武斗妖讹职事。空井后婆朱讼，合婚经脉阴司。勾争白虎墓风师，蛇盖白头空耳。

壬癸之水，则酿而为酒。丙丁日亥贵顺行，未亦作太常，亥为天猪煞，未为天羊煞，太常与亥三合，主猪羊之事。祀祷神祇者，贵人主之，谓元武为北斗将军，职掌妖讹之事，故不敢居未，以丑未是贵人所居之府，却无将军之位，故元武在亥，与太常未三合，譬如君子不与小人竞，而曰祀祷神祇也。白头者，孝服也。蛇为丧车煞，未为丧魄煞，二神并临，主孝服事也。朱雀临未，主文书公讼之事。争者，勾陈也，土将临未帝旺之乡，更值壬癸日占得之，主争讼，以土克水，必有之事也。婆妇者，天后也。水生木，木墓于未，天后乘临木墓之乡，故主为婆妇。天空临未，主井泉之事，更带凶煞，主井为怪而崩塌也。四月占事，未为天耳煞，凡捕人者遇此煞，必先得贼信，亦天空主之。白虎乘未坐未，谓之坟墓，而遇水日，占病必死。若六乙日占，而白虎临未则为风师。占晴雨值之，必作大风无疑。

《拾遗》曰：小吉未神，白虎来临，名饿虎吞羊。未去临寅，名羊投虎口。如临辰巳之上，阳日则前遇其虎，阴日则后伏其虎，主进退触藩之象①。元武乘之，则是攘羊者也。谋为皆忌，独美筵会之事。未之于人品也，身瘦发黄，目尖。其分数主事于：

天文：日躔鹑尾之次，星分井鬼，为风师。

地理：秦分，雍州。陕西、秦凤路、云中、定襄、鹰门、代郡、上当、四川、巴郡。为村市，为田地，为井泉。

人物：神祇、父母、师巫、寡妇、娼女、道人、白头翁、兄弟、姑嫂、姊妹、外孙、媒眷、裁缝、乐官、酒匠、帽匠。

时令：为五月将，为六月建。

五行：属土。季旺，夏相，春死，冬囚，秋休。丁巳寄其上，甲木癸水墓其下。其音徵，其色黄，其味甘，律中林钟②。

数目：本数五，先天数八。

经史：为聘书。

姓氏：秦高羊张柳井。加子，羊。卯临本位，闻。

---

① 前谓申，申见天盘，故曰遇。后谓寅，隐地盘，故曰伏。
② 一曰：其音宫，谓土也。

人事：祈祷、医药、笙歌、婚姻、礼仪、争讼、阴私、欢喜、安静。

身体：三焦、胃脘、耳、脊梁、脾。

饮食：酒食、海鲜、土物、筵席、祭肉、药饵、面。

疾病：心闷、赤白带、迷惑，犯井神、女亲。

宫室：庭院、垣墙、茶坊、井舍、陶冶、酒舍、庄房、仓库、天井、面店、羊栈、园囿、坟墓。

器用：衣裳、盘盏、酒器、萧笛、帘幕、幡子、碗、碟、勾钜、茭具、绵、布、绸、绢、帛、印绶、囤圈。

鸟兽：为羊，为狂鹰，为雁，为鸠，为鸦，为黄头。

草木：为橘柚，为桑麻，为芋，为棉花。

加乘用变论曰：小吉加丑未乘常，主食物事。加寅乘蛇虎，主妇人颠狂见鬼，或家中有鬼怪声响。乘阴后，则主妇人经脉之事，寅日加寅尤为的。乘雀，主妇人有孕。加卯乘蛇虎天空，主人患脚气疾，或门户损坏。加寅卯乘空，主有缸瓮破损。加辰乘龙，主人家居近酒肆。加午乘虎，主人病吐泻。占行远而逢此，主留滞。加申酉，西南方有井泉也。加酉乘常，主有酒食宴会事。作后加戌，主妇人有病。乘雀，主远行书信至。加亥乘常，主婚姻之庆，亥日加亥，则甚确也。作龙作常加日干，人送酒食至。加日辰，或发用，为磁器。作勾陈为鬼，又加亥上，主田契文书作祟。乙日作龙，有酒筵会食事。作阴作武，主有妇人是非。作龙后临寅卯，为麻。作蛇雀临亥，为蝗虫。加巳□□，为天耳。作龙常，为酒食。甲乙日为坟地。总之小吉土，见金火相生，占事喜美。见水，则主争竞。见木，则主官事破财，妻病不利，相克也。

《海底右眼》曰：小吉之神本称未，日辰发用为磁器。虎未加十为吐泻，出行逢之即留滞。未临申酉西南井，朱雀临寅当孕子。常未酉上酒食逢，太常丑未食物事。亥日未临主婚姻，若得六常尤仔细。寅日未寅虎与蛇，妇人狂言或见鬼。不尔家现鬼怪声，阴后未妇经脉事。后未戌主妇人病，朱雀远行书信至。贵人临未加日辰，主有酒食相召会。龙常未日酒食来，空未寅卯缺破碎。勾未鬼爻又连武，田器之属[1]作殃祟。乙日青未亦

---

[1] 田契文书。

酒餚，阴元加未妇口沸①。蛇虎空未卯脚气②，不尔门户当损敝。

《神书拾翠》曰：未加寅带病神，病须保治。若带官符官讼，别煞皆灾。未卯谩戏天巫，直符巫祝。如遇病符会哭，丧死人屯。加午作喜财，家起为商贾酒。临戌为孤寡，忧哭遇而婺哀。木鬼入丁傍贵行，待时名就。未加火鬼临于仲，酒肆庖厨。年命未加，闭迷月鬼。羊颠猝倒，时月一场。

孙子《口诀》曰：小吉登魁女守孤，临寅还主病声呼。有气婚姻申酉下，祗迎卯上出师巫。小吉酒肴来合会，婚姻妇女交易递。相生五谷财物盈，和会阴谋无不济。火金旺处喜相逢，寅木官灾百事废。若临水土竞田园，克者为无旺者契。未主嘉筵燕尔娱，丧服口愿有年余。将到季忧相看断，井院风窗孤柱居。小吉临寅神树动，口舌更连愿信重。辰争田宅与邻财，卯入邀饮财物奉。失亡四足与□□，妇人有病常惜惜。小房富贵临巳宫，阴人财帛得来丰。到午□□因阴旺，妇人掌事立门风。本宫问意婚姻事，占羊更卜鸟栖丛。临申主妇生外心，因之破产费金银。走失远行看送者，临戌墓葬绝儿孙。争财荡产缘何故，后妻入室是其根。临酉竞财丧事并，更有后妇嫁他人。猪食其子加临亥，三女三人主杀伤。子上不堪生鬼怪，多病时时心悚惶。

白虎道路，官灾病丧。

雷部为风伯霹雳之神。主刑狱囚系病恶凶丧等事。

溺水也，音书不至；焚身也，祸患反昌。

白虎主道路，喜山林，今陷溺于亥子水乡，则道路无虎，任人往来，有何不利？而曰不至者，犹言岂不至也。占音书者，勿以道路不达而为虞虑也。或曰：白虎主道路，其将传送，今溺于水，道路不通矣，是以音信不至。望书信者，能无伤于迟滞乎？二说皆通，占者视课传以用之可也③。乘子，渡江，主妇伴病；在子上，沟渠音信。乘亥，眠睡，主小儿灾病；在亥上，主两喜私情，主少财官事。管子曰：白虎临子加于土，病人泣哦

---

① 妇人口舌是非。
② 未作蛇或虎值空亡加卯上也。
③ 陆路阻，水路达。

小口苦。白入道路子午申，马丁仍是问行人①。白死亥寅病丧吊，非忧孝服即病到②。巳午二火③，虎金所深畏也。而临此，有焚身之象。夫凶丧血光之神，既焚其身，何能为患。占者是以得昌也。乘巳，断尾，主悲怒怨；在巳[不临]上，主血光患，主离祖。乘午，主病失；在午上，先凶后吉。曰：虎巳釜鸣，人带脓血。邀候券釜，刀砧及铁④。虎午作害，宜自隐身。□□尖破，邀孝病争⑤。

临门兮伤折人口，在野兮损坏牛羊。

虎踞卯酉之门，则全家惊惧不宁，有轻出而无备者，鲜有不为所噬。故主折伤人口，占者虑之。乘卯，伏穴，主官吏勾呼，出头而行，不如退藏；在卯上，主孝车伤人。乘酉，当路，不可出行；在酉上，展爪伤人。曰：白卯死亡，潜身不起。孝棺官贼，煞邀金绮⑥。虎酉死亡，刀石病丧。金暗有灾，公事⑦出来⑧。若丑未二土，田野之象。白虎出山而居平地，固似无威，而丑中之牛未中之羊，为其所噬矣。然彼贪哺啜，无复凶也。乘丑，直视，主六畜死损；在丑上，主丧近周年、百日。乘未，登山，主为赝⑨；在未上，主出入僧道。曰：虎未孤独，争取病伤⑩。邀见方圆，孝子俎羊⑪。

登山掌生杀之柄，落阱脱桎梏之殃。

居寅曰登山。以寅位艮，艮，山也。白虎登之，其威自倍。仕途占之，当操生杀之重柄。常人占之，凶不可当。乘寅，出林，主死人事，虫兽伤；在寅上，主损财，又主军权。曰：虎寅作鬼入闭口，必有中风不语人。远迩见血衣金宝，孝子邀逢或卒军⑫。居戌曰落阱。戌为地狱，乃地

---

① 白虎居子，乃其堂也，为自伤神。白虎子，涉水渡江乡，遥望喜书期未至，路程有阻胜忧惶，火祸不成伤。
② 亥为交病神。白虎亥，溺水不须惊，凶不成凶吉不吉，忧多喜少要叮咛，失得也虚名。
③ 丙丁制庚。
④ 巳为血乱神。烧身虎，立巳散灾凶，饶尔难来须遇救，官非疾厄化为空，贞吝远君躬。
⑤ 午为信牒神。白虎午，断室患无妨，计难反昌克用美，总然成咎也无伤，有始不终殃。
⑥ 卯为干墓神。白虎卯，伏穴主伤残，守拙缓行凶变吉，人才家事未云安，离耗有多端。
⑦ 一作勿。
⑧ 酉为交错神。白虎酉，当户恣伤残，人口不安防损失，冤仇怀执事相干，风生心胆寒。
⑨ 一作鹰雁。
⑩ 未为争战神。登山虎，在未敢施为，更有几般堪庆处，权操生杀贵威武，通信晓人随。
⑪ 丑为淫乱神。白虎丑，直视要提防，卯野牛羊须仔细，求为有望主荣昌，暗害事乖张。
⑫ 寅为伏逆神。出林虎，戒慎到寅深，凡所作为须仔细，路途阻要担心，凌损暗相侵。

网也。吉将入之，占者必凶。白虎凶神陷此，则凶焰衰灭，不复孔炽。占者往反无虎截路，尤桎梏而逢脱释。喻无殃也。乘戌，闭口，主疾病；在戌上，主走失，主僧孝。曰：白虎临戌，争墓争田。白戌伤亲，争时又牵。打灰谷土，邀烧稻田①。

衔牒无凶，主可持其喜信；咥人有害，终不见乎休祥②。

申为白虎本宫，虎贪巢穴之荣腴，无复有肆毒之心。故占者有喜信可持也。曰衔牒者，申为传送，乃往来之神，牒信之象也。乘申，主疾病头疼；在申上，主信至两谐。曰：白申若克寅青木，看煞相加知祸逐。申虎病凶四仲方，疾病恹恹不离床。虎申兵武锦丝邀，兵石异兽可逍遥③。咥人云者，白虎临辰也。辰中有伏尸，而虎噬之，其象咥人。象既如此，岂复有祯祥乎？占者避之，不利有攸往。乘辰，夜行，主哭泣；在辰［不临］上，主剑客，主凶贼。白虎辰邀讼，丝麻瓦布。人伤畜损，灾因坟墓④。

补曰：白虎凶神支卯酉，灾忧哭泣临门口⑤。

白虎金神，阴长则威生，阳升则退避。⑥ **上章重光之日**⑦传用，病者绵延。**阏逢旃蒙**⑧**之位为初，猖狂莫御**⑨。**驱群牛入房**⑩，非孕育，则妇女之

---

① 戌为虚空神。白虎戌，陷阱脱人灾，闭目自忧无损害，屯消祸散福天来，难怪恐生灾。
② 咥，杜结切音，经啮也，易，咥人凶。
③ 申乃白虎之房，为行病神。白虎申，衔牒利行人，终始有凶无可待，音书道路事生迍，文信喜相亲。
④ 辰乃白虎游行之地，为毁节神。咥人虎，露齿猛居辰，虽曰灾咎终见吉，先忧后喜事重新，提防暗害濒。
⑤ 参考：子白兽，加支辰，定主小儿疾病屯，寅上登山生杀重，仲春仰视是凶神。
白虎金，四孟乡，威风仰视把人伤，惟与日辰无克贼，也遭暗损谨提防。
虎乘神，克命宫，假未生人见太冲，更兼恶煞来相助，野失牛羊病肿癃。
白虎金，申酉临，初传值此祸将侵，不是女灾疾病事，公门出出讼争因。
白虎仰，太阳历岁月，加于干支，立年命作用传，适值占时旺相协和，远大谋为可遂，衰休乖格，凶危颠沛何辞。并德则刚柔相济，遇合则仁惠交施，得禄则将帅运筹帷幄，驾则关山千里驰驱。墓兮游毒摧陷，鬼兮狠暴凌欺。刑冲破害，屠戮疮痍。生气因胎产而病，空亡阻中路而悲。乘四季迢遥车骑之来往，加亥子江河舟楫之逶迤。产妇得之生速，仕人得之遇奇。
⑥ 阴，逆治也；阳，顺行也。
⑦ 庚辛金也。
⑧ 甲乙木也。
⑨ 金克木之故。
⑩ 乘丑临卯也。

患腹疼。披丧吊克日，无吉曜，则死丧之泪沾袂。鸟足入墓①，动骨殖之弼。雉入朱家②，主孝子遇第。地网官灾③，死墓怪异④。丙申日狻追毚兔[卯]，应宅见怪龙。壬癸日虎赶韩卢[戌]，慎猛犬相噬。寡宿柳翼兮⑤孤惸，孤辰房尾兮讼沸⑥。虎添翼而难制，时逢夜而贵遇阴。加天喜兮支忌⑦，官讼刑而六甲喜。寅卯风生，柳蛇惊忌[巳午]。诗曰：后五白虎廷尉卿，遭丧疾病狱囚萦。君子失官流血恐，小人伤杀致身倾。旺相相生财物竞，死囚刑克系虞沉。病者痛疽疼首目，祟因伤鬼不安宁。

白虎，凶将也。居贵人后五位，天乙之廷尉卿也。家在庚申金，旺于申酉。其将，主道路、信息、兵牒、兵戈、刀刃、动众、威权、财帛、天马、金银宝物之类。其庶，主疾病、死丧、孝服、哭泣、灾害、口舌、争斗、杀伤、□□之事，怪异凶恶之祸。又主龙蛇，棱角坚硬之物。变异为麻麦、虎□猿猴之类。其行属金，遇金旺，遇土相，遇火死，遇木囚，遇水休。乘旺，主哭泣遭官事，为利涉道路。乘相，主怨仇相争事，为奸盗。乘死，主死丧疾病事，为杀伤。乘囚，主囚系沉沦事，为丧车碓坊。乘休，主疾病灾祸事，为医。若旺相相生顺治，亦断以财物，否则因闹处得财。若死囚刑克，则官符口舌，疾病死丧之事也。凡兴大功，作大事，最要白虎发传入卦，则事功立成，以其为威权之将也。惟占病大忌逢之，如其阴神贼害日干年命者大凶。若白虎附德神，或落空亡者吉。已上论占病，至于占讼，忌蛇虎刑克日辰，以其为血光之神也。凡占墓宅，如传见白虎所临之方，则断其有石头石嵩神庙之类。凡占官爵，亦喜白虎威权之将。若更带煞于武职之占，更有利焉。

加乘传变论曰：白虎遇死神死气及囚死之辰，为饿虎伤人，加日辰大凶。如口墓作虎，或临魁罡作日鬼带死气凶气发用，为虎衔尸，大凶。如白虎所乘之神，与岁支相合，曰白虎遭擒，庶免灾咎。若临寅午戌，亦曰白

---

① 乘酉加丑。
② 乘酉加午。
③ 入戌。
④ 加子加丑。
⑤ 巳午空亡。
⑥ 寅卯空亡。
⑦ 血支血忌。

遭擒，问凶不凶，以火局神能制金也。如临四孟，曰白虎仰视，凶恶之甚。坐申临申，曰白虎衔牒，音信立至。在戌猖乱，寅上威权。乘午未申酉，途中斗殴。发用见庚辛占论讼，主连绵不绝。白虎刑日，死气加戌，主害犬或噬。加丑未，害牛羊。加及人行年主死。加灾煞，主人口灾病。临寅卯，主有道路死亡之事，或人在道路有灾。加寅为猫。乘阳克日，主女人病；乘阴克日，主男子病。见勾朱巳辰卯，主人口有厄。若乘空亡，则其凶减半也。然出行勿前，财利薄，时势失。若乘二马附金水神，主文字之事。乘生气，因产得病。若乘妻，及传临丑未，为曳麻煞，主其夫必死亡。乘四季，主陆行。乘亥子，主水行。占行视之。若乘寅卯木，主庙神。乘卯加季，主车。乘辰加戌，主疾病淹延。若加死地，则主屠也。乘巳加戌，主悲忧事。乘午加酉，主道路。其阴神有吉祥气，主忧事反吉。其阴若更有凶恶气，则主喜事反凶。乘戌加子，孝服兴也。加寅，官中追呼也。加卯则宜外出，免其灾愆也。若归本家，主惊忧远行，谋事外里，威权之象，仕宦之喜也。占病主痛疽、头痛、腹痛、害目，犯伤死之鬼。其为传也。传天乙，主远行官事。传螣蛇，主暴疾灾亡。传朱雀，主谋议争排。传六合，主小口屡灾。传勾陈，主腰脚跌伤。传青龙，主财妇俱散。传天空，主仆犬逃亡。传太常，主产难，主疯瘫。传元武，主军职，主逃苦。传太阴，主暗里争财，妻有血疾。传天后，主三代寡妇。传元武，更主水厄横灾①。

《海底右眼》作歌曰：白虎乘卯是伏连，更加宅姓祸联绵。家门虚耗多殃疾，鬼气侵人未泰然。传送从魁加午上，或嗽或咳血新鲜。虎临巳午酉申苦，斗打途中血损言。虎马行人远信动，鬼爻并子患腰间。虎鬼大煞加宅姓，无端飞鸟入门廛。虎乘四季临门户，家中大小各伤钱②。虎值从魁作刑害，或临丑戌子卯岭。占人必自带刀剑，或有刀痕身体刊。

《六壬拾翠》曰：白虎虽凶，合德有容。一入于空，况也无戎。白虎入空，虽凶勿凶。宜于攸往，反得其功。白虎入空，胎喜溶溶。目下生子，喜气融融。白虎胎神，血光带生。之子何喜，尔见其生。白虎喜生，乘马而行。游子不远，即日回程。白虎罗网，必有争讼。乘神克命，不久

---

① 甲乙日门户不安，丙丁日家业动摇，戊己日小口灾殃，庚辛日疾病迟滞，壬癸日道路虚疑。
② 一作残。

灾生。虎生年上，人欲出行。恝尔入空，出行不成。虎金具上，克临干所。外死遭丧，归葬于祖。金虎克干，一刀身残。胡不先遁，而免其刊。白虎入水，力能浮起。讼因无财，洁身而去。土旺合生，雕刻匠人。虎木合德，生气临财，开市利益。虎木克日，病符又临，病人盈室。作鬼病符，二死灾多。受辰医克，生气医扶。白虎司疾，二死枯骨。墓绝休囚，风瘫肝骨。克上头面，克下腰膝。虎鬼旺呼，吏关官符。与人结怨，斗讼争讹。带刑关鬼，定入囹圄。虎克年神，大祸灭门。带劫披刃，杀伤外临。备人图赖，免致遭迍。克年戏游，行者病忧。更加二死，死于路头。虎带丧吊，而入网罗。死亡丁哭，灾孝云多。带血飞廉，加戌受伤。二死作鬼，犬咬身亡。白虎乘金，事最不欣。吏神刑害，来作官侵。为干狱讼，入囹圄阴。虎劫克刑，路煞在行。子莫出外，路死伤情。虎劫克刑，金刃来并。须防一剑，不慎身倾。虎劫克刑，天鬼无情。家染瘟疫，修省身凝。虎乘二死，又作害刑。克日辰年，病者无生。虎血刑害，加于日本。病讼中伤，尔宜自忖。虎劫凶丁，必主配军。因子好斗，而格杀人。虎狗相见，而作劫刑。出行且缓，过旬登程。速则惹祸，迟可免惊。用乘白虎，逢夏遇午。午火克金，劫亡相佐。破碎亦临，四废日苦。克干克身，克年命所。必主杀伤，子何能躲。虎蛇绳索，入人行年。死神死气，亦来相缠。必当缢死。须慎免颠，虎心玄面。螣蛇两眼，口虽不言，而心狠反。白虎克日，知人有病。又见病神，病人打混。上门不能，下不行遁。定于眼下，即生疴病。

申为传送天城。阳金白虎神京，实沈次舍，阴阳宫庭。益州晋国，律中徵声。州邑西南偏土。信息道路行程，乌猴猿兽。毕嘴参星。立人残金，边旁字画。袁侯张詧，商徵姓名。小虑冤仇死丧天鬼，大患攻讦聚众贼兵。细人兮猎师边寇，工作驿医及市贾道士之侣；集物兮碓磨城垣，介虫大麦兼黄白间色之行。傍在碾硙河池路口，所居州县市镇邮亭。应七[先天]四[生]九[成]之数。属肺大肠之经。诗曰：传送刀兵[白]僧[空]道[龙]医[常]，冤仇[勾]道路[龙]税[乙]湖池[后]。大麦[虎勾]守城[空]丧[蛇虎]碓磨[空]，市贾[合]劫攻[元]虏猎师①。

---

① 朱。传送刀兵依虎，空龙僧道常医。青龙道路后湖池，赋税正供天乙。蛇虎丧空碓磨，虎勾大麦冤疑。劫元武雀虏猎师，贾合守城空师。

传送，申神也。为骨，为大肠，为经络，为人面方大，色白。白虎乘申，主刀兵。其义有五：甲戊庚三日，丑为天乙顺治，则申作白虎。甲日青龙值事，龙虎相战，因争财物而见伤。若占病，并死气恶煞，尤凶甚。金木相克，兆有流血之祸。戊日勾陈值事，金土相生而不战，虽并恶煞，尤不凶也，无咎。庚日白虎持德值事，虽动刀兵，而不乱伤人，利见大人之象。壬癸日卯作天乙逆行，申亦为白虎。壬日元武值事，武为盗，主盗贼。癸日天后值事，后厌翳，主奸淫。然癸日则因盗贼金休，虽有伤，亦不至于大凶也。天空乘申，主为僧，盖申身也，而合空门，故其象如此。青龙亦主之，龙乘申临孟是也。若申乘常，主医，亦主食。六己日子作天乙逆行，勾陈乘传送，主冤仇斗争之事。何以知之？己德在甲，勾申遥克之，是伤其德也。故曰冤仇。其义有二：己日主官讼之仇，或争田园之仇。乙日主争财之仇，或争婚姻之仇。以乙为庚妻，乘争神而遥伤故也。道路者，青龙主之。其义有五：甲戊庚日丑贵逆临，申作青龙。甲日青龙主事，龙是飞腾之将，申为道路之神。法曰：事主财帛，出其道路，或占远信财帛。戊日勾空主事，主奴仆因官中文书出其道路。庚日白虎主事，占事起于病人而出其道路。壬癸日卯贵顺临，申亦作青龙。壬日盗贼，癸日婚姻出其道路。税赋也，天乙主之。湖池，水泽也，天后主之。大麦者，白虎勾陈主之。申为大麦，辰其库也。天空乘申，主城守。白虎朱雀亦主之，金汤之义也。丧者蛇虎主之。丙丁日，酉贵逆行，申作螣蛇，主官吏之丧，不然炉冶家丧事。天空驾申又作碓磨。市贾者，六合主之，六合为交易神也。申为道路，壬癸日巳贵顺行，六合临[乘]申，壬日天后司事，主女人交易，或媒聘婚礼之事。癸日元武司事，切忌出行道路，主有遗亡之事。丙丁日亥贵逆行，六合亦加申，主男子交易牙侩，或官牙买卖之事。劫攻者，元武也。得生气而恣行贼煞之象。房猎师，朱雀主之。入所制之地，而获前禽也。《拾遗》曰：传送申金，为七杀，为道路神。最忌立柱上梁，白虎空亡，栋折榱崩。临卯加申，覆舟脱辐。其所职司，分类下文。

天文：日躔实沈之次，星分觜参之野。为水母，作虎白雪。

地理：晋分益州。成都府，河北东路。广汉、常山、犍为、牂柯、清河、汉中、河北郡县。为道路，为池河，为湖塘。

人物：廷尉、贵客、舅公、医巫、僧道、猎师、铺兵、缉捕人、歌童、碓磨人、凶子、公人、□屠、行人、银匠、铁匠、市贾、逃人、死尸。

五行：属金。秋旺季相夏死春囚冬休。庚寄其上，壬水生其下。其音徵，其色白。其味辛。律中夷则。秋令商声。

时令：为四月将，为七月建。

数目：本数四，先天数七。

经史：为经文，古典，为诗经，为诗赋歌铭。

姓氏：申侯金戴袁邓晋。临卯周戴。木日刘。临巳吴。临午周。本位姜。临酉金，金旁诸姓。

人事：馈送、仇雠、斩削、田猎、逃亡、疾病、断决、改迁、往返、信息、劫攻、赋税、丧事。

身体：肺、大肠、经络、筋、骨、鼻、血、须、发、膊、屎。

饮食：为大麦，为面，为荞麦，为蚌蛤，为蛏。

疾病：发狂癫痫、骨疼，犯佛堂伤、碓磨金神。

宫室：陵寝、神堂、仙庵、驿铺、城市、磨房、祠庙、佛阁、碓坊。

器用：画像、刀剑、铜锡、金银、棉絮、笼碓、纸、帛、磁石、针、靴、簪钗、熨斗、杵臼、箭、锁、磨、铁锆。

鸟兽：为猿，为猴，为狮，为猱，为鹅，为鸿雁鹰隼之属。

草木：为椒桂，为姜，为酸，为蓼莪。

加乘用变论曰：传送加丑，有怪石在水边作怪。加寅，其所制也，亦主怪石。若乘螣蛇白虎，或作口鬼，的是作妖之石。加卯作勾陈，占者家中有患脚气之人。中加卯酉，居门户也。而乘六合、太阴或太空、元武，有一于此，皆主逃亡走失之事。若加巳受克，主占人患头疮，亦主灶上瓷器。乘凶将，其器破作祟，人病咽喉肿痹。加辰戌巳亥，主出行被劫，且主生产伤害。作龙蛇，主子孙惊恐。作虎克日辰，主负物而招咒诅。加日干，主占者家有缺唇之人，或有尖嘴家具作祟。作勾陈，为兵。作六合，为医。作三合之首神发用也，主为元帅。作白虎为道路，为出行。作元武临寅临卯，则为石。作青龙临孟为僧。作六合临戌，为有远来之事。以申德远合卯，卯道远合戌也。作白虎临寅临卯，则为客。作太常临巳临午，为市。临酉，则为刀剑。

《海底右眼》作歌曰：勾陈传送来卯位，家内有人患脚气。六武空阴二八门，必有逃亡潜出外。申临午上有缺唇，或是家具有尖嘴。申临鬼户是怪石，寅露丑水须精会。更作螣蛇白虎加，或是鬼爻应出怪。辰戌巳亥莫来临，出行被劫生产害。此为天盘地结时，切须仔细君宜记。申加巳上头有疮，或因灶上有磁器。恶将乘之磁器破，主有咽喉患肿痹。申作龙蛇见惊恐，见虎负物成咒誓。

《拾翠》曰：申子旺德合吉，子孙武艺铭熏。申德合喜相生，家业丰饶敌国。申带官符临寅卯，文状是非。申临巳午马丁军，疾病官讼。申加巳亥，或加辰戌，为盘为结，女孕忧逢。欲免须先禳保，申龙入支。子后加干，在外在内，互有相涉，应知内外逢奇。龙自外来入乘，故主外事。子后内起申加，故主内事。申午迷神入喜财，心怀二事无快。迷神，迷惑煞也。申畏午克作财，又逢天喜，一喜一惧，故怀两端。申午无情加暗煞，丁军远事来戕。午下贼上为内战，故无情。暗煞、金神，破碎也。丁动故主远来害。午位元后病符，灾生心血。申加午上，受制矣。而乘元武天后水将，得子反制午火，午为心，故其灾如此。酉午德生见喜，未亦成亲。申加酉午未而见德神生气，俱主婚姻事。申亥劫凶，病灾时括。申亥六害，又加劫煞，主疾病。辰戌破耗，道路困蒙。申丁马盗有人逃，入空被人脱侮。申丁空亡带空破，盗，盗神；亡，亡神；破，破碎，金煞也。家人流落外方。申为日鬼作天巫煞名，二死死神、死气相加猴害死。申作丁马，利有攸行。丁马，动神也。

《金口诀》曰：传送临戌为旺方，临子见武乐刀枪。见午必主军人□，到宅巳上咽喉疮。传送有人奔走去，水土相生人富贵。见火人灾病主沉，木来口舌凶晦至。道逢车碾卯寅冲，问觅军人巳午是。申主往还宅动移，丧服官符有呼携。土神吉将相生喜，恶煞临申殃祸时。临寅无父尊亲厄，迁移田宅翻成吉。临卯无儿将物游，移门损车财物失。辰主客死在远方，或有军人剑下亡。巳主灶鸣移度两，漏烟破釜是行藏。午上避官宜走伏，不然徒配主刑伤。临未口愿未曾赛，随逐他人走外乡。本位祖先曾授职，破耗移居武贵亡。酉宫男妇生恶疾，声呼丧死应坤方。临戌翻攻生恶子，短肥不义忘廉耻。财帛不聚到亥家，流移横死畜生嗟。临子鬼祟是小子，子孙孤狗外亡呀。金鸣畜怪丑煞害，偷牛人在三年外。

天空为奏书之神，以对至尊而韬光。

雷部为尘埃云雾之神。主虚空欺诈奸伪之事。其神无形无影，由其正对天乙至尊，故有家而弗居，即空亡也。虚其位，不敢对天乙，故曰天空，专主虚诈不实事。其曰奏书，书，执以进奏者也，言唯此片时可面至尊云尔。

奏对彤廷，而玉音有应。

丑乃天乙之位，天空于此，不敢诈诞，而毕献其忱悃，故至尊亦降玉音以俞之。占者利见大人，陈善闭邪。

久遭羑里，而皇诏赦将。

戌为地狱，乃天空本家，天空入室，有囹圄空虚之象。占讼狱，囚者得释，久讼得解，刑措协中之世也。

奏书附传送之使，寄莺笺足造于回廊。

申为传送，天空临之，其□信得达而至也。望文书远信者，喜占之，以天空为书信之使也。

魁罡乘旺相之马，骑鹤客腰缠而上扬。

戌其本宫，辰乃对宫，皆威权之地。天空临此，加乘时之二马，君子转职迁官，常人行有财喜。语曰：腰缠十万贯，骑鹤上扬州。占者有焉。

若犯空亡，奴仆事因官讼。

天空主奴仆，而乘空陷空，是下人干上也。故其象如此。

如同奎角，婢妾淫诱逃藏。

奎在戌，角在辰，甲戌庚三日，丑未入狱，贵人不治事，而天空肆无忌惮，昧暗奸私，谋为不轨，故其占如此。

临协洽兮，主井灶宿疾之辈。

协洽，未也。天空临未，主井为妖，金长鸣，占者家有沉疴人，已三年美，其长幼男女，以乘神决之。

入荒落兮，乃肚腹血痢之殃。

巳曰大荒落，火宫也。天空临之，巳火遇空，而上竭下陷，故主泻血，而肚腹安得宁乎？

空本退神，加支破而事多不遂；形同罔象，涉岁对而频怪遗亡。

支破，日破，岁对，岁破也。既退且破，事何以成？物何以守？神何以和平？

亲职临文，斗讼人亡畜殒；犯牢入化，文书怪讼惊魇。

天空临辰，曰亲职。罡争斗，空虚诈，有亲昵之意。戌乃天空之象，有临文之义。二者皆主争官，人畜两损。乘辰［不乘］亲戚，主孝子事；在辰上，主凶顽压损①。乘戌［不乘］逼吏，主盗贼，主妄说；在戌上，奴婢诈②。管子曰：天空辰戌作天巫，阴后尼姑女作巫。阳神僧道与男等，法术须为漫语呼。空戌驴僧，食粮有骨。邀见斗讼，亡人在床。天空临寅，受木所制，犯牢狱也。临午，午火生空土，且作三合，入化机也。寅主案籍，午主文章，俱有文书之司，而曰怪讼惊魇者，一以相克而妄讼，一则恃生而肆诞也。乘寅，主诈文字；在寅上，口舌走失。乘午，主失马；在午上，辨文出入。曰：空寅邀耕驴药龛，瓶破盘破木器来③。空午文书见讼詈，射无物也邀争非④。空不居戌宫者，避贵人丑之刑也。

鼓舌兮道路乖错，摇唇兮官病惊呼。

申为传送，故主道路。空神欺诈，是以鼓舌于远方而生乖祸也。乘申，主僧道妄语⑤；在申上，军人娼妮。乘申又主妄行之女。曰：空申途贼，邀申声辚。金器窑造，使我心惊。空入申寅，却为四绝。病在伤饥，病符哭泣⑥。巳太乙，其将螣蛇，主惊怪，天空会之，鼓其虚妄，摇唇致讼，所不免也，亦生疾病。乘巳，主炉火事；在巳上，主仓库，主赘妇。曰：天空入巳，飞鸟毛虫。虫虫灾讼，终久尘蒙。挑盆担过，物出火工。空入巳亥，四绝所伤。病符伤脾，饥饿不康⑦。

受制则贼侵户响，出户则争畜奸讹。

---

① 天空居辰曰恐吓神。天空辰，虚诈恶凶狞，奴婢小人行则失，奸谋暗害畏潜兴，克贼怎能宁。

② 戌乃天空之房，为欺诈神。天空戌，惊怖为居家，奴婢逃亡防走失，慎防家内起凶邪，欺瞒诡谲加。

③ 寅为天空之堂，为就台神。太空寅，被制而犯狱，提防脱诈有欺瞒，灾殃争讼皆非福，甄别曲里曲。

④ 午乃天空游行之地，为回绝神。天空午，入化识书乡，真伪不明难解绪，事虚实有乖张，小事可行藏。

⑤ 妾女。

⑥ 申乃请后神。天空申，鼓舌忌欺凌，争讼勿忧多诈谤，始终不负正人情，诈伪细从绳。

⑦ 巳为喜庆神。天空巳，受辱乃摇唇，凡有干求并请谒，殷勤屈志后方驯，否则是非纭。

卯戌六合，而木终克土，空受制矣。空土受克，而作虚声，屋是以爆也。太冲善盗，而克天空，贼是以侵也。乘卯，主妻妾事；在卯宫，主急风闭塞。曰：天空加卯有灾悔，若问行人可言至。则以家中土地差，故此作鬼生灾祟。天空卯上无衣穿，或入死绝途中馁。丁马屋响鬼神喧，盗神忧盗防每每①。酉为户，戌在其前，出户象也。曰奸讹者，酉婢空仆，相加有私诱之情。然酉戌六害，是以争讹而不协也。曰争畜者，鸡犬不宁也，主因六畜而致争非。占者须慎斯二者。曰：空酉信非，出入不宜。圆物□珠，破损伪为。乘酉，主婢仆不安；在酉上，主阴私之情暗动②。

把笔官司兮疾失孤独，儒冠财失兮产难官符。

未受戌刑，故为孤独。曰把笔者，作刑书，记灾异也。乘未，主婚姻欺诈；在未上，主寡妇进财。曰：空未无儿，病重嗟吁。邀羊孝子，物食难为③。亥为武盗，受空土所伤，而曰儒冠者，盗跖衣冠，外饰也。亥为孩，被克，故主产难。乘亥，主奸诈事；在亥上，诬说产病。曰：空亥损胎，边塞几索。邀有钱财，讼争亡失④。又曰：空未合辰戌，咸奸妇奸邪。

入变而惊欺，贼火冤煞；溺水而鬼贼，死丧奸窝。

丑位至尊，天空入而奏事，惴惴不敢虚冒。故曰入变。而云贼火者，丑刑戌，戌为火库，丑为金库，戌披刑而冤杀，火克金而贼害也。乘丑，主田宅胃妄；在丑上，居丧欺诈。曰：空丑车翻，铜铁衣邀。贼驴冤煞，颠诳逞妖⑤。子水汪汪，空土眇微，至此溺矣。神后污秽之神，而为欺诈所克，奸窝之象也。乘子，主分娩事；在子上，妇诈儿病。曰：空子一宅三鬼从，招呼人死多火凶。谓以弱质神后，而为魁土克制。故其占如此。又曰：空子邀泉，黄镜锅瓶⑥。天空乘临，无一美致。四土旺生，可成小事。

诗曰：后六天空司直官，奸谋诈伪事多端。君子迁官忌谗诈，小人孤

---

① 卯为假借神。天空卯，克制作虚声，出入不安多谩语，损财由讼盗来惊，行人即至庭。
② 酉为四煞神。天空酉，巧说日出户，提防暗昧在其中，冤仇相结嗔怒，用意寻途路。
③ 未为断肠神。天空未，侍奉事多虚，凡有诈欺并诡害，生心干犯总无如，终始不须虞。
④ 亥为啾唧神。天空亥，儒冠曰巫词，遗失不明多挂意，只宜小事大非宜，计较损来之。
⑤ 丑为捧印神。天空丑，趋步伏尸宫，百尔行藏须仔细，不因鼓舞事多凶，摇舌暗来攻。
⑥ 子为到退神。天空子，溺水实泥乡，患在行人灾疾事，淹留万种意仓皇，奴婢欠安康。

寡被欺瞒。旺相相生奴婢喜，死囚刑克瞿迍邅。病者胸肋并气积，井灶为殃岂得安①。

天空，凶将也。居贵人后六位，与贵对，故避位。乃天乙司直之官。上书陈事之神也。家在戌戍土，旺于丑辰未戌。其将，主学校、公吏、上章、奏荐、市井、小人、财物、文约、私契、迁移不定，专主奴婢，虚诞毁败之事。寺人之令，犹空亡之类。又主僧道，及大小虚诈，奸谋谗诳，诬骗不实之事。其戾，主奴仆唇吻，脱空虚伪，巧诈是非。居辰戌丑未四宫，谓之天空闲，可以成小事，不可大事。又主走失逃亡，又为直符奏书，主吏书有成，不利奏对②，不可托人。又为土结为之物。加日辰，其物黄色，为印绶。空中形状。葫芦、素绢、蚕丝、幡、金石，变异为虚空不实，臭秽之物，狼狗之类。东方朔曰：天空临季，主事不宜。谓辰主虚诈，丑主伏尸，戌主惊悸，未主旋空之物作怪也。又曰：天空了泪，衰在己身。天空反泪，哀声聒耳。谓六甲旬中，居壬癸地，见壬癸，坐临壬癸是也。盖天空戍土，遇土旺，遇火相，遇木死，遇水囚，遇金休。乘旺主贵人欺诈，为印绶。乘相，主财帛欺诈，为妇人谋婚聘事。乘死，主欺诈死人事，为奴婢走窜。乘囚，主刑狱欺讼事，为奴婢逃亡。乘休，主被人欺绍事，为奸邪伤妇，主虚诈孝服。在亥持矛，临巳被戮。若君子占之，忧移迁谗诳；常人占之，忧财帛散失。若其旺相相生顺治，亦主财帛之喜，奴婢小人同心。更带财星或天喜者，必因小人奴婢获财，不则因僧道中得利。记云：天空安居，有言不虚。凡占奴婢，虽曰酉婢戌奴，常以天空为主星也。空乘神，如与今日干支生扶作合者吉，若与今日干支刑害残克则凶。凡占宅墓，水道壅塞，或泥淤墙垣，填塞门户不通。所谓宅墓者，宫音姓，宅在未，墓在辰；商音，宅在酉，墓在丑；角音，宅在卯，墓在未；徵音，宅在午，墓在戌；羽音，宅在子，墓在辰是也。凡占公讼

---

① 参考：天空土，寅卯乡，多因脾胃见灾殃，非因酒食生人患，也应热毒患喉疮。
空在巳，病血痢，丙丁二日相逢忌，功名最喜遇斯占，资助前程真快意。
空未井，号为妖，家宅兴灾非一朝，勾陈寅卯讼相招，血忌来临终不饶。
空传送，望音书，鱼雁游翔早到庐，占家若遇空申酉，安静逢灾得自如。
空四仲，莫相逢，闹市虎来人沸江，从魁因中奸人计，奴婢偷淫曷可容。
空在戌，走逃亡，更值虚诬总不良，再与日辰相克战，奸谋暗算不寻常。

② 不利宜作惟利。

疾病，喜天空发用在传，主病安讼散。凡占求财，不宜见之，见之亡财失利。至于占婚姻，见天空临日，若发用者，其家必有孤寡之人也。其男其女，以乘神决之①。

加乘传变论曰：天空乘辰戌旺相，经营吉。加仲为猛虎入市，主惊恐。与元武岁破并临日辰，主走失怪异之事。克日主虚诈见损，生日财损事不成。又能散讼狱。若乘空亡，主奴公讼，亦主逃失，又主损失器物仆马，为非言不实。若加四孟，主遗失；加四仲，主虚言；加四季，主病增。若与岁破月破并，在土上，主墙崩土陷；在火上，主火烛惊灾。若占怪，乃有声无形。占寻人，主在近窑灶岩穴及树木倒物之处。若甲乙日乘亥加巳，主厌。若乘丑加戌，之卑贱走失者自回。若乘戌加丑，主奴婢欺诈。占病，胸肋气痛，犯井灶，小儿病惊凶。若夫天空传天乙，主仕宦有虚喜。传螣蛇，怪异频见，奴婢有走失。传朱雀，失文书，梦鬼神。传六合，宜新宅宇，奴送物来。传勾陈，主争斗起，奴仆灾。传青龙，凡事虚喜苟合。传白虎，奴作主，欺罔上人。传太常，主废业，兄弟不和。传元武，子孙奴婢消退。传太阴，暗将妮婢作亲，并阴私不明。传天后，有逃亡，有鬼怪。归本家，奴仆诈，田地损②。

《海底右眼》作歌曰：天空凶神加姓宅③，下贼之时迁改室④。天空僧道卯酉推，阳是男兮阴女质⑤。天空亥子克日辰，有人染患泻痢疾⑥。天空

---

① 甲乙日虑疑远虑，丙丁日奴婢强良，戊己日家宅摇动，庚辛日忧喜无成，壬癸日浮游诈伪。

于在室，患生妇女。戌居家，事因奴婢。丑侍侧，诈称尊长之言。未超进，私图货殖之利。巳摇唇，寅被制，能自别其是非。午识字，申鼓舌，实难辨其真伪。辰凶恶，卯入门，虞暴客侵欺。酉乃说，亥诬词，慎奸徒谋计。

② 天空值太阳，普天朗照。值岁，利上表进呈。值月，宜官司对理。加干，术士沙门无患，公卿士庶堪虞。加支，家室田园寂寞，小人奴仆侵欺。占时值之，虚妄三机。作用所祈难遂，入传诸愿凌夷。立命一世浮游诡异，临年经年劳苦趋驰。为德恩荷朝廷章奏，为合交加音信文书。为鬼须备含沙射影，为墓恰同醉梦痴迷。并害而奸奴暴戾，披刑而讼贵无疑。破起猜嫌诽谤，冲招口舌是非。驾马则公差役卒，奴仆逃归；倚禄而名高无位，贵福增医。孟遗失，仲脱赚，季病凶危。空乘空，空陷空，凡事休追。岁破月破，墙壁崩弛。乘土资财可获，附火烟灶惊虞。逢天喜财神而获庆，由僧道九流下贱。逢旬丁二死而生忧，乃阴人妻妾分离。衰似漂萍，踪迹睽违。

③ 五音姓之宅也。

④ 内战。

⑤ 阴阳谓所乘神。

⑥ 谓水火不和而水土递克。

乘巳肚腹患，加支临姓屋分析。

《六壬拾翠》曰：天空作用，何异天中。无影无形，安凭安拟。而或贵人居末，进图旧事生新，不宜株守。而或盗神与俱，忽尔太阴作武，须慎盗侵。挟天鸡以入坟，诏书沉溺。带谩戏与巫信，欺诈相将。作文书而累起文书，临胎喜而堕其胎喜。克年神而招脱赚，破耗相仍，旺相无而休囚有。制干年而带马丁，情义虚假，小人怨而奴婢逃。作丁马而初传游神迷惑，臧获欲走须防。空马载而一路游煞居中，人诱人逃在即。丁马若囚，系空脱逃亡贼见攻。六乙马丁干，仍为逃遁人财觅。虚谋不就，天空又空。官星伏吟，求名虚誉。奴婢盗讼，指空话空。空带二死克其身，死三端兮视神煞。日禄日马，人骗其财。丁马亡神，人远其室。忧愤于邑，致疾伤生。若遇劫煞冲刑，定为奴婢谋害。天空水土入囚绝，妇守孤灯。贼上损夫克下儿，入墓疮蛊。墓煞戌上坟无子，天空乘此人出家。空被贵刑，巷伯寺人。

戌为天魁地狱，天空有家虚晃。降娄之次，角音二月太阳。白羊之宫，分野徐州鲁壤。印绶奴仆欺谋，西北方州是章。奎娄胃星野司分，狼狗雉天山畜养。头旁天土犬字，属官音，娄鲁乔高胡，甘韩姓广。其于人也，长老小儿，狱吏兵卒都官，黄须物攘。其于物也，黄白褐色，怪石窑冶戟钟，剑碾两两。大则贼煞，聚众而伤人；小则阴私，争墓而枷棒。宾朋邀候，州县楼台刑狱之旁。逃盗搜脏，土垒高岗营砦之莽。五十之数，命门之象。诗曰：天魁印绶［常］吏［雀］都官［龙］，累土高坟［虎］集众［勾］攒。德合［合］婢奴［空］兼长者［后］，狼豺［蛇］犬畜不为欢①。

河魁，戌神也。河魁主印，太常主绶。太常加戌为印绶。占利君子，不利常人。吏者朱雀乘戌主之。雀主文书，火墓在戌，凡占讼主为吏也。都官者，青龙乘戌主之。戌为聚众，凡言官位，必有部辖之权，都官之象也。累土高坟者，白虎主之。天魁是凶神，白虎亦是凶将，二凶并临，故云。壬癸日占，卯贵顺行，巳贵逆行，皆戌作白虎克日，名曰累土煞。占病必死。集众攒者，勾陈主之。戌己日占事，勾陈为土星，戌为众，二将

---

① 印绶天魁朱吏，天空奴婢龙官。蛇狼豺犬不为欢，德合垒神虎伴。天后却为长者，天空囚释成欢。勾陈牢狱集众攒，奸秽太阴逃散。

并临，谓加日也，主攒集会众之事。又六辛旦暮将，皆戌作勾陈，亦如之。德合者，六合主之。六合神卯，卯与戌六合，又是支前五三合，故曰德合。奴婢者，天空［太阴］主之。天空主奴，太阴主婢。二将若临戌土，更与阴空同位，奴婢多主不良。非逃亡，即盗财也。长者，天后主之。六丙日天后临戌，乃是天心，利君子也。故曰长者。若螣蛇临戌，主犬豺狼怪。春占则有之，若辰戌丑未日占，则为天狗煞。甲乙寅卯日占，则为天喜，次分日辰用之。若戊己辰戌丑未日占，将得螣蛇，多占怪事。若甲乙寅卯日占，更兼吉将，多占婚姻喜事，或占产也。大抵河魁凶神，见金火稍吉，见水争田宅，见木则主官事牢狱。《拾遗》曰：河魁戌土，为地网，为地狱，贵禄不寄。勾陈加临，因人入狱。天空加临，犯人出狱。于人品也，头尖身大胡须。

所主天文：日躔降娄之次，星分奎娄二宿。为阴云，为晚晴。

地理：鲁分，徐州。京西北路、东海、琅琊、高密、城阳、胶东、敦煌，为江河，为街道，土垣，为溪岸，为高岗，为峻岭，为丘圹，田塍。

人物：司直、阉寺、都官、长者、伯舅、僧道、狱吏、奴仆、兵卒、猎人、屠恶、盗贼、军众、小儿。

五行：属土。季旺夏相春死冬囚秋休。辛寄其上，丙火戊土乙木墓其下。其音角，其色黄，其味甘。一曰音宫，律中无射。

时令：为二月将，为九月建。

数目：本数先天皆五。

经史：旧经野乘。

姓氏：娄倪盛魏赵邵鲍。用戌郑。阳曰用戌程；阴曰用戌余。了刑卯连，土旁，足旁，鲁边。

人事：侵欺、虚诞、逢迎、呼召、伏匿、不实、聚众。

身体：命门、右腿、口、臂、足胫、骨殖。

饮食：五谷、兽味。

疾病：胸闷、下痢、吐泻、犯土神、土皇、剑锋煞。

宫室：城郭、牢狱、仆室、坟墓、垒土、窑灶、浴室、钟楼、武库、犬窠。

器用：印绶、军器、锹鉏、铁铲、磁器、砖瓦、枷杻、锁钥、碓、鞋履、数珠、盘、瓮、铁、石灰、仓厢、缸、丝。

鸟兽：狼、豹、犬、獒。

草木：为葫芦。

其加乘用变总论曰：河魁加丑乘元武，其人有小肠疝气疾，或小便疾，亦主有怪兽、狮子象，头口必有损失。若加卯乘朱，刑日干，主有狗咬人。加辰又值辰日，主争斗讼起。加午乘六合，其人居处必在巷陌间危险处，或图望街陌事。加酉乘朱雀，主盗贼杀害人。又值酉日，主有小人遗亡之祸。加亥为阴关。寅日加寅，传乘朱白，为官讼勾呼之事。若乘勾陈，为官吏军卒之事。酉戌相害，主奴婢事。若乘天空，或乘太阴尤的。作白虎为官鬼，占有怪犬登屋走。临寅为吏，作元武为厌神。作勾陈临辰，为狱。加辰戌丑未，为众。作螣蛇加巳午为窑冶。作白虎而发用，为墓。作勾陈加申酉，为石。作元武临卯，为枷杻。凡作勾陈，随类有争。

《海底右眼》作歌曰：酉日天魁临酉上，小人作祸自遗失。辰日天魁临辰讼，入狱应当未了□。寅日戌寅虎与朱，勿讼勾呼事仓卒。所望所主官与吏，若见勾陈定军卒。朱雀临未得活戌，犬咬人因课中出。元武乘戌加丑上，人患小便小肠疾。亦有兽象如狮子，头口不损须忧失。朱戌卯刑克狗咬，元戌加酉盗杀贼。戌酉交加奴婢事，空与阴临尤准的。虎戌更与鬼爻并，犬怪时时登屋室。所望所图看其他，临午传合居巷陌。

《神书拾翠》曰：戌来加卯传支干，丙辛戌鬼最为欢。喜生喜丁更在上，远行远信即时还①。作末马丁门上立，天涯海角会当前②。戌丑厌鬼有妖魔③，飞廉光怪相差讹④。戌卯不凶也有祸［克合］，伤身或病吏胥徒。戌申衰囚病无寿，劫丁马会作军徒。辰戌天符并天吏，争讼入牢奈若何。

孙子《口诀》曰：河魁到丑厌神藏，申上军人寿夭郎。辰位宅边枯骨犯，徒从卯上痛伤亡。河魁狱讼游亡畜，贵贱仆奴僧道藏。见墓尸骸逢水竞，木遭刑苦主忧伤。生合火金贫后富，若见刑冲愁更长。戌为社魔宅为坟，须有官灾及病人。元武更逢秋季里，神妖鬼怪哭声频。临寅犬伤及官

---

① 喜，天喜，喜神；生，生气。
② 戌作末而乘马丁加二八门，主行人归家远信至。
③ 厌，月厌；鬼，天鬼。
④ 飞廉光怪二煞。

事，申为儒士有游儿。卯主官非兼怪起，四足相趁入门时。加辰两次曾争讼，兄弟分争亦有之。到巳灶动东厨怒，屋上兼之犬上驰。临午有伤皮血事，当门信是讼争持。犬咬未乡妇女病，贵人得禄有荣施。更主婚姻由后妇，子宫宅怪损家资。酉主家有人不语，不明之事惹深思。本位四足物走失，因争人赋远游诗。临亥须防伤小口，更奇幼女会通私。到丑亦主有宅怪，□闻铜铁器长嘶。

周易书斋精品书目

书　名	作　者	定　价	版别
影印涵芬楼本正统道藏[典藏宣纸版；全512函1120册]	[明]张宇初编	480000.00	九州
影印涵芬楼本正统道藏[再造善本；全512函1120册]	[明]张宇初编	280000.00	九州
重刊术藏[全6箱，精装100册]	谢路军郑同主编	68000.00	九州
续修术藏[全6箱，精装100册]	谢路军郑同主编	68000.00	九州
易藏[全6箱，精装60册]	谢路军郑同主编	48000.00	九州
道藏[全6箱，精装60册]	谢路军郑同主编	48000.00	九州
焦循文集[全精装18册]	[清]焦循撰	9800.00	九州
邵子全书[全精装15册]	[宋]邵雍撰	9600.00	九州
重刻故宫藏百二汉镜斋秘书四种(一):火珠林	宣纸线装1函1册	300.00	华龄
重刻故宫藏百二汉镜斋秘书四种(二):灵棋经	宣纸线装1函1册	300.00	华龄
重刻故宫藏百二汉镜斋秘书四种(三):滴天髓	宣纸线装1函1册	300.00	华龄
重刻故宫藏百二汉镜斋秘书四种(四):测字秘牒	宣纸线装1函1册	300.00	华龄
中外戏法图说:鹅幻汇编鹅幻余编合刊	宣纸线装1函3册	780.00	华龄
连山[宣纸线装一函一册]	[清]马国翰辑	280.00	华龄
归藏[宣纸线装一函一册]	[清]马国翰辑	280.00	华龄
周易虞氏义笺订[宣纸线装一函六册]	[清]李翊灼订	1180.00	华龄
周易参同契通真义	宣纸线装1函2册	480.00	华龄
御制周易[宣纸线装一函三册]	武英殿影宋本	680.00	华龄
宋刻周易本义[宣纸线装一函四册]	[宋]朱熹撰	980.00	华龄
易学启蒙[宣纸线装一函二册]	[宋]朱熹撰	480.00	华龄
易余[宣纸线装一函二册]	[明]方以智撰	480.00	九州
奇门鸣法[宣纸线装一函二册]	[清]龙伏山人撰	680.00	华龄
奇门衍象[宣纸线装一函二册]	[清]龙伏山人撰	480.00	华龄
奇门枢要[宣纸线装一函二册]	[清]龙伏山人撰	480.00	华龄
奇门仙机[宣纸线装一函三册]	王力军校订	298.00	华龄
奇门心法秘纂[宣纸线装一函三册]	王力军校订	298.00	华龄
御定奇门秘诀[宣纸线装一函三册]	[清]湖海居士辑	680.00	华龄
宫藏奇门大全[线装五函二十五册]	[清]湖海居士辑	6800.00	影印
遁甲奇门秘传要旨大全[线装二函十册]	[清]范阳耐寒子辑	6200.00	影印
增广神相全编[线装一函四册]	[明]袁琪订正	980.00	影印
龙伏山人存世文稿[宣纸线装五函十册]	[清]矫子阳撰	2800.00	九州
奇门遁甲鸣法[宣纸线装一函二册]	[清]矫子阳撰	680.00	九州
奇门遁甲衍象[宣纸线装一函二册]	[清]矫子阳撰	480.00	九州
奇门遁甲枢要[宣纸线装一函二册]	[清]矫子阳撰	480.00	九州
遁甲括囊集[宣纸线装一函三册]	[清]矫子阳撰	980.00	九州
增注蒋公古镜歌[宣纸线装一函一册]	[清]矫子阳撰	180.00	九州
明抄真本梅花易数[宣纸线装一函三册]	[宋]邵雍撰	480.00	九州

书　　名	作　者	定　价	版别
古本皇极经世书[宣纸线装一函三册]	[宋]邵雍撰	980.00	九州
订正六壬金口诀[宣纸线装一函六册]	[清]巫国匡辑	1280.00	华龄
六壬神课金口诀[宣纸线装一函三册]	[明]适适子撰	298.00	华龄
改良三命通会[宣纸线装一函四册,第二版]	[明]万民英撰	980.00	华龄
增补选择通书玉匣记[宣纸线装一函二册]	[晋]许逊撰	480.00	华龄
阳宅三要	宣纸线装1函3册	298.00	华龄
绘图全本鲁班经匠家镜	宣纸线装1函4册	680.00	华龄
青囊海角经	宣纸线装1函4册	680.00	华龄
菊逸山房天函:地理点穴撼龙经	宣纸线装1函3册	680.00	华龄
菊逸山房地函:秘藏疑龙经大全	宣纸线装1函1册	280.00	华龄
菊逸山房人函:杨公秘本山法备收	宣纸线装1函1册	280.00	华龄
珍本1:校正全本地学答问	宣纸线装1函3册	680.00	华龄
珍本2:赖仙原本催官经	宣纸线装1函1册	280.00	华龄
珍本3:赖仙催官篇注	宣纸线装1函1册	280.00	华龄
珍本4:尹注赖仙催官篇	宣纸线装1函1册	280.00	华龄
珍本5:赖仙心印	宣纸线装1函1册	280.00	华龄
珍本6:新刻赖太素天星催官解	宣纸线装1函2册	480.00	华龄
珍本7:天机秘传青囊内传	宣纸线装1函1册	280.00	华龄
珍本8:阳宅斗首连篇秘授	宣纸线装1函1册	280.00	华龄
珍本9:精刻编集阳宅真传秘诀	宣纸线装1函2册	480.00	华龄
珍本10:秘传全本六壬玉连环	宣纸线装1函2册	480.00	华龄
珍本11:秘传仙授奇门	宣纸线装1函2册	480.00	华龄
珍本12:祝由科诸符秘卷祝由科诸符秘旨合刊	宣纸线装1函2册	480.00	华龄
珍本13:校正古本入地眼图说	宣纸线装1函2册	480.00	华龄
珍本14:校正全本钻地眼图说	宣纸线装1函2册	480.00	华龄
珍本15:赖公七十二葬法	宣纸线装1函2册	480.00	华龄
珍本16:新刻杨筠松秘传开门放水阴阳捷径	宣纸线装1函2册	480.00	华龄
珍本17:校正古本地理五诀	宣纸线装1函2册	480.00	华龄
珍本18:重校古本地理雪心赋	宣纸线装1函2册	480.00	华龄
珍本19:宋国师吴景鸾先天后天理气心印补注	宣纸线装1函1册	280.00	华龄
珍本20:新刊宋国师吴景鸾秘传夹竹梅花院纂	宣纸线装1函2册	480.00	华龄
珍本21:影印原本任铁樵注滴天髓阐微	宣纸线装1函4册	1080.00	华龄
珍本22:地理真宝一粒粟	宣纸线装1函1册	280.00	华龄
珍本23:聚珍全本天机一贯	宣纸线装1函2册	480.00	华龄
珍本24:阴宅造福秘诀	宣纸线装1函1册	280.00	华龄
珍本25:增补诹吉宝镜图	宣纸线装1函2册	480.00	华龄
珍本26:诹吉便览宝镜图	宣纸线装1函1册	280.00	华龄
珍本27:诹吉便览八卦图	宣纸线装1函1册	280.00	华龄
珍本28:甲遁真授秘集	宣纸线装1函3册	680.00	华龄
珍本29:太上祝由科	宣纸线装1函2册	480.00	华龄
珍本30:邵康节先生心易梅花数	宣纸线装1函1册	280.00	华龄

书　　名	作　者	定　价	版别
子部珍本备要(共360种18万元)		以下分函价	九州
001 岣嵝神书	宣纸线装1函1册	280.00	九州
002 地理唊蔗録	宣纸线装1函4册	880.00	九州
003 地理玄珠精选	宣纸线装1函4册	880.00	九州
004 地理琢玉斧峦头歌括	宣纸线装1函4册	880.00	九州
005 金氏地学粹编	宣纸线装3函8册	1840.00	九州
006 风水一书	宣纸线装1函4册	880.00	九州
007 风水二书	宣纸线装1函4册	880.00	九州
008 增注周易神应六亲百章海底眼	宣纸线装1函1册	280.00	九州
009 卜易指南	宣纸线装1函1册	280.00	九州
010 大六壬占验	宣纸线装1函1册	280.00	九州
011 真本六壬神课金口诀	宣纸线装1函3册	680.00	九州
012 太乙指津	宣纸线装1函2册	480.00	九州
013 太乙金钥匙 太乙金钥匙续集	宣纸线装1函1册	280.00	九州
014 奇门遁甲占验天时	宣纸线装1函2册	480.00	九州
015 南阳掌珍遁甲	宣纸线装1函1册	280.00	九州
016 达摩易筋经 易筋经外经图说 八段锦	宣纸线装1函1册	280.00	九州
017 钦天监彩绘真本推背图	宣纸线装1函2册	680.00	九州
018 清抄全本玉函通秘	宣纸线装1函3册	680.00	九州
019 灵棋经	宣纸线装1函1册	280.00	九州
020 道藏灵符秘法	宣纸线装4函9册	2100.00	九州
021 地理青囊玉尺度金针集	宣纸线装1函6册	1280.00	九州
022 奇门秘传九宫纂要	宣纸线装1函1册	280.00	九州
023 影印清抄耕寸集－真本子平真诠	宣纸线装1函2册	480.00	九州
024 新刊合并官板音义评注渊海子平	宣纸线装1函2册	480.00	九州
025 影抄宋本五行精纪	宣纸线装1函6册	1080.00	九州
026 影印明刻阴阳五要奇书1－郭氏阴阳元经	宣纸线装1函2册	480.00	九州
027 影印明刻阴阳五要奇书2－克择璇玑括要	宣纸线装1函1册	280.00	九州
028 影印明刻阴阳五要奇书3－阳明按索图	宣纸线装1函2册	480.00	九州
029 影印明刻阴阳五要奇书4－佐玄直指	宣纸线装1函2册	480.00	九州
030 影印明刻阴阳五要奇书5－三白宝海钩玄	宣纸线装1函1册	280.00	九州
031 相命图诀许负相法十六篇合刊	宣纸线装1函1册	280.00	九州
032 玉掌神相神相铁关刀合刊	宣纸线装1函1册	280.00	九州
033 古本太乙淘金歌	宣纸线装1函1册	280.00	九州
034 重刊地理葬埋黑通书	宣纸线装1函2册	480.00	九州
035 壬归	宣纸线装1函2册	480.00	九州
036 大六壬苗公鬼撮脚二种合刊	宣纸线装1函1册	280.00	九州
037 大六壬鬼撮脚射覆	宣纸线装1函2册	480.00	九州
038 大六壬金柜经	宣纸线装1函1册	280.00	九州
039 纪氏奇门秘书仕学备余	宣纸线装1函1册	280.00	九州

书　名	作　者	定　价	版别
040 八门九星阴阳二遁全本奇门断	宣纸线装 2 函 18 册	3680.00	九州
041 李卫公奇门心法	宣纸线装 1 函 1 册	280.00	九州
042 武侯行兵遁甲金函玉镜海底眼	宣纸线装 1 函 1 册	280.00	九州
043 诸葛武侯奇门千金诀	宣纸线装 1 函 1 册	280.00	九州
044 隔夜神算	宣纸线装 1 函 1 册	280.00	九州
045 地理五种秘笈合刊	宣纸线装 1 函 1 册	280.00	九州
046 地理雪心赋句解	宣纸线装 1 函 2 册	480.00	九州
047 九天玄女青囊经	宣纸线装 1 函 1 册	280.00	九州
048 考定撼龙经	宣纸线装 1 函 1 册	280.00	九州
049 刘江东家藏善本葬书	宣纸线装 1 函 1 册	280.00	九州
050 杨公六段玄机赋杨筠松安门楼玉辇经合刊	宣纸线装 1 函 1 册	280.00	九州
051 风水金鉴	宣纸线装 1 函 1 册	280.00	九州
052 新镌碎玉剖秘地理不求人	宣纸线装 1 函 2 册	480.00	九州
053 阳宅八门金光斗临经	宣纸线装 1 函 1 册	280.00	九州
054 新镌徐氏家藏罗经顶门针	宣纸线装 1 函 2 册	480.00	九州
055 影印乾隆丙午刻本地理五诀	宣纸线装 1 函 4 册	880.00	九州
056 地理诀要雪心赋	宣纸线装 1 函 2 册	480.00	九州
057 蒋氏平阶家藏善本插泥剑	宣纸线装 1 函 1 册	280.00	九州
058 蒋大鸿家传地理归厚录	宣纸线装 1 函 1 册	280.00	九州
059 蒋大鸿家传三元地理秘书	宣纸线装 1 函 1 册	280.00	九州
060 蒋大鸿家传天星选择秘旨	宣纸线装 1 函 1 册	280.00	九州
061 撼龙经批注校补	宣纸线装 1 函 4 册	880.00	九州
062 疑龙经批注校补一全	宣纸线装 1 函 1 册	280.00	九州
063 种筠书屋较订山法诸书	宣纸线装 1 函 2 册	480.00	九州
064 堪舆倒杖诀 拨砂经遗篇 合刊	宣纸线装 1 函 1 册	280.00	九州
065 认龙天宝经	宣纸线装 1 函 1 册	280.00	九州
066 天机望龙经刘氏心法 杨公骑龙穴诗合刊	宣纸线装 1 函 1 册	280.00	九州
067 风水一夜仙秘传三种合刊	宣纸线装 1 函 1 册	280.00	九州
068 新镌地理八窍	宣纸线装 1 函 2 册	480.00	九州
069 地理解醒	宣纸线装 1 函 1 册	280.00	九州
070 峦头指迷	宣纸线装 1 函 3 册	680.00	九州
071 茅山上清灵符	宣纸线装 1 函 2 册	480.00	九州
072 茅山上清镇禳摄制秘法	宣纸线装 1 函 1 册	280.00	九州
073 天医祝由科秘抄	宣纸线装 1 函 2 册	480.00	九州
074 千镇百镇桃花镇	宣纸线装 1 函 2 册	480.00	九州
075 轩辕碑记医学祝由十三科治病奇书合刊	宣纸线装 1 函 1 册	280.00	九州
076 清抄真本祝由科秘诀全书	宣纸线装 1 函 3 册	680.00	九州
077 增补秘传万法归宗	宣纸线装 1 函 2 册	480.00	九州
078 祝由科诸符秘卷祝由科诸符秘旨合刊	宣纸线装 1 函 1 册	280.00	九州
079 辰州符咒大全	宣纸线装 1 函 4 册	880.00	九州

书　名	作　者	定　价	版别
080 万历初刻三命通会	宣纸线装 2 函 12 册	2480.00	九州
081 新编三车一览子平渊源注解	宣纸线装 1 函 3 册	680.00	九州
082 命理用神精华	宣纸线装 1 函 3 册	680.00	九州
083 命学探骊集	宣纸线装 1 函 1 册	280.00	九州
084 相诀摘要	宣纸线装 1 函 2 册	480.00	九州
085 相法秘传	宣纸线装 1 函 1 册	280.00	九州
086 新编相法五总龟	宣纸线装 1 函 1 册	280.00	九州
087 相学统宗心易秘传	宣纸线装 1 函 2 册	480.00	九州
088 秘本大清相法	宣纸线装 1 函 2 册	480.00	九州
089 相法易知	宣纸线装 1 函 1 册	280.00	九州
090 星命风水秘传	宣纸线装 1 函 1 册	280.00	九州
091 大六壬隔山照	宣纸线装 1 函 2 册	480.00	九州
092 大六壬考正	宣纸线装 1 函 1 册	280.00	九州
093 大六壬类阐	宣纸线装 1 函 2 册	480.00	九州
094 六壬心镜集注	宣纸线装 1 函 1 册	280.00	九州
095 遁甲吾学编	宣纸线装 1 函 2 册	480.00	九州
096 刘明江家藏善本奇门衍象	宣纸线装 1 函 1 册	280.00	九州
097 遁甲天书秘文	宣纸线装 1 函 2 册	480.00	九州
098 金枢符应秘文	宣纸线装 1 函 2 册	480.00	九州
099 秘传金函奇门隐遁丁甲法书	宣纸线装 1 函 2 册	480.00	九州
100 六壬行军指南	宣纸线装 2 函 10 册	2080.00	九州
101 家藏阴阳二宅秘诀线法	宣纸线装 1 函 2 册	480.00	九州
102 阳宅一书阴宅一书合刊	宣纸线装 1 函 1 册	280.00	九州
103 地理法门全书	宣纸线装 1 函 1 册	280.00	九州
104 四真全书玉钥匙	宣纸线装 1 函 1 册	280.00	九州
105 重刊官板玉髓真经	宣纸线装 1 函 4 册	880.00	九州
106 明刊阳宅真诀	宣纸线装 1 函 2 册	480.00	九州
107 阳宅指南	宣纸线装 1 函 1 册	280.00	九州
108 阳宅秘传三书	宣纸线装 1 函 1 册	280.00	九州
109 阳宅都天滚盘珠	宣纸线装 1 函 1 册	280.00	九州
110 纪氏地理水法要诀	宣纸线装 1 函 1 册	280.00	九州
111 李默斋先生地理辟径集	宣纸线装 1 函 2 册	480.00	九州
112 李默斋先生辟径集续篇 地理秘缺	宣纸线装 1 函 2 册	480.00	九州
113 地理辨正自解	宣纸线装 1 函 1 册	280.00	九州
114 形家五要全编	宣纸线装 1 函 4 册	880.00	九州
115 地理辨正抉要	宣纸线装 1 函 1 册	280.00	九州
116 地理辨正揭隐	宣纸线装 1 函 1 册	280.00	九州
117 地学铁骨秘	宣纸线装 1 函 1 册	280.00	九州
118 地理辨正发秘初稿	宣纸线装 1 函 1 册	280.00	九州
119 三元宅墓图	宣纸线装 1 函 1 册	280.00	九州

书 名	作 者	定 价	版别
120 参赞玄机地理仙婆集	宣纸线装 2 函 8 册	1680.00	九州
121 幕讲禅师玄空秘旨浅注外七种	宣纸线装 1 函 1 册	280.00	九州
122 玄空挨星图诀	宣纸线装 1 函 1 册	280.00	九州
123 影印稿本玄空地理筌蹄	宣纸线装 1 函 1 册	280.00	九州
124 玄空古义四种通释	宣纸线装 1 函 2 册	480.00	九州
125 地理疑义答问	宣纸线装 1 函 1 册	280.00	九州
126 王元极地理辨正冒禁录	宣纸线装 1 函 1 册	280.00	九州
127 王元极校补天元选择辨正	宣纸线装 1 函 3 册	680.00	九州
128 王元极选择辨真全书	宣纸线装 1 函 1 册	280.00	九州
129 王元极增批地理冰海原本地理冰海合刊	宣纸线装 1 函 1 册	280.00	九州
130 王元极三元阳宅萃篇	宣纸线装 1 函 2 册	480.00	九州
131 尹一勺先生地理精语	宣纸线装 1 函 1 册	280.00	九州
132 古本地理元真	宣纸线装 1 函 2 册	480.00	九州
133 杨公秘本搜地灵	宣纸线装 1 函 1 册	280.00	九州
134 秘藏千里眼	宣纸线装 1 函 1 册	280.00	九州
135 道光刊本地理或问	宣纸线装 1 函 1 册	280.00	九州
136 影印稿本地理秘诀	宣纸线装 1 函 2 册	480.00	九州
137 地理秘诀隔山照 地理括要 合刊	宣纸线装 1 函 1 册	280.00	九州
138 地理前后五十段	宣纸线装 1 函 2 册	480.00	九州
139 心耕书屋藏本地经图说	宣纸线装 1 函 1 册	280.00	九州
140 地理古本道法双谭	宣纸线装 1 函 1 册	280.00	九州
141 奇门遁甲元灵经	宣纸线装 1 函 1 册	280.00	九州
142 黄帝遁甲归藏大意 白猿真经 合刊	宣纸线装 1 函 1 册	280.00	九州
143 遁甲符应经	宣纸线装 1 函 2 册	480.00	九州
144 遁甲通明钤	宣纸线装 1 函 1 册	280.00	九州
145 景祐奇门秘纂	宣纸线装 1 函 2 册	480.00	九州
146 奇门先天要论	宣纸线装 1 函 2 册	480.00	九州
147 御定奇门古本	宣纸线装 1 函 2 册	480.00	九州
148 奇门吉凶格解	宣纸线装 1 函 1 册	280.00	九州
149 御定奇门宝鉴	宣纸线装 1 函 3 册	680.00	九州
150 奇门阐易	宣纸线装 1 函 2 册	480.00	九州
151 六壬总论	宣纸线装 1 函 1 册	280.00	九州
152 稿抄本大六壬翠羽歌	宣纸线装 1 函 1 册	280.00	九州
153 都天六壬神课	宣纸线装 1 函 1 册	280.00	九州
154 大六壬易简	宣纸线装 1 函 2 册	480.00	九州
155 太上六壬明鉴符阴经	宣纸线装 1 函 1 册	280.00	九州
156 增补关煞袖里金百中经	宣纸线装 1 函 1 册	280.00	九州
157 演禽三世相法	宣纸线装 1 函 2 册	480.00	九州
158 合婚便览 和合婚姻咒 合刊	宣纸线装 1 函 1 册	280.00	九州
159 神数十种	宣纸线装 1 函 1 册	280.00	九州

书 名	作 者	定 价	版别
160 神机灵数一掌经金钱课合刊	宣纸线装1函1册	280.00	九州
161 阴阳二宅易知录	宣纸线装1函2册	480.00	九州
162 阴宅镜	宣纸线装1函2册	480.00	九州
163 阳宅镜	宣纸线装1函1册	280.00	九州
164 清精抄本六圃地学	宣纸线装1函1册	280.00	九州
165 形峦神断书	宣纸线装1函1册	280.00	九州
166 堪舆三昧	宣纸线装1函1册	280.00	九州
167 遁甲奇门捷要	宣纸线装1函1册	280.00	九州
168 奇门遁甲备览	宣纸线装1函1册	280.00	九州
169 原传真本石室藏本圆光真传秘诀合刊	宣纸线装1函1册	280.00	九州
170 明抄全本壬归	宣纸线装1函4册	880.00	九州
171 董德彰水法秘诀水法断诀合刊	宣纸线装1函1册	280.00	九州
172 董德彰先生水法图说	宣纸线装1函1册	280.00	九州
173 董德彰先生泄天机纂要	宣纸线装1函2册	480.00	九州
174 李默斋先生地理秘传	宣纸线装1函2册	480.00	九州
175 新锓希夷陈先生紫微斗数全书	宣纸线装1函3册	680.00	九州
176 海源阁藏明刊麻衣相法全编	宣纸线装1函2册	480.00	九州
177 袁忠彻先生相法秘传	宣纸线装1函3册	680.00	九州
178 火珠林要旨 筮杙	宣纸线装1函2册	480.00	九州
179 火珠林占法秘传 续筮杙	宣纸线装1函1册	280.00	九州
180 六壬类聚	宣纸线装1函4册	880.00	九州
181 新刻麻衣相神异赋	宣纸线装1函1册	280.00	九州
182 诸葛武侯奇门遁甲全书	宣纸线装1函2册	480.00	九州
183 张九仪传地理偶摘	宣纸线装1函1册	280.00	九州
184 张九仪传地理偶注	宣纸线装1函1册	280.00	九州
185 阳宅玄珠	宣纸线装1函1册	280.00	九州
186 阴宅总论	宣纸线装1函1册	280.00	九州
187 新刻杨救贫秘传阴阳二宅便用统宗	宣纸线装1函1册	280.00	九州
188 增补理气图说	宣纸线装1函2册	480.00	九州
189 增补罗经图说	宣纸线装1函1册	280.00	九州
190 重镌官板阳宅大全	宣纸线装1函4册	880.00	九州
191 景祐太乙福应经	宣纸线装1函1册	280.00	九州
192 景祐遁甲符应经	宣纸线装1函1册	280.00	九州
193 景祐六壬神定经	宣纸线装1函1册	280.00	九州
194 御制禽遁符应经	宣纸线装1函2册	480.00	九州
195 秘传匠家鲁班经符法	宣纸线装1函3册	680.00	九州
196 哈佛藏本太史黄际飞注天玉经	宣纸线装1函1册	280.00	九州
197 李三素先生红囊经解	宣纸线装1函1册	280.00	九州
198 杨曾青囊天玉通义	宣纸线装1函1册	280.00	九州
199 重编大清钦天监焦秉贞彩绘历代推背图解	宣纸线装1函2册	680.00	九州

书　　　名	作　者	定　价	版别
200 道光初刻相理衡真	宣纸线装1函4册	880.00	九州
201 新刻袁柳庄先生秘传相法	宣纸线装1函3册	680.00	九州
202 袁忠彻相法古今识鉴	宣纸线装1函2册	480.00	九州
203 袁天纲五星三命指南	宣纸线装1函2册	480.00	九州
204 新刻五星玉镜	宣纸线装1函3册	680.00	九州
205 游艺录:筮遁壬行年斗数相宅	宣纸线装1函1册	280.00	九州
206 新订王氏罗经透解	宣纸线装1函2册	480.00	九州
207 堪舆真诠	宣纸线装1函3册	680.00	九州
208 青囊天机奥旨二种	宣纸线装1函1册	280.00	九州
209 张九仪传地理偶录	宣纸线装1函1册	280.00	九州
210 地学形势集	宣纸线装1函8册	1680.00	九州
211 神相水镜集	宣纸线装1函4册	880.00	九州
212 稀见相学秘笈四种合刊	宣纸线装1函2册	480.00	九州
213 神相金较剪	宣纸线装1函1册	280.00	九州
214 神相证验百条	宣纸线装1函2册	480.00	九州
215 全本神相全编	宣纸线装1函3册	680.00	九州
216 神相全编正义	宣纸线装1函3册	680.00	九州
217 八宅明镜	宣纸线装1函2册	480.00	九州
218 阳宅卜居秘髓	宣纸线装1函3册	680.00	九州
219 地理乾坤法窍	宣纸线装1函3册	680.00	九州
220 秘传廖公画筴拨砂经	宣纸线装1函4册	880.00	九州
221 地理囊金集注	宣纸线装1函1册	280.00	九州
222 赤松子罗经要旨	宣纸线装1函1册	280.00	九州
223 萧仙地理心法堪舆经	宣纸线装1函2册	480.00	九州
224 新刻地理搜龙奥语	宣纸线装1函2册	480.00	九州
225 新刻风水珠神真经	宣纸线装1函2册	480.00	九州
226 寻龙点穴地理索隐	宣纸线装1函1册	280.00	九州
227 杨公撼龙经考注	宣纸线装1函2册	480.00	九州
228 李德贞秘授三元秘诀	宣纸线装1函1册	280.00	九州
229 地理支陇乘气论	宣纸线装1函2册	480.00	九州
230 道光刻全本相山撮要	宣纸线装2函6册	1500.00	九州
231 药王真传祝由科全编	宣纸线装1函1册	280.00	九州
232 梵音斗科符箓秘书	宣纸线装1函2册	580.00	九州
233 御定奇门灵占	宣纸线装1函4册	880.00	九州
234 御定奇门宝镜图	宣纸线装1函2册	480.00	九州
235 汇纂大六壬玉钥匙心诀	宣纸线装1函1册	280.00	九州
236 补完直解六壬五变中黄经	宣纸线装1函2册	480.00	九州
237 六壬节要直讲	宣纸线装1函2册	480.00	九州
238 六壬神课捷要占验	宣纸线装1函1册	280.00	九州
239 六壬袖传神课捷要	宣纸线装1函1册	280.00	九州
240 秘藏大六壬大全善本	宣纸线装2函8册	1800.00	九州

书 名	作 者	定 价	版别
增补四库青乌辑要[宣纸线装全18函59册]	郑同校	11680.00	九州
第1种:宅经[宣纸线装1册]	[署]黄帝撰	180.00	九州
第2种:葬书[宣纸线装1册]	[晋]郭璞撰	220.00	九州
第3种:青囊序青囊奥语天玉经[宣纸线装1册]	[唐]杨筠松撰	220.00	九州
第4种:黄囊经[宣纸线装1册]	[唐]杨筠松撰	220.00	九州
第5种:黑囊经[宣纸线装2册]	[唐]杨筠松撰	380.00	九州
第6种:锦囊经[宣纸线装1册]	[晋]郭璞撰	200.00	九州
第7种:天机贯旨红囊经[宣纸线装2册]	[清]李三素撰	380.00	九州
第8种:玉函天机素书/至宝经[宣纸线装1册]	[明]董德彰撰	200.00	九州
第9种:天机一贯[宣纸线装2册]	[清]李三素撰辑	380.00	九州
第10种:撼龙经[宣纸线装1册]	[唐]杨筠松撰	200.00	九州
第11种:疑龙经葬法倒杖[宣纸线装1册]	[唐]杨筠松撰	220.00	九州
第12种:疑龙经辨正[宣纸线装1册]	[唐]杨筠松撰	200.00	九州
第13种:寻龙记太华经[宣纸线装1册]	[唐]曾文辿撰	220.00	九州
第14种:宅谱要典[宣纸线装2册]	[清]铣溪野人校	380.00	九州
第15种:阳宅必用[宣纸线装2册]	心灯大师校订	380.00	九州
第16种:阳宅撮要[宣纸线装2册]	[清]吴鼒撰	380.00	九州
第17种:阳宅正宗[宣纸线装1册]	[清]姚承舆撰	200.00	九州
第18种:阳宅指掌[宣纸线装2册]	[清]黄海山人撰	380.00	九州
第19种:相宅新编[宣纸线装1册]	[清]焦循校刊	240.00	九州
第20种:阳宅井明[宣纸线装2册]	[清]邓颖出撰	380.00	九州
第21种:阴宅井明[宣纸线装1册]	[清]邓颖出撰	220.00	九州
第22种:灵城精义[宣纸线装2册]	[南唐]何溥撰	380.00	九州
第23种:龙穴砂水说[宣纸线装1册]	清抄秘本	180.00	九州
第24种:三元水法秘诀[宣纸线装2册]	清抄秘本	380.00	九州
第25种:罗经秘传[宣纸线装2册]	[清]傅禹辑	380.00	九州
第26种:穿山透地真传[宣纸线装2册]	[清]张九仪撰	380.00	九州
第27种:催官篇发微论[宣纸线装2册]	[宋]赖文俊撰	380.00	九州
第28种:入地眼神断要诀[宣纸线装2册]	清抄秘本	380.00	九州
第29种:玄空大卦秘断[宣纸线装1册]	清抄秘本	200.00	九州
第30种:玄空大五行真传口诀[宣纸线装1册]	[明]蒋大鸿等撰	220.00	九州
第31种:杨曾九宫颠倒打劫图说[宣纸线装1册]	[唐]杨筠松撰	200.00	九州
第32种:乌兔经奇验经[宣纸线装1册]	[唐]杨筠松撰	180.00	九州
第33种:挨星考注[宣纸线装1册]	[清]汪董缘订定	260.00	九州
第34种:地理挨星说汇要[宣纸线装1册]	[明]蒋大鸿撰辑	220.00	九州
第35种:地理捷诀[宣纸线装1册]	[清]傅禹辑	200.00	九州
第36种:地理三仙宗旨[宣纸线装1册]	清抄秘本	200.00	九州
第37种:地理三字经[宣纸线装3册]	[清]程思乐撰	580.00	九州
第38种:地理雪心赋注解[宣纸线装2册]	[唐]卜则嵬撰	380.00	九州
第39种:蒋公天元余义[宣纸线装1册]	[明]蒋大鸿等撰	220.00	九州
第40种:地理真传秘旨[宣纸线装3册]	[唐]杨筠松撰	580.00	九州

书　名	作　者	定　价	版别
增补四库未收方术汇刊第一辑(全28函)	线装影印本	11800.00	九州
第一辑01函:火珠林·卜筮正宗	[宋]麻衣道者著	340.00	九州
第一辑02函:全本增删卜易·增删卜易真诠	[清]野鹤老人撰	720.00	九州
第一辑03函:渊海子平音义评注·子平真诠·命理易知	[明]杨淙增校	360.00	九州
第一辑04函:滴天髓·附滴天秘诀·穷通宝鉴·附月谈赋	[宋]京图撰	360.00	九州
第一辑05函:参星秘要诹吉便览·玉函斗首三台通书·精校三元总录	[清]俞荣宽撰	460.00	九州
第一辑06函:陈子性藏书	[清]陈应选撰	580.00	九州
第一辑07函:崇正辟谬永吉通书·选择求真	[清]李奉来辑	500.00	九州
第一辑08函:增补选择通书玉匣记·永宁通书	[晋]许逊撰	400.00	九州
第一辑09函:新增阳宅爱众篇	[清]张觉正撰	480.00	九州
第一辑10函:地理四弹子·地理铅弹子砂水要诀	[清]张九仪注	340.00	九州
第一辑11函:地理五诀	[清]赵九峰著	200.00	九州
第一辑12函:地理直指原真	[清]释如玉撰	280.00	九州
第一辑13函:宫藏真本人地眼全书	[宋]释静道著	680.00	九州
第一辑14函:罗经顶门针·罗经解定·罗经透解	[明]徐之镆撰	360.00	九州
第一辑15函:校正详图青囊经·平砂玉尺经·地理辨正疏	[清]王宗臣著	300.00	九州
第一辑16函:一贯堪舆	[明]唐世友辑	240.00	九州
第一辑17函:阳宅大全·阳宅十书	[明]一壑居士集	600.00	九州
第一辑18函:阳宅大成五种	[清]魏青江撰	600.00	九州
第一辑19函:奇门五总龟·奇门遁甲统宗大全·奇门遁甲元灵经	[明]池纪撰	500.00	九州
第一辑20函:奇门遁甲秘笈全书	[明]刘伯温辑	280.00	九州
第一辑21函:奇门庐中阐秘	[汉]诸葛武侯撰	600.00	九州
第一辑22函:奇门遁甲元机·太乙秘书·六壬大占	[宋]岳珂纂辑	360.00	九州
第一辑23函:性命圭旨	[明]尹真人撰	480.00	九州
第一辑24函:紫微斗数全书	[宋]陈抟撰	200.00	九州
第一辑25函:千镇百镇桃花镇	[清]云石道人校	220.00	九州
第一辑26函:清抄真本祝由科秘诀全书·轩辕碑记医学祝由十三科	[上古]黄帝传	800.00	九州
第一辑27函:增补秘传万法归宗	[唐]李淳风撰	160.00	九州
第一辑28函:神机灵数一掌经金钱课·牙牌神数七种·珍本演禽三世相法	[清]诚文信校	440.00	九州
增补四库未收方术汇刊第二辑(全36函)	线装影印本	13800.00	九州
第二辑第1函:六爻断易一撮金·卜易秘诀海底眼	[宋]邵雍撰	200.00	九州
第二辑第2函:秘传子平渊源	燕山郑同校辑	280.00	九州
第二辑第3函:命理探原	[清]袁树珊撰	280.00	九州
第二辑第4函:命理正宗	[明]张楠撰集	180.00	九州
第二辑第5函:造化玄钥	庄圆校补	220.00	九州
第二辑第6函:命理寻源·子平管见	[清]徐乐吾撰	280.00	九州
第二辑第7函:京本风鉴相法	[明]回阳子校辑	380.00	九州
第二辑第8—9函:钦定协纪辨方书8册	[清]允禄编	780.00	九州
第二辑第10—11函:鳌头通书10册	[明]熊宗立撰辑	880.00	九州

书　　名	作　者	定　价	版别
第二辑第12－13函:象吉通书	[清]魏明远撰辑	1080.00	九州
第二辑第14函:选择宗镜·选择纪要	[朝鲜]南秉吉撰	360.00	九州
第二辑第15函:选择正宗	[清]顾宗秀撰辑	480.00	九州
第二辑第16函:仪度六壬选日要诀	[清]张九仪撰	680.00	九州
第二辑第17函:葬事择日法	郑同校辑	280.00	九州
第二辑第18函:地理不求人	[清]吴明初撰辑	240.00	九州
第二辑第19函:地理大成一:山法全书	[清]叶九升撰	680.00	九州
第二辑第20函:地理大成二:平阳全书	[清]叶九升撰	360.00	九州
第二辑第21函:地理大成三:地理六经注·地理大成四·罗经指南拔雾集·地理大成五:理气四诀	[清]叶九升撰	300.00	九州
第二辑第22函:地理录要	[明]蒋大鸿撰	480.00	九州
第二辑第23函:地理人子须知	[明]徐善继撰	480.00	九州
第二辑第24函:地理四秘全书	[清]尹一勺撰	380.00	九州
第二辑第25－26函:地理天机会元	[明]顾陵冈辑	1080.00	九州
第二辑第27函:地理正宗	[清]蒋宗城校订	280.00	九州
第二辑第28函:全图鲁班经	[明]午荣编	280.00	九州
第二辑第29函:秘传水龙经	[明]蒋大鸿撰	480.00	九州
第二辑第30函:阳宅集成	[清]姚廷銮纂	480.00	九州
第二辑第31函:阴宅集要	[清]姚廷銮纂	240.00	九州
第二辑第32函:辰州符咒大全	[清]觉玄子辑	480.00	九州
第二辑第33函:三元镇宅灵符秘箓·太上洞玄祛病灵符全书	[明]张宇初编	240.00	九州
第二辑第34函:太上混元祈福解灾三部神符	[明]张宇初编	360.00	九州
第二辑第35函:测字秘牒·先天易数·冲天易数/马前课	[清]程省撰	360.00	九州
第二辑第36函:秘传紫微	古朝鲜抄本	240.00	九州
子部善本1:新刊地理玄珠	精装古本影印	380.00	华龄
子部善本2:参赞玄机地理仙婆集	精装古本影印	380.00	华龄
子部善本3:章仲山地理九种(上下)	精装古本影印	760.00	华龄
子部善本4:八门九星阴阳二遁全本奇门断	精装古本影印	760.00	华龄
子部善本5:六壬统宗大全	精装古本影印	380.00	华龄
子部善本6:太乙统宗宝鉴	精装古本影印	380.00	华龄
子部善本7:重刊星海词林(全五册)	精装古本影印	1900.00	华龄
子部善本8:万历初刻三命通会(上下)	精装古本影印	760.00	华龄
子部善本9:增广沈氏玄空学(上下)	精装古本影印	760.00	华龄
子部善本10:江公择日秘稿	精装古本影印	380.00	华龄
子部善本11:刘氏家藏阐微通书(上下)	精装古本影印	760.00	华龄
子部善本12:影印增补高岛易断(上下)	精装古本影印	760.00	华龄
子部善本13:清刻足本铁板神数	精装古本影印	380.00	华龄
子部善本14:增订天官五星集腋(上下)	精装古本影印	760.00	华龄
子部善本15:太乙奇门六壬兵备统宗(上中下)	精装古本影印	1140.00	华龄
子部善本16:御定景祐奇门大全(上下)	精装古本影印	760.00	华龄
子部善本17:地理四秘全书十二种	精装古本影印	380.00	华龄

书 名	作 者	定 价	版别
子部善本18:全本地理统一全书	精装古本影印	380.00	华龄
子部善本19:廖公画策扒砂经(上下)	精装古本影印	760.00	华龄
子部善本20:明刊玉髓真经(上下)	精装古本影印	760.00	华龄
子部善本21:蒋大鸿家藏地学捷旨	精装古本影印	380.00	华龄
子部善本22:阳宅安居金镜	精装古本影印	380.00	华龄
子部善本23:新刊地理紫囊书(上下)	精装古本影印	760.00	华龄
子部善本24:地理大成五种(上下)	精装古本影印	760.00	华龄
子部善本25:初刻鳌头通书大全(上中下)	精装古本影印	1140.00	华龄
子部善本26:初刻象吉备要通书大全(上中下)	精装古本影印	1140.00	华龄
子部善本27:钦定协纪辨方书(武英殿板)(上下)	精装古本影印	760.00	华龄
子部善本28:初刻陈子性藏书(上中下)	精装古本影印	1140.00	华龄
子平遗书第1辑(甲子至戊辰,全三册)	精装古本影印	980.00	华龄
子平遗书第2辑(庚午至甲戌,全三册)	精装古本影印	980.00	华龄
子平遗书第3辑(乙亥至戊子,全三册)	精装古本影印	980.00	华龄
子平遗书第4辑(庚寅至庚子,全三册)	精装古本影印	980.00	华龄
子平遗书第5辑(辛丑至癸丑,全三册)	精装古本影印	980.00	华龄
子平遗书第6辑(甲寅至辛酉,全三册)	精装古本影印	980.00	华龄
风水择吉第一书:辨方(精装)	李明清著	168.00	华龄
珞琭子三命消息赋古注通疏(精装上下)	一明注疏	188.00	华龄
增补高岛易断(简体横排精装上下)	(清)王治本编译	198.00	华龄
中国古代术数基础理论(精装1函5册)	刘昌易著	495.00	团结
飞盘奇门:鸣法体系校释(精装上下)	刘金亮撰	198.00	九州
白话高岛易断(上下)	孙正治孙奥麟译	128.00	九州
润德堂丛书全编1:述卜筮星相学	袁树珊著	38.00	华龄
润德堂丛书全编2:命理探原	袁树珊著	38.00	华龄
润德堂丛书全编3:命谱	袁树珊著	68.00	华龄
润德堂丛书全编4:大六壬探原 养生三要	袁树珊著	38.00	华龄
润德堂丛书全编5:中西相人探原	袁树珊著	38.00	华龄
润德堂丛书全编6:选吉探原 八字万年历	袁树珊著	38.00	华龄
润德堂丛书全编7:中国历代卜人传(上中下)	袁树珊著	168.00	华龄
三式汇刊1:大六壬口诀纂	[明]林昌长辑	68.00	华龄
三式汇刊2:大六壬集应钤	[明]黄宾廷撰	198.00	华龄
三式汇刊3:奇门大全秘纂	[清]湖海居士撰	68.00	华龄
三式汇刊4:大六壬总归	[宋]郭子晟撰	58.00	华龄
三式汇刊5:大六壬心镜	[唐]徐道符辑	48.00	华龄
三式汇刊6:壬窍	[清]无无野人撰	48.00	华龄
青囊汇刊1:青囊秘要	[晋]郭璞等撰	48.00	华龄
青囊汇刊2:青囊海角经	[晋]郭璞等撰	48.00	华龄
青囊汇刊3:阳宅十书	[明]王君荣撰	48.00	华龄
青囊汇刊4:秘传水龙经	[明]蒋大鸿撰	68.00	华龄
青囊汇刊5:管氏地理指蒙	[三国]管辂撰	48.00	华龄

书　名	作　者	定　价	版别
青囊汇刊6:地理山洋指迷	[明]周景一撰	32.00	华龄
青囊汇刊7:地学答问	[清]魏清江撰	58.00	华龄
青囊汇刊8:地理铅弹子砂水要诀	[清]张九仪撰	68.00	华龄
青囊汇刊9:地理啖蔗录	[清]袁守定著	48.00	华龄
青囊汇刊10:八宅明镜	[清]箬冠道人编	48.00	华龄
青囊汇刊11:罗经透解	[清]王道亨著	58.00	华龄
青囊汇刊12:阳宅三要	[清]赵玉材撰	48.00	华龄
子平汇刊1:渊海子平大全	[宋]徐子平撰	48.00	华龄
子平汇刊2:秘本子平真诠	[清]沈孝瞻撰	38.00	华龄
子平汇刊3:命理金鉴	[清]志于道撰	38.00	华龄
子平汇刊4:秘授滴天髓阐微	[清]任铁樵注	48.00	华龄
子平汇刊5:穷通宝鉴评注	[清]徐乐吾注	48.00	华龄
子平汇刊6:神峰通考命理正宗	[明]张楠撰	38.00	华龄
子平汇刊7:新校命理探原	[清]袁树珊撰	48.00	华龄
子平汇刊8:重校绘图袁氏命谱	[清]袁树珊撰	68.00	华龄
子平汇刊9:增广汇校三命通会(全三册)	[明]万民英撰	168.00	华龄
纳甲汇刊1:校正全本增删卜易	郑同点校	68.00	华龄
纳甲汇刊2:校正全本卜筮正宗	郑同点校	48.00	华龄
纳甲汇刊3:校正全本易隐	郑同点校	48.00	华龄
纳甲汇刊4:校正全本易冒	郑同点校	48.00	华龄
纳甲汇刊5:校正全本易林补遗	郑同点校	38.00	华龄
纳甲汇刊6:校正全本卜筮全书	郑同点校	68.00	华龄
古今图书集成术数丛刊:卜筮(全二册)	[清]陈梦雷辑	80.00	华龄
古今图书集成术数丛刊:堪舆(全二册)	[清]陈梦雷辑	120.00	华龄
古今图书集成术数丛刊:相术(全一册)	[清]陈梦雷辑	60.00	华龄
古今图书集成术数丛刊:选择(全一册)	[清]陈梦雷辑	50.00	华龄
古今图书集成术数丛刊:星命(全三册)	[清]陈梦雷辑	180.00	华龄
古今图书集成术数丛刊:术数(全二册)	[清]陈梦雷辑	200.00	华龄
四库全书术数初集(全四册)	郑同点校	200.00	华龄
四库全书术数二集(全三册)	郑同点校	150.00	华龄
四库全书术数三集:钦定协纪辨方书(全二册)	郑同点校	98.00	华龄
增补鳌头通书大全(全三册)	[明]熊宗立撰辑	180.00	华龄
增补象吉备要通书大全(全三册)	[清]魏明远撰辑	180.00	华龄
增广沈氏玄空学	郑同点校	68.00	华龄
地理点穴撼龙经	郑同点校	32.00	华龄
绘图地理人子须知(上下)	郑同点校	78.00	华龄
玉函通秘	郑同点校	48.00	华龄
绘图入地眼全书	郑同点校	28.00	华龄
绘图地理五诀	郑同点校	48.00	华龄
一本书弄懂风水	郑同著	48.00	华龄
风水罗盘全解	傅洪光著	58.00	华龄

书　　名	作　者	定　价	版别
堪舆精论	胡一鸣著	29.80	华龄
堪舆的秘密	宝通著	36.00	华龄
中国风水学初探	曾涌哲	58.00	华龄
全息太乙（修订版）	李德润著	68.00	华龄
时空太乙（修订版）	李德润著	68.00	华龄
故宫珍本六壬三书（上下）	张越点校	128.00	华龄
大六壬通解（全三册）	叶飘然著	168.00	华龄
壬占汇选（精抄历代六壬占验汇选）	肖岱宗点校	48.00	华龄
大六壬指南	郑同点校	28.00	华龄
六壬金口诀指玄	郑同点校	28.00	华龄
大六壬寻源编[全三册]	[清]周螭辑录	180.00	华龄
六壬辨疑　毕法案录	郑同点校	32.00	华龄
时空太乙（修订版）	李德润著	68.00	华龄
全息太乙（修订版）	李德润著	68.00	华龄
大六壬断案疏证	刘科乐著	58.00	华龄
六壬时空	刘科乐著	68.00	华龄
御定奇门宝鉴	郑同点校	58.00	华龄
御定奇门阳遁九局	郑同点校	78.00	华龄
御定奇门阴遁九局	郑同点校	78.00	华龄
奇门秘占合编：奇门庐中阐秘·四季开门	[汉]诸葛亮撰	68.00	华龄
奇门探索录	郑同编订	38.00	华龄
奇门遁甲秘笈大全	郑同点校	48.00	华龄
奇门旨归	郑同点校	48.00	华龄
奇门法窍	[清]锡孟樨撰	48.00	华龄
奇门精粹——奇门遁甲典籍大全	郑同点校	68.00	华龄
御定子平	郑同点校	48.00	华龄
增补星平会海全书	郑同点校	68.00	华龄
五行精纪：命理通考五行渊微	郑同点校	38.00	华龄
绘图三元总录	郑同编校	48.00	华龄
绘图全本玉匣记	郑同编校	32.00	华龄
周易初步：易学基础知识36讲	张绍金著	32.00	华龄
周易与中医养生：医易心法	成铁智著	32.00	华龄
梅花心易阐微	[清]杨体仁撰	48.00	华龄
梅花易数讲义	郑同著	58.00	华龄
白话梅花易数	郑同编著	30.00	华龄
梅花周易数全集	郑同点校	58.00	华龄
一本书读懂易经	郑同著	38.00	华龄
白话易经	郑同编著	38.00	华龄
知易术数学：开启术数之门	赵知易著	48.00	华龄
术数入门——奇门遁甲与京氏易学	王居恭著	48.00	华龄
周易虞氏义笺订（上下）	[清]李翊灼校订	78.00	九州

书　　名	作　者	定　价	版别
阴阳五要奇书	[晋]郭璞撰	88.00	九州
壬奇要略(全5册:大六壬集应钤3册,大六壬口诀纂1册,御定奇门秘纂1册)	肖岱宗郑同点校	300.00	九州
周易明义	邸勇强著	73.00	九州
论语明义	邸勇强著	37.00	九州
中国风水史	傅洪光撰	32.00	九州
古本催官篇集注	李佳明校注	48.00	九州
鲁班经讲义	傅洪光著	48.00	九州
天星姓名学	侯景波著	38.00	燕山
解梦书	郑同、傅洪光著	58.00	燕山

周易书斋是国内最大的易学术数类图书邮购服务的专业书店，成立于2001年，现有易学及术数类图书现货6000余种，在海内外易学研究者中有着巨大的影响力。通讯地址：北京市102488信箱58分箱　邮编：102488　王兰梅收。

1、学易斋官方旗舰店网址：xyz888.jd.com　微信号：xyz15652026606
2、联系人：王兰梅　电话：13716780854，15652026606，(010)89360046
3、邮购费用固定，不论册数多少，每次收费7元。
4、银行汇款：户名：**王兰梅**。
　　邮政：601006359200109796　农行：6228480010308994218
　　工行：0200299001020728724　建行：1100579980130074603
　　交行：6222600910053875983　支付宝：13716780854
5、QQ：(周易书斋2) 2839202242；QQ群：(周易书斋书友会) 140125362。

北京周易书斋敬启